产品经理进化论

AI+时代产品经理的思维方法

连诗路 著

電子工業出版社
Publishing House of Electronics Industry
北京•BEIJING

内 容 简 介

本书以人工智能时代产品经理的思维与方法为主线，讲述了产品经理在人工智能浪潮中，从一般互联网产品的产品经理升级到 AI+产品的产品经理应该思考的问题、应该具有的产品感知，以及在产品中嵌入 AI 时应该如何解决问题。图书的第一部分主要讲述人工智能时代产品经理是个新物种，在此大背景下产品经理应该具有的产品思维方式和产品策略；第二部分主要讲述产品经理如何搭建产品知识体系，如何运用产品策略及产品工具；第三部分主要讲述产品经理在当下市场环境中如何掌握好产品运营技能；最后一部分主要介绍产品经理如何将大数据、场景思维、人工智能融入产品经理的日常工作中。

图书在版编目（CIP）数据

产品经理进化论：AI+时代产品经理的思维方法/连诗路著. — 北京：电子工业出版社，2017.11

ISBN 978-7-121-31768-2

Ⅰ. ①产… Ⅱ. ①连… Ⅲ. ①企业管理 – 产品管理 Ⅳ. ①F273.2

中国版本图书馆 CIP 数据核字（2017）第 124077 号

策划编辑：田志远
责任编辑：徐津平
印　　刷：北京捷迅佳彩印刷有限公司
装　　订：北京捷迅佳彩印刷有限公司
出版发行：电子工业出版社
　　　　　北京市海淀区万寿路 173 信箱　　邮编　100036
开　　本：720×1000　1/16　印张：20.25　字数：405 千字
版　　次：2017 年 11 月第 1 版
印　　次：2021 年 7月第 6 次印刷
定　　价：59.00 元

凡所购买电子工业出版社图书有缺损问题，请向购买书店调换。若书店售缺，请与本社发行部联系，联系及邮购电话：（010）88254888，88258888。

质量投诉请发邮件至 zlts@phei.com.cn，盗版侵权举报请发邮件至 dbqq@phei.com.cn。

本书咨询联系方式：010-51260888-819，faq@phei.com.cn

前言

多位朋友曾问笔者坚持做产品经理的内心支撑力是什么这时，笔者一般会注视着对方的眼睛说：“我要做出像影子一样的产品，只要有光明的地方就有我做的产品！”

笔者在工作中面试过、带领过数百位产品经理，真切地感受到产品经理希望能有一本书汇总、分析打磨产品的方法论，同时介绍打造爆款产品的经过，讲解探索产品需求的经验，剖析人工智能时代产品经理该怎么做、做什么。因此，作者自不量力地编写了这本书，希望能让更多从事产品经理、产品运营工作的互联网从业者，以及对产品经理工作内容感兴趣的读者感知产品经理最“奇特”的、创造产品新价值的方法。

产品经理是个新物种

产品经理是怎么来的？产品经理最终走向哪里？产品经理做产品时的思维方式是什么？产品设计时的策略是什么？笔者根据职业经历和业内所见对上述内容分别进行了提炼分析，深切感受到产品经理是个新物种，因为产品经理的核心价值在于产品新价值的创造。

本书首先从产品价值的角度讲述了产品经理这个新物种的特征，接着讲述了产品经理提升段位的技巧和产品经理的知识管理体系。

核心内容一

这一部分主要讲述产品经理做产品时的技术、工具和策略方法，内容包括产品经理该如何储备技术知识，该如何提升审美水平，并介绍了产品需求的补位方法、隐性需求的挖掘方法、模糊需求的判断方法及智能搜索系统的实现方法。

笔者希望通过这一部分的内容，一方面让读者对产品经理的工作方法和技巧有一定的认识，另外一方面总结产品工作的方法论。

另外，在产品运营上，笔者根据自己对阿里巴巴“花名”文化、淘宝公仔文化的观察和思考，总结出运营具有虚拟化人格的 IP 产品的方法、社群冷启动的方法、运营自媒体的独特方法。

核心内容二

人工智能的实现依赖 3 个要素——算法、硬件和数据，其中算法是核心，硬件和数据是基础。

算法主要分为工程学方法和模拟法。工程学方法是采用传统的编程技术，利用大量数据改进、提升算法性能；模拟法是模仿人类或其他生物所使用的方法或技能，提升算法性能，例如遗传算法和神经网络。

在硬件方面，人工智能目前主要使用 GPU 进行计算，与 CPU 相比，GPU 拥有更多的处理单元。除了 GPU，谷歌的 TPU（Tensor Processing Unit，即张量处理器）近年来也大放异彩。根据谷歌工程师介绍，TPU 是一款为机器学习而定制的芯片，它具有更高的效能（每瓦计算能力）。

在数据方面，根据中国互联网络信息中心（CNNIC）发布的第 38 次《中国互联网络发展状况统计报告》显示，截至 2016 年 6 月，中国网民数量达 7.10 亿，其中手机网民数量达 6.56 亿，占比达 92.5%。同时，2016 年上半年，中国网民人均周上网时长为 26.5 小时。这意味着，网民平均每天上网接近 3.8 小时。从增长速度来看，网上外卖以 31.8%的增长率成为 2016 年上半年增长最快的个人互联网应用。此外，网络直播发展迅猛，用户数量达到 3.25 亿，占比接近网民总数的一半；网络约车的用户数量达到 1.59 亿，占比为 22.3%；网上支付的用户数量为 4.5 亿，占比为 64.1%；在线政务的用户数量达 1.76 亿，占比为 24.8%。

无论是从 AI 发展所需的底层算法、训练算法，还是从 AI 所依赖的计算能力、优化模型所需的庞大数据量来看，这次 AI 的爆发绝不只是概念炒作。笔者认为，这次天时、地利、人和齐备将会让 AI 产生革命性的发展。

本书对人工智能时代产品经理的方法论进行了汇总，以期帮助产品经理在 AI+时代培养迁移思维；第一方面，把底层算法公司成熟的 SDK 迁移到自己的产品中来；第二方面，通过观察用户、市场的需求，用 AI+思维来研讨产品的需求；第三方面，应用 AI 的优势为产品创造新的价值。

小结

希望国内的产品经理们和对产品经理感兴趣的读者通过阅读本书能使自己的产品方法论更加丰富，同时从笔者的产品经历中获得启发，形成自己的产品价值观。

祝：人人都能做出像影子一样存在的产品！

本书能顺利出版要特别感谢电子工业出版社的田志远老师，在写作本书的路上，他不停地鼓励我把自己操刀产品的真实经历写出来，还在写作方法上给予我耐心的指导。

目 录
Contents

第一部分　产品经理思维策略篇

第 1 章　产品经理是个新物种　2

1.1　产品经理进化的独特性——产品经理具有的 8 大特性、4 大思维方法　2

1.1.1　新物种进化的独特性　2

1.1.2　新物种的 8 大特性　5

1.1.3　新物种的 4 大思维方法　8

1.2　产品经理的红与黑　13

第 2 章　产品经理的思维方式　19

2.1　产品的创新点源于跨界思维　19

2.1.1　跨界之一：从软件到硬件　20

2.1.2　跨界之二：从传统产品到互联网产品　22

2.1.3　跨界之三：互联网公司的产品跨界　23

2.1.4　跨界之四：产品跨界运营　23

2.1.5　跨界之五：跨界设计思维　24

2.2　用户需求动态变更的思考方法　25

2.3 4 种数据思维方法 29

2.3.1 第一种数据思维方法：相关关系思维 29

2.3.2 第二种数据思维方法：用户需求的整体与零碎思维 30

2.3.3 第三种数据思维方法：用户需求的精确与混杂思维 31

2.3.4 第四种数据思维方法：用户需求记忆思维 31

2.4 7 种思维方式 33

2.4.1 空·雨·伞 33

2.4.2 5W1H 34

2.4.3 用矩阵分析法将问题视觉化 34

2.4.4 PDCA 35

2.4.5 费米推理 36

2.4.6 AIDMA 法则 37

2.4.7 水平思考的 6 顶帽子 38

第 3 章 产品策略方法论 39

3.1 调动用户参与的产品 4D 设计策略 39

3.1.1 以用户为中心的设计 39

3.1.2 调动用户参与的设计 40

3.1.3 为用户体验而设计 40

3.2 4D 产品设计法 45

3.2.1 第一条：Demand（需求） 45

3.2.2 第二条：Data（数据） 46

3.2.3 第三条：Deliver（快速反应） 47

3.2.4 第四条：Dynamic（动态） 47

3.3 产品敏捷设计流程 49

3.4 创新型产品的设计方法 55

3.5 产品经理自我定位的方法和实践 57

3.6 产品定位的方法和实践——以途牛公司为例 61

3.7 产品锚定法则 66

第 4 章 产品成功之路和产品初心 68

4.1 产品成功的最优路径 68

4.1.1 产品成功是一种磨难 68

4.1.2 摸索出需求的本质 69

4.1.3 产品经理如何培养持续的创造力 70

4.1.4 在消费升级的大环境下使得产品具有创造性的机会 71

4.2 产品初心 72

4.2.1 DAU 超千万的发布经历 72

4.2.2 万人公司跨团队配合的经历 74

4.2.3 选择更容易变现的产品 74

4.2.4 宏观思维 75

4.2.5 创业的诱惑 75

4.2.6 产品经理的初心 75

第 5 章 产品经理的知识管理方法 77

5.1 智能时代产品经理的知识管理方法 77

5.1.1 建立知识管理体系 77

5.1.2 知识管理体系的重要性 78

5.1.3 产品经理的知识管理方法 78

5.1.4 常用的知识管理工具 79

5.1.5 书单 80

5.2 产品经理的认知迭代 82

5.2.1 认知迭代一：产品迭代策略的认知迭代 82

5.2.2 认知迭代二：人工智能时代的认知迭代 87

5.2.3 认知迭代三：内容时代的认知迭代 88

第二部分　产品经理技术工具篇

第 6 章　产品经理的技术工具箱　92

6.1　产品经理必须知道的技术要点　92
6.1.1　产品经理为什么要懂技术　92
6.1.2　产品经理应不应该懂技术　93
6.1.3　产品经理应该如何懂技术　95
6.1.4　软、硬件的技术点　95
6.1.5　小结　97
6.2　产品经理如何与用户体验设计师和谐共处　98
6.2.1　用户体验设计师——产品的“独行侠”　99
6.2.2　产品经理——产品的“所有者”　99
6.2.3　产品经理如何与设计师合作　100
6.2.4　设计师如何与产品经理合作　101
6.2.5　设计师如何从 4 个方面提升产品思维　104
6.3　产品研发流程　105
6.3.1　刚入行的产品经理应该掌握的产品研发流程　105
6.3.2　进阶阶段的产品经理应该掌握的产品研发流程　107
6.3.3　产品研发流程的“独孤九剑”　110
6.4　产品经理实用工具指南　117
6.4.1　思维导图类　117
6.4.2　流程图类　118
6.4.3　交流沟通类　119
6.4.4　原型设计类　119
6.4.5　需求、功能提炼交流类　120
6.4.6　电子文档制作及阅读类　121
6.4.7　图像处理类　121
6.4.8　项目管理类　121
6.4.9　测试工具类　122

6.4.10 用户需求调研类 122

6.4.11 产品灵感速记类 122

6.5 6 个提升产品差异化的方法 123

6.5.1 用产品经理的思维方式提需求 123

6.5.2 打造差异化功能 124

6.5.3 产品运营的差异化 124

6.5.4 产品使用场景的差异化 125

6.5.5 情感化设计差异化 126

6.5.6 产品战略定位差异化 126

第 7 章 运营与产品需求管理技巧 128

7.1 轻松驾驭产品与运营的逻辑 128

7.2 运营人员如何从新手到达人 131

7.2.1 开始学习运营 131

7.2.2 通过实践来成长 132

7.2.3 运营人员的职业规划 132

7.2.4 运营达人 133

7.2.5 创造性地解决问题 133

7.2.6 创造性地进行产品冷启动 134

7.3 运营获取用户需求的技巧 135

7.3.1 技巧一：竞品分析 136

7.3.2 技巧二：数据分析 136

7.3.3 技巧三：用户研究 136

7.3.4 技巧四：收集反馈 136

7.3.5 技巧五：搜索 137

7.3.6 技巧六：过滤需求 137

第 8 章 补位方法 139

8.1 救火理论 139

8.1.1 产品整体 139

8.1.2 产品前端技术 140
8.1.3 API 接口 141
8.1.4 测试 142
8.2 补位思维 143
8.2.1 补位思维的重要性 143
8.2.2 补位思维对产品运营的 4 大影响 144
8.2.3 网红化补位运营时应该注意的 3 点 145
8.2.4 网红补位运营的简单示范——某运动网红补位电商平台 145
第 9 章 产品上线反馈的系统化操作 148
9.1 一款垂直产品上线到底有多少路要走 148
9.2 运营人员在产品上线时该做什么 150
9.2.1 产品上线前 150
9.2.2 产品上线后 151
9.3 处理用户反馈数据的方法 154
9.3.1 收集用户反馈数据 155
9.3.2 处理用户反馈数据的步骤 156
第 10 章 潜在需求的挖掘方法 159
10.1 如何挖掘潜在需求 159
10.1.1 意象尺度分析法 161
10.1.2 隐喻抽取技术 163
10.1.3 KJ 法 165
10.1.4 领先用户技术法 166
10.2 获取需求的理论 168
10.2.1 理念一：创新需求理论 168
10.2.2 理念二：心理学理论 168
10.2.3 理念三：经济理论 169

10.2.4 理念四：引导理念 169
10.2.5 理念五：痛点理论 170
10.2.6 理念六：刚需理念 170
10.2.7 理念七：引领需求 170

第 11 章 推荐算法 172

11.1 从 0 到 1 迅速做出内容推荐系统 172
11.2 什么是算法——从产品经理的角度了解算法 181
11.2.1 算法的地位 181
11.2.2 算法的特征 184
11.2.3 算法的要素 184
11.2.4 算法的方法 184

第三部分 产品经理运营技能篇

第 12 章 定位运营 190

12.1 用户运营 190
12.1.1 用户运营前期的思维准备 190
12.1.2 运营人员的综合素质 194
12.2 活动运营 197
12.2.1 活动运营的任务 197
12.2.2 活动运营的分类 197
12.2.3 做好活动运营的方法 198
12.2.4 总结一套活动运营的策略 202
12.3 大数据环境下的数据运营方法 206

第 13 章 虚拟化人格运营 220

13.1 独特的 IP 产品运营方法论 220
13.1.1 塑造亲和力 221
13.1.2 运营具有“有销售力+有趣”虚拟化人格的“人” 222

13.1.3 嵌入 223
13.1.4 多元孵化虚拟化人格平台 224
13.2 IP 化的产品理念 225

第 14 章 自媒体与内容 227

14.1 从 0 到 1 打造内容自媒体 227
14.1.1 如何获得第一批粉丝 227
14.1.2 自媒体内容的选择 227
14.1.3 自媒体内容的核心思维——用户思维 229
14.1.4 坚持 229
14.2 《罗辑思维》和《吴晓波频道》的运营策略 229
14.2.1 罗辑思维 230
14.2.2 吴晓波频道 236
14.3 社群化是产品运营最重要的一个机遇 239
14.3.1 社群经济不是粉丝经济 240
14.3.2 社群实操案例分析 240

第四部分 构建完善的产品方法论

第 15 章 用大数据思维“死磕”需求 246

15.1 大数据论与唯大数据论 246
15.2 从数据到大数据对产品经理的启发 250
15.2.1 从数据到大数据 251
15.2.2 产品经理应有的启发 253
15.2.3 大数据相关产品经理要做的事情 254

第 16 章 逆向思维 256

16.1 产品 7 大逆向思维方法 256
16.2 逆向性产品设计思维 264

第 17 章 场景思维产品模式 269
17.1 场景方法论之产品运营 269
17.1.1 从产品经理的角度看场景 269
17.1.2 场景是以人为中心的连接思维路径 270
17.1.3 构建场景的 5 种力量 270
17.1.4 产品运营的核心是场景化的内容和体验 272
17.1.5 产品运营场景化的重要性 273
17.2 场景思维在产品运营领域的方法论 274
17.2.1 场景思维方法论用于产品运营的特点 274
17.2.2 产品运营推广信息的场景化构建 276
17.2.3 传统企业场景化运营的案例 278
第 18 章 AI+时代产品经理的思维方法 280
18.1 AI 发展的 6 大阶段 280
18.2 与产品经理相关的人工智能有潜力的领域 283
18.3 产品经理的思维方式 285
18.3.1 深度学习让计算机更智能 287
18.3.2 产品的驱动原力 288
18.3.3 大型互联网公司是如何训练识别和检测算法系统的 290
18.3.4 总结 293
18.4 AI+时代的产品智慧 294
18.4.1 深度理解人工智能中“智”的概念 294
18.4.2 再看人工智能的发展趋势 294
18.4.3 产品经理迈向超级人工智能的产品思维策略 297
18.5 AI+时代产品经理的思维方式和案例 301
18.5.1 围绕“产品效率改变世界”进行思考 301
18.5.2 以“产品有价值”为核心进行思考 302
18.5.3 AI+产品案例 302

第一部分

产品经理思维策略篇

没有卢梭就没有法国大革命。

——拿破仑

思维策略决定行动，思维策略是行动的先导和动力。做任何事情都是先有思维策略，后有行动，即大脑指挥行动。思维策略对产品经理而言尤为重要!

所谓产品策略，是指企业制定经营战略时，要明确企业能提供什么样的产品和服务去满足消费者的需求。产品策略是市场营销组合策略的基础，从一定意义上讲，企业能否成功的关键在于产品能否满足消费者的需求，以及产品策略正确与否。

第1章　产品经理是个新物种

1.1　产品经理进化的独特性——产品经理具有的 8 大特性、4 大思维方法

一个产品的核心是产品经理，虽然微信免费，并且腾讯要向其投入很多钱，但对腾讯来说，钱花得非常值，因为微信为腾讯凝聚了几亿用户。依靠这样一个庞大的用户群，腾讯在微信上面嫁接贴片式广告可以赚到盆满钵满，试水 O2O 可以赚钱，嫁接电商也可以赚钱，在微信上面分发游戏还可以赚钱。但是这还不是最厉害的，最厉害的是什么？是用户。

当初，运营商认为微信不会是太大的威胁，以为腾讯是互联网公司，没有运营商“修路”，哪有互联网公司“跑车”？此话不假，但运营商没有意识到，用户将不再使用它的短信，不再使用它的彩信，不再使用它的语音通信，而是开始使用微信的服务。用户从运营商的用户转变成了微信的用户，用户根本不关心“路”是谁修的。运营商修的路一直存在，但运营商再也无法直接接触广大用户，用户无法感知到运营商的存在，运营商的商业价值也就变得非常有限了。

1.1.1　新物种进化的独特性

产品经理是个新物种。这里的“新物种”不是指生物学意义上的基因突变产生的物种，而是指产品经理工作方法所具有的独特性。其独特性体现在产品经理入门相对简单，但是产品经理很难做出来具有独特性的产品。这一部分主要讲解产品经理进化出独特性的方法。

笔者通过与阿里巴巴第一代、第二代和第三代产品经理沟通发现，优秀的产品经

理能够进化成新物种的关键是借鉴力、学习力。优秀的产品经理往往能通过与不同行业、不同市场规模的产品、运营、技术、商务人员接触来学习新的知识与技能，进而修炼自己的内功，实现自身的进化。

创业成功有很多因素，但创业成功的标准只有一条：实现产品的成功。产品成功是指用户认可你提供的商品、服务。因此，产品经理花在产品构思、产品策略上的精力应该大于花在产品实现上的精力。

产品经理不是技术经理，虽然产品经理的工作方法有技术经理的逻辑严谨的特点，但产品经理思考技术的方式与技术经理不同。开发工程师要做的工作是编写一行行的代码，技术经理需要考虑的是保持架构的稳定性和可拓展性，以及业务的快速实现。产品经理考虑技术更多是考虑技术能否在短期内实现产品的构思，以及在技术研发阶段如何向开发工程师阐述产品构思，以方便技术人员更纯粹地实现产品的效果。

产品经理不同于运营人员。运营人员通常思维活泼、充满热情，他们能够把客户的情绪调动起来，把竞品的客户转化为自家产品的客户，把潜在的用户转化为当下的用户。

笔者通过 10 年的产品经理工作发现：阿里巴巴的核心产品经理最重要的工作是提高运营留存率和挖掘新需求；艺龙旅行网的产品经理最重要的工作是专注酒店预订体验的创新；美特斯·邦威的产品经理最核心的工作是调动整个公司的积极性来做到“有范儿”，同时要为技术开发做好准备工作；微鲸科技的产品经理需要懂得软件与硬件的知识，不仅要懂产品，还要学会协调软件、硬件两个部门的人员，因此在微鲸做产品经理是很难的。

现实中有的公司要求产品经理懂技术，有的公司要求产品经理懂运营，有的公司要求产品经理懂市场，有的公司要求产品经理懂研发流程、项目管理。从成熟的产品线来看，更多的企业需要产品经理去研究如何在不确定的业务模式、不确定的市场、不确定的外部环境下做出有市场、有用户、有需求的产品，所以，没有哪一个工作是像产品经理这样需要具有这么多的能力、这么深的专业知识。

因此，产品经理是个新物种。

在整个产品策略流程中，产品经理的工作内容如下图所示。

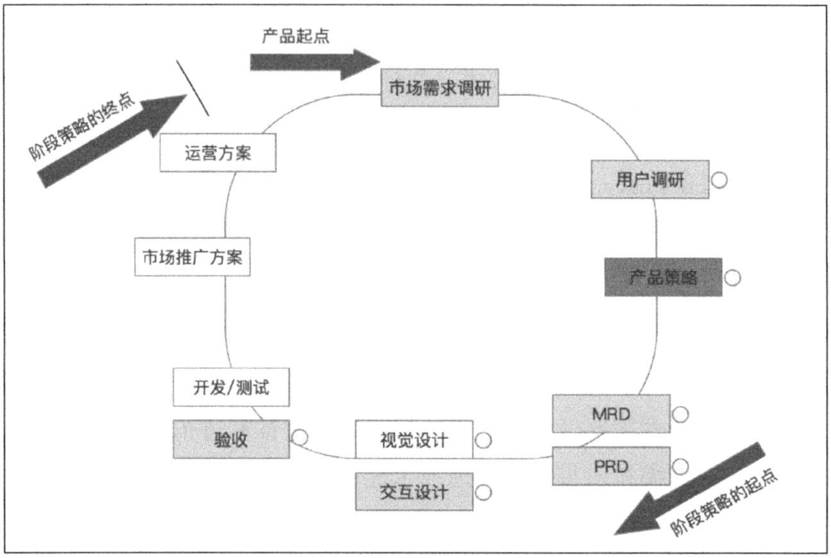

产品策略流程图

图中深灰色的部分代表产品经理工作中执行类的工作，而浅灰色的部分代表产品经理在产品构思上应该做的工作，白色方格内的工作代表产品经理岗位职责中沟通协调和项目管理类的工作。带有圆点的工作项目是产品经理最本质、最核心的工作。上图中的产品经理在整个项目中还充当产品的项目经理，希望读者通过此图可以对产品经理的核心工作有一个更清晰的认识。

在产品经理的实际工作过程中，产品部门与其他部门是合作关系和督促关系。因此，产品研发流程中需要产品部门实现和完成的工作，应作为执行层面的产品经理的核心工作，具体包括：用户调研，产品规划，撰写市场需求、产品需求文档，审查产品交互设计等工作。由于很多公司的视觉设计部门隶属于产品部门，因此，产品经理需要解决的沟通与确认工作是与视觉设计师沟通，并对视觉设计进行审核、把关，确保最终实现的效果是原计划所期望的。能够胜任以上工作职责的产品经理要掌握市场调研、用户调研、团队管理、产品设计、用户体验、运营推广、市场营销、用户心理研究、数据挖掘、需求提炼的知识，甚至编程等相关领域的知识。

由此可以看出来，产品经理既要有“横”，又要有“纵”。

1.1.2　新物种的 8 大特性

1．入学无难度

有人说人人都是产品经理，笔者认为这句话失之偏颇。根据 2017 年元旦时罗振宇的演讲，全国互联网从业者人数约 500 万，按照比例来算，全国"正宗"的产品经理只有 5 万，这一点跟我们在实际工作中感受到的产品经理的数量是不一致的，为什么？因为有一部分人在兼任产品经理。公司的创始人、CEO、CTO、设计师、美工、运营经理等，都有可能在履行产品经理的职责。

当下，没有哪所大学开设产品经理专业，产品经理有运营出身的、有技术兼任的、也有创始人团队兼任的，这就造成产品经理的入门门槛非常低，但真正能把产品从零做到日活千万以上的非常少。从其他职位转行来做产品经理的人，大多以实现创始团队的产品想法为主。如技术出身或技术负责人兼任的产品经理，在产品的构思、用户感知、市场认知等方面普遍难以达到合格的水平，并且容易出现左右手互搏的现象，一方面希望产品功能尽可能完善，另外一方面却受困于技术人员不足等问题。

除了入门门槛低，评价产品经理的标准也很模糊。公司在创业、发展过程中没有真正做到以产品为核心，更没有了解用户的真实需求，这是人人都可以成为产品经理的根本原因。而用户对产品和服务的要求是简洁明了，用户真实的需求是产品、服务无瑕疵，而达到这样一个标准，需要产品经理准确把握需求，对产品的生产过程有监控修正，对结果有严格验证。

2．高心灵匹配度

做产品经理最好热爱产品经理这个岗位，做到"心灵匹配"，一日不做便心心念念。这是新物种的最基本特征。没有这个特征，无论天赋多么异禀，随着产品工作的"柴米油盐酱醋茶"，产品经理和理想也会渐渐"相忘于江湖"。

很多书都谈到过为什么入行产品经理、产品经理的主要工作是什么等内容。关于为什么从事产品经理这个岗位，笔者有自己的理解。笔者从事产品经理岗位最主要的原因是："希望做出一个让很多人喜欢的东西，因为人们觉得它有用。这个东西会像影子一样伴随着用户的生活，因为用户觉得它有价值。"

这么一句心灵鸡汤，10 年前笔者每天都读 3 遍。这句话带给笔者了两样东西：第一，彻底弄明白这句话背后的东西以后，顿悟了产品经理的精髓；第二，这句话让笔者的内心刮起一阵旋风，让笔者每天都有激情。如果你对这句话也有特殊的感觉，那么恭喜你，你也有成为产品经理的潜质。

如果你更喜欢做别的事情，那最好别在产品经理岗位上浪费工夫了，因为你不适合这个工作。优秀的产品经理的标准是难以量化、难以标准化的，每个公司或者团队甚至每个人对产品经理的体会都是不同的，但成为优秀产品经理的基础是一样的：要发自内心地热爱。

笔者没有抬高产品经理这个职业的意思，笔者想强调的是：你要确定你喜欢这件事，这是前提，有这个前提才有后面的故事。

3. 高需求敏感度

对需求敏感是指产品经理要具有商人的特质。据说程维拜访完商家发现雨天打车太难了，于是创办了滴滴，这就是典型的需求敏感度高。

产品经理除了要需求敏感度高，还需要认清形势。在 2017 年发现了打车难这个需求，已经没什么价值了，因为市场格局已经形成，错过某个时机的需求只能算是伪需求。

兵法上讲："凡先处战地而待敌者佚（同逸），后处战地而趋战者劳，故善战者，致人而不致于人。"先机是个非常重要的概念，宁失一子，不失一先。而商场如战场，在市场的前期，只要产品不出现重大的问题，犯一些小错误也不要紧，因为还有很大的迂回空间。而一旦市场成熟，事情就完全不是这样了。

假定某个产品经理能力很强，能设计出一个比微信更接近完美、更加强大的 IM（Instant Messaging，即时通信，下文简称 IM）软件，运营、资源各个方面也都非常完善，会成功吗？对不起，IM 这个时机已经过去了，在社交被腾讯包围的今天，想重复腾讯走过的道路来在 IM 领域获得成功的可能性微乎其微，这也是阿里的来往不成功、百度的 Hi 不成功、Civo 也不成功的根本原因，不是能力问题，而是时机过了。

4. 清晰的空间思维

产品经理的空间思维要好，要在产品未成形前清楚产品的发展线路。

空间思维的基本要求是能把一件事情说清楚，让听众能明白你说的是什么，这一点在描述一个复杂的产品时尤为重要。

在产品经理的日常工作中，一定有机会发现好多相关、相似的产品模块混在一起的情况，这个时候完善的空间思维的重要性就凸显出来了。产品经理需要拥有明确的空间主线，进而将产品模块清晰地区分出来，从容地穿梭其间，不被干扰带偏。

一个空间思维不够清晰、主线逻辑不完整的产品经理无论是对公司，还是对自己的发展都是不利的。

5．竞品转移度

一个人的视野是有限的，乔布斯说过："用户不知道他们想要什么，所以应该由我来告知用户什么是好的。"1997 年，苹果公司原有的产品经理不知道该把产品引向何处，于是乔布斯把这些产品占用的资源重新进行分配，最终催生了当今世界市值最高的科技公司。

当然，乔布斯的竞品转移力肯定不一般，但这并不重要，重要的是需要明白：产品经理要善于从周围的环境中寻找到不同的、有价值的东西，并能为自己所用。

产品经理在日常工作中会遇到很多人，他们会给产品经理一些建议，但产品经理要明白每个人看问题的角度都是不一样的，这种不一样的背后是世界观、价值观的不一致，产品经理要识别出这些观点和产品中正确的内容，并纳入产品之中。

6．慧眼识金度

产品经理不仅是一个产品的负责人，其往往还是整个项目的负责人。

在日常工作中，产品经理总会碰到这样的情况：同样的流程、同样的业务、同样的理念，有多种选择可以实现目标，并且每种选择都有其合理的地方。

这个时候产品经理需要具有慧眼识金的判断力、负责任的精神和专业的能力，产品经理要分辨出哪种选择最合适，并给出有说服力的理由。然后决定整个流程、业务、理念究竟要用何种方式落地，产品究竟走向何方。

7．优胜劣汰度

科学理论的选择过程是一个类似自然选择的过程，即"假说"的自然选择。此处的"假说"特指需求。产品经理的进化过程虽不同于生物学意义上的进化，但是产品经理的知识也是由假说构成的，产品的各种需求在生存斗争中幸存下来，说明了需求的适应性，竞争消除了那些不适应的需求。

产品是一个公司的基石，除人和钱以外，领导最关心的大概就是产品了。大多数情况下，领导的视野、经历要比产品经理高出很多，气场也比产品经理强大很多。在做产品评审的时候，产品经理几乎无可避免地会遭到质疑甚至挑战。产品经理要有良好的心理素质，产品经理要能“扛得住”，既不自负，也不自卑，百折不挠，坚守该坚守的需求，改变该改变的需求。

8．能力综合度

产品经理的能力大致分为以下几部分：市场能力、产品能力、运营能力、领导能力。①市场能力：对外沟通、分析市场的能力；②产品能力：用户调研与需求理解、产品规划（版本计划节奏）、结果导向与成本意识、行业认知、专业设计的能力；③运营能力：运营数据分析、渠道管理、危机预测／控制、制定营销／推广策略的能力；④领导能力：项目管理、带领团队的能力。

以上所有能力都为了一个目的：做出好产品。

1.1.3 新物种的4大思维方法

高段位产品经理挖掘需求都很厉害，这背后的秘诀是什么呢？从思维方式上来说，大概有以下几方面：寻找共性的需求而非个性的需求；寻找隐性的需求而非表面的需求；保持模块化思维而非线性思维；保持分析思维。

下面，笔者结合产品工作中的实际案例具体描述一下这几个秘诀的实质，以及在实际工作中如何落地这些秘诀。

1．第一个秘诀：寻找共性的需求而非个性的需求

现实生活中的大部分行业专家遇到一个问题时，都希望赶紧想出解决方案并快速执行，得到结果，这是典型的行为驱动行为。这种想法会让人局限于自身所在行业的视角考虑问题，只看到自己当下最需要的是什么，即个性化的目标，这会使人看问题不深入、不透彻。

站在共性需求视角考虑问题的人是典型的目标驱动者，这类人遇到问题时，最先想到的是用户的共性需求有哪些。即了解利益相关者在知晓一件事以后的处理方法或反馈。

我们来看看某家传统汽车制造企业的宣传文案和滴滴打车的宣传文案：①TSI；②滴滴一下，马上出发。

显然，阅读第一家企业的口号，用户根本不知道企业做的是什么产品，会给自己带来什么价值，宣传文案完全是从企业自身的需求出发，用户只有购买以后才知晓产品质量的好坏。而滴滴的文案则相对简洁明了，从用户共有的使用场景出发，让用户从文案上就可以知晓产品的价值：这个产品会让我打车更方便，打车时无须等待。

上述所说的用户共性需求视角和“产品以用户为中心、以目标为导向”的设计理念是一致的。

2. 第二个秘诀：挖掘隐性的需求而非显性的需求

有了第一个思维做基础，笔者希望产品经理进行产品设计工作的时候能从思想和行为上发生转变，接下来用黄金圈法则来分析这件事。

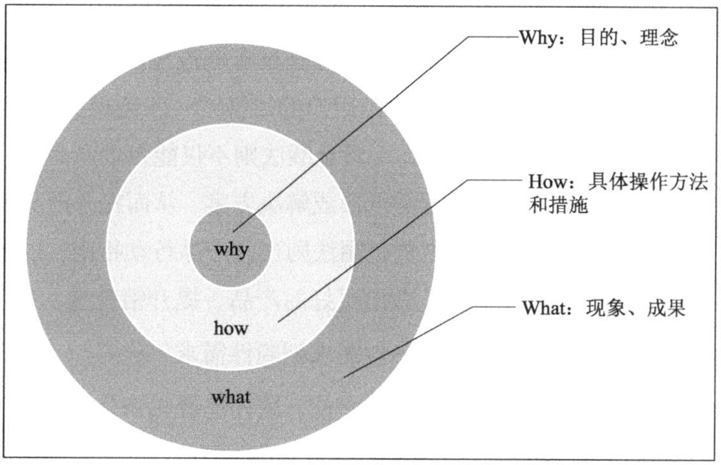

黄金圈法则

通过研究对世界产生重大影响的各领域领军人物，《从“为什么”开始》一书的作者西蒙·斯涅克发现：这些领军人物的思想、行为和沟通方式都异常一致，而且与其他人截然相反。西蒙·斯涅克将其称为“黄金圈法则”。坚持黄金圈法则的人以“为什么”作为出发点，逐层深入思考，从不操纵谁，而是激励身边的人们，从而使对方愿意追随自己，一起走向成功。

黄金圈这个名字是受到了黄金分割的启发。自古以来，黄金分割这个简单的数学比例一直引得数学家、生物学家、建筑师、艺术家、音乐家和自然主义者乃至如今的产品设计者心醉神迷。从埃及人到毕达哥拉斯，再到达·芬奇，很多人对黄金分割进行研究，总结出关于比例甚至美感的数学公式。

黄金圈法则能帮产品经理看清用户行为背后的原因，知道自己为什么要设计这样的产品。黄金圈提供了坚实的基础来帮助产品经理挖掘用户的隐性需求而非显性需求，如果产品经理能够在接到需求之后、进行产品设计之前先问问“为什么”，产品必将获得更多的用户。

黄金圈法则可以帮助产品经理从另一个角度思考问题：为什么有些产品经理能够拥有不可思议的影响力？为什么有些产品经理能够鼓舞人们主动使用他的产品，而不是操纵甚至强迫用户来使用他的产品？黄金圈不仅能帮助产品经理明白，为什么苹果可以在多条产品线实现创新，而且保持这种创新能力；西南航空是如何打造产品线，以成为史上最盈利的航空公司的。它更能帮产品经理明白为什么两家公司的举措会见效。

挖掘隐性的需求而非显性的需求要求产品经理具有创造性，能够透过问题看到本质。当年福特问用户想要什么时，福特透过用户的回答“一匹跑得更快的马”，看到了用户对速度的渴望，进而制造出了汽车。黄金圈法则不仅能帮助产品经理改变看待需求的角度，它还能帮助产品经理根据需求形成解决方案，从而提升产品经理鼓舞他人、唤起热忱的能力。产品经理可以把黄金圈法则当做产品行动指南，以大幅提升需求挖掘的准确性，增强产品的凝聚力，做出更好的产品，提升销售量。

是由隐性需求到显性需求，还是由显性需求到隐性需求？

在探索产品经理该如何运用黄金圈法则之前，请让笔者先来分析一下黄金圈，让我们从黄金圈的外圈讲起，再一层层进入核心。

What，产品做什么。相信世界上大多数公司和产品团队都知道自己是“做什么的”，每个人都能轻松地说出公司卖什么产品，提供什么服务，或者自己在公司里负责什么工作。

How，产品怎么做。有些公司和产品经理知道自己是“怎么做”的，有的人说是“差异化的产品主张”，也有的人说是“专有的产品流程”“独特的产品主张”。“怎么做”的回答通常是说明为什么某产品跟别的产品不一样，为什么这个产品会更好，这个问题的答案不像“做什么”那么明确。很多人认为“产品怎么做”这个问题是产品决策的驱动因素，是造成产品差异的根本原因。这在一定程度上来说是正确的，但如果认为仅有这一条就足够，那就错了，因为还有一个细节因素没考虑到。

Why，产品为什么。只有极少数的产品经理或公司能够说清楚“我为什么要这么做”。这里的“为什么”指的不是赚钱，赚钱只是结果；这个“为什么”是指产品策略的深层原因是什么？产品的本质目的是什么？产品的信念是什么？产品为什么要存在？别人为什么要重视这个产品的想法？

大多数产品经理的做事方法和沟通方式是从显性需求到隐性需求，也就是从“做什么”到“为什么”。这么做产品很合理，从最简单明了的问题开始，最后是最困惑的问题。通常，这样的产品经理告诉别人自己是干什么的；有时候，他们会说自己是怎么做的；极少数的情况，他们会说为什么要这么做产品。

那些能够启发人、鼓舞人、唤起人们心中热忱的产品经理不是这样。无论公司的规模大小，无论身处什么行业，他们的想法、行为和沟通方式，都是从核心开始，再往外扩散。

笔者喜欢用苹果公司举例子，因为苹果公司知名度高，他们的成功很典型，而且苹果的产品跟别家的产品对比明显。苹果公司独具的创新精神，加上那种吸引狂热粉丝的非凡本事，让苹果公司成为阐明黄金圈法则的绝佳例证。

苹果从不说自己是生产电脑和手机的，谷歌也不会说自己是做搜索引擎的。苹果说“我们要创新和改变”，最终做出来了 iPhone、iPad、iPod 等产品。谷歌说“要让服务改善尽可能多的人的生活”，因此打造出了谷歌搜索，还有了诸多改变世界的产品。

对于任何一位伟大的产品经理来说，要向用户传递“Why”，同时要让团队明白为什么要做这款产品。

在产品研发过程中，一名普通的产品经理只能不断地分配需求任务，一名优秀的产品经理则能让工程师明白，为什么要这么做产品。

3．第三个秘诀：采用模块化思维而非线性思维

其实模块化思维是采用以上两个思维进行分析的过程。模块化思维大致包含如下几个部分：①分离层次；②事物关联；③主体整合；④行动落实。

行动落实又分为任务拆解、独立每步、设定优先级、制定时间表等。

这里使用前文的例子说明模块化思维的具体应用。对于协调类工作，如果时间紧，可以确定出一条主线，协调各种人力、物力解决一个问题，如下图所示。

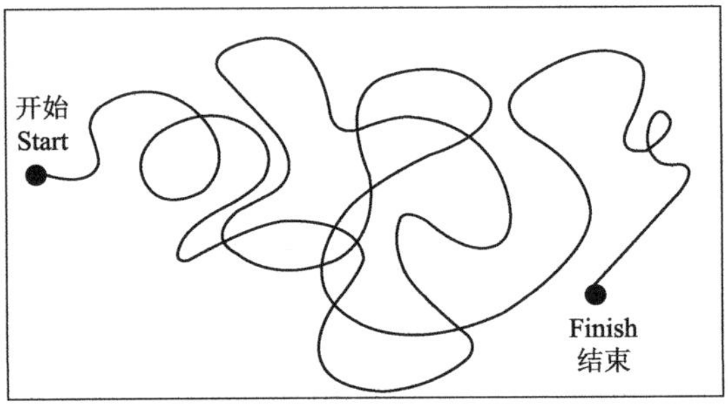

线性思维

应用模块化思维，则可以快速划分出解决问题的各种细节，如下图所示。

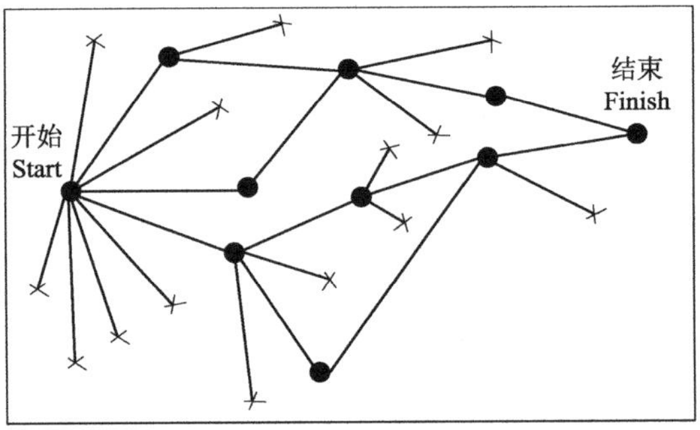

模块化思维

4. 第四个秘诀：优秀的产品经理应具有分析思维

产品经理和运营人员在工作中需要有出色的分析思维，优秀的分析思维对业务分析、方案策划、产品设计和数据分析等工作非常重要。

产品经理在上手阶段，应先观察分析自己的产品总监或是上级在做哪些产品工作，哪些产品工作是他们做了而自己没有想到的？自己应该做却没想到的这些工作的属性是什么？这些工作之间的关系如何？这些工作对既定产品目标有什么作用？然后，进一步分析，这些工作该如何做才能达到既定的产品标准，如何才能精进到卓越的水平？从战略到执行，如何保证落地实施？最后，也是产品设计的精髓和产品进阶的关键，深度分析为什么做这些动作，而不是其他的？笔者认为，只有这样不断地浸淫在产品分析中，不断思考，不断实践，产品经理才能真正地成长。

需要说明的是，万丈高楼平地起，上面谈到这些都只是产品经理最基本的要求。什么是最基本的要求?就是达到了这些要求不一定能做好产品经理，但没有这些能力一定做不好产品经理。

在此基础之上，产品经理还有很多其他方面的要求，如技能性要求等，相关内容会在以后的篇章中逐步道来。

产品经理的独特性体现在产品经理不是技术经理，不是运营经理，不是市场经理，不是项目经理，也不是设计师，产品经理是个新物种。

1.2　产品经理的红与黑

产品经理是通才，需要广泛涉猎市场运作、产品设计、工程技术、项目管理、用户研究等多个方面的知识。目前高校没有产品经理专业，产品经理都是从不同岗位演变、进化而来的。本节从 10 个方面来讲述产品经理的红与黑。

1．产品经理不是项目经理

产品经理主要保证产品本身的正确性，项目经理则是使产品的生产计划在项目过程中被正确地执行。

互联网产品经理和软件项目经理的工作目标不同：产品经理靠策划，其主要工作是做正确的事，评价产品经理主要看其策划的产品是否符合市场的需求，能否给公司带来利润；项目经理靠执行，其主要的工作是把事情做正确，把事情做完美，在有限的时间和成本之内实现目标。

产品经理要明白，对大多数团队来说，资源永远都是稀缺的，永远都不会有人力、财力、物力都充沛的时候。产品经理的经济学素养不仅体现在对用户行为的分析上，还体现在明白资源的稀缺性。

产品经理一定是在人、材、物部分或全部稀缺的前提下，想方设法地把产品做出来。实现方法一定要尽可能地简单，以减少浪费。不存在没法简化的产品，产品经理要学会在短缺的前提下做事。

项目经理要明白：项目的滞后不可能通过添加人手解决。

产品经理需要配合项目经理在资源稀缺的情况下收放自如，保持旺盛的斗志，想出解决问题的办法，这种驾驭能力是一名产品经理的基本功。

2．产品经理不是技术经理

笔者从 2007 年以来一直从事产品经理工作，先后服务于阿里巴巴、艺龙旅行网、美特斯·邦威、微鲸科技等公司，做别人的产品；从 2016 年开始创业，做自己的产品。

经过十余年的产品经理生涯，笔者的体会是：产品经理需要懂技术，创业者尤其需要懂技术。十余年间笔者和开发工程师的接触最多，在和开发工程师的沟通交流中也得到了一些体会。

产品经理不能不知道设计、开发一款互联网产品的最基本的技术常识。比如，产品经理至少要清楚一个网站从不存在到能被用户访问，需要经历哪些必要的技术环节；也要明白一个 App 从一个点子到进入用户的手机里，需要经历怎样的过程。

有技术基础常识的产品经理不一定就能做出好产品，但缺乏技术常识的产品经理必定从内到外凸显着突兀和不和谐。

在笔者接触过的业内人士里，有几位七十年代出生的产品经理颇为典型，互联网出现的时候，他们已经过了充满好奇、渴望未知的年龄，但是却不愿意放低身段去学习新东西，只凭着想象和自己的生活经验来设计产品，并以若干热门词汇作为点缀，以示自己处于潮流之巅。这样的人也许能"忽悠"某些上级，但却不招工程师待见。开发工程师往往是什么都不说，等着看笑话，这类产品经理交给开发工程师的开发需求，开发工程师能拖则拖、能蒙则蒙。

产品经理的技术水平不是越高越好，能随着用户的需求变化而不断迭代自己技术水平的产品经理才是最好的产品经理。

总之，产品经理一定要懂些技术，完全不会编程或者没有编程经历的产品经理很难策划出逻辑严谨的产品。此外，懂技术的产品经理在开发阶段遇到没有预计到的技术风险、市场压力时，更能从容面对，懂得如何在满足市场需求和保证开发进度之间做出权衡，清楚该在何时对阶段性的成果进行测试和检验，以最大限度地降低开发风险，确保产品开发过程的顺利进行。

3. 产品经理不是行业专家

有一位创业者原来是日本某服装品牌的中国区总代理，拥有 20 多家线下连锁店，生意做得风生水起。后来转行创建面料交易平台，让服装设计师、服装工厂在其平台上选择、采购面料，他自己有 20 年的行业经验，对面料知识了如指掌，因此在设计平台的时候经常围绕着面料特性来设置交易平台的功能、特性。

后来平台发展遇到困难，这位创业者找到笔者寻求帮助。笔者经过调查发现，这个平台的产品线过多，B 端、C 端产品均有，并且还有很多细分领域的产品线，在笔者建议下，平台大幅缩减了产品线，经营状况开始逐渐步入正轨。笔者从这个案例感受到，行业专家有时并不适合做产品经理。

行业专家是在某一行业、某一专业领域内有很深造诣的专门人才，而产品经理是经营性人才，两者的工作有着本质的区别。希望通过一个软件技术专家、一个电视专家或一个面料专家来解决产品问题是行不通的，行业专家无法解决消费者不认可的问题，也无法解决产品功能不匹配的问题。产品经理才是解决广阔的市场、大多数的用户普遍存在的问题的直接负责人。

4．产品经理不是需求经理

2016 年年末，百度最早的产品经理、前百度副总裁、现滴滴出行产品负责人俞军说了一句广为流传的话："用户不是人，是需求的集合。"

那么产品经理就是需求经理了吗？当然不是。

相信读者身边肯定不乏这样的例子：产品经理一天忙到晚，甚至通宵，不停地和各个部门对接需求，不停地实现产品功能。缺登录页面，马上设计一个登录框；缺退出按钮，赶紧策划一种退出方案；页面不美观，立刻重新规划页面结构。

需求经理每天都很忙，每天都在关注还有多少需求在排队，还有多少需求没有得到满足。至于用户体验到底如何？需求是否有价值？产品是否可以更加完美之类的问题，需求经理压根没时间关心。当有部门抱怨某个功能的时候，他会申辩说这个功能已经有了，体验不好是没办法的事，运营部门的要求是 A，市场部门的要求是 B，合并需求后就只能用这个方案满足双方。至于为什么采用某个颜色，可能完全是因为大老板喜欢那个颜色，产品经理也没办法。

以上所描述的内容不是杜撰出来的故事，而是笔者亲眼所见，当产品经理把自己定位为需求经理的时候，并不是接地气，而是说明这位产品经理还没有明白产品的真谛。

5．产品经理不是总经理

产品经理不是总经理，甚至都算不上"经理"，"产品经理=总经理"的想法是懒惰的表现。

产品经理需要的是综合素质，需要熟悉公司内部各个部门的业务，因为产品往往涉及公司的各个部门，产品经理需要“担当”起总经理的责任。此外，产品经理要懂行业、懂用户，因为任何产品都不是凭空产生的，任何产品都深深扎根于所处的行业，产品经理对行业的认知程度决定了他策划的产品的高度。

产品经理不等于总经理，但是产品经理是总经理的“摇篮”。因为很多时候产品经理遇到的问题和总经理遇到的问题是一样的，两者都需要协调团队协作，都需要与多部门沟通，都需要利用有限的时间和资源配合项目经理开发出受用户欢迎的产品。因此，当一名优秀的产品经理能独当一面地处理各种挑战以后，是可以胜任总经理的。

创业公司的总经理应该是首席产品经理，以协同其他产品经理一起理解总体的商业策略，并使产品目标服务或者服从于整体商业背景。

6. 产品经理最应该具有洞察用户的能力

产品经理的洞察是看穿但不看透，了解用户的需求并激发用户的感情。换句话说，洞察就是透过表面，看到目标受众深层次的心理需求，但又不能让用户觉得自己是赤裸的。

比如要为一款牙膏做广告，想要突出它的美白功效，一般的文案是“让牙齿美白一整天”，或者“洁白的牙齿最美丽”。

如果洞察一步，想一想这款牙膏的用户，产品经理就会在大脑中定位人群，如“年轻白领”“学生”“退休老人”等。用户定位完成以后，就要设定情景，想想美白的牙齿在哪个场景会给用户带来什么好处，或者暗黄的牙齿会有什么影响。场景可以是：为了与她的初次约会，用户精心准备，服装精致，言谈得体，却因一口暗黄的牙齿让她对自己的好感降至冰点。有了场景，就可以定义广告语，如“不要让暗黄的牙齿成为你的减分项”。这句文案就是抓住了人们普遍都有的“害怕被人讨厌”的心理，但是不能捅到用户的伤心地，很多用户的牙齿并不好，而这些问题是牙膏解决不了的，这时要避免提到这个问题。

除了洞察用户的能力，产品经理还要有市场调研和用户研究的能力。产品归根结底还是给目标用户使用的，产品是让用户兴奋，还是勉强能用，关键在于产品经理是否读懂了市场和用户的需求。深度了解产品所处市场的现状，分析市场的发展趋势，预测市场未来几年内可能产生的变化，这些是对一名优秀的产品经理的基本要求。

7．产品经理要有运营意识

关于产品和运营的关系，笔者有两点认知：第一，不同公司的产品经理有不同的工作重点；第二，产品经理的受重视程度与产品经理给公司带来的利益相关。

因此，产品经理要具有运营的意识。

产品经理在与运营配合的过程中，首先应制定流程，然后应与各个部门沟通问题并讨论解决方案。建设并完善日常数据的整理与分析系统，分析产品的市场反应，跟踪用户反馈，了解需求的变化，以保证产品的质量和性能并持续改进。产品经理还要具备文档撰写、演示培训的能力，甚至市场推广的知识。

8．产品经理的级别

“你是哪个段位的产品经理呢？”笔者经常用这句话反问自己，并激励自己向上发展。

人的欲望、境界有不同的层次，产品经理只有认清自己。清楚自己所掌握的知识，了解自己的技能、才干，才可以向自己的目标稳步前进。

一般来说，入行两年以内的产品经理的主要工作就是画原型，做交互设计，谈用户体验，埋点，看数据。

更高阶的产品经理倾听用户的声音，并主动过滤掉所谓的“更快的马”，管理相互矛盾的需求，深刻理解用户画像，精益验证产品的商业价值。

最理想的产品经理是拥有乔布斯般的“洞察力”，不是盲从用户来确定产品的方向，而是用突破常规的思考方式来引领用户的需求，深刻理解产品的发展趋势，并明白产品生命周期中各个突破点的正确次序。

9．与外界碰撞想法

产品经理经常要在公司内部和外边进行辩论，这是好现象，人与人的思维经常不一致，通过辩论产品的推进方案，产品经理的用户感知能力会得到大幅提升。

10．产品经理的必备技能——案例分析

进行案例分析的目的主要有两点：首先，发现用户的潜在需求，给予适当的帮助和引导；其次，明白并非只有“购买”才是用户贡献价值的行为，能够产生优质内容并带动其他用户购买的行为也是非常有价值的。在做案例分析的时候，产品经理经常将分析对象锁定在本行业内的产品，其实这是有局限的，不同行业产品的用户行为会表现出明显的相似性，产品经理在做竞品分析的过程中应加入对其他行业产品的研究，并进一步论证、分析，找到新的灵感和思路。

第 2 章　产品经理的思维方式

2.1　产品的创新点源于跨界思维

没有跨界思维就没有创新。笔者支持这一提法并认为：要想实现产品的创新，产品经理首先要有足够的产品思维。现在产品经理圈内有两大文化：唯技术文化和唯思维文化。笔者认为不论哪种文化，重点在于把握四个层面：知识层面、思维层面、方法层面和精神层面，同时要把四个层面统一到跨界思维上来。

笔者认为将跨界思维应用于产品实践是最根本的内容。产品经理该如何看待知识、思维、实践这三者的含义和关系？首先，知识是基础，如果没有知识，一切是空的。任何忽视知识的观点或行为都是错误的，不只是产品经理这个群体，在中国传统文化中也讲究学习知识，培根也讲过“知识就是力量”。不过，笔者认为培根的话不准确，有知识不一定有力量，一个只知道读书的书呆子，不一定能做出来优秀的产品。应该反过来讲，“没有知识就没有力量”。

跨界思维带来创新的关键点在于“把知识融入产品需求的思维里”。产品经理与其他物种的不同点是，产品经理既要有逻辑思维，又要学会非逻辑的关联。产品经理不可能把产品创新点全部记忆下来，产品经理的智慧是独立地跨界思考，产品经理做不到这一点就失去了产品工作的最宝贵之处。

产品实践是产品工作的根本，想得对不对，对的部分是多少，错的部分是多少，评价依据是实践，产品创新源于跨界思维的实践。创新一定要在实践中提出问题，没有问题就没有创新。不同领域有不同的实践形式，要在实践中思考，提出问题，并通过实践解决问题。

描述“学习、跨界思维、实践”三者关系最恰当的内容是长沙岳麓书院的四句话：博于问学、明于睿思、笃于务实、志于成人。必须通过认真的学习积累基础知识，勤于思考问题，多动手，多实践，同时抱有立志成才的理想。

知识是产品经理的基础，低段位、刚入行的产品经理面临的问题往往是知识问题；段位越高，越强调思维，因为只有思维正确，产品经理读书才会先越读越厚，而后越读越薄，找到形而上的东西。禅宗里有三句话：“最低层次是开门见山，中层是开门不见山，最高层是开门又见山。”底层和最高层见到的都是山，但两座山不一样，高层次的山是抽象的山，是形而上的东西，只有既看到形而下，又能看到形而上，这才达到了最高境界。

高层次产品经理一定要强调思维。但是，不管是高层次还是低层次的产品经理，都要实践，刚入行的产品经理要实践，3～5 年工作经验的产品经理也要实践，10 年以上工作经验的产品经理还要实践。产品经理可以不懂技术，可以不懂设计，可以不懂市场文案，这些技能都可以通过学习补齐，但是，如果产品经理不懂得人生，缺乏实践，这就会很危险。产品经理只有懂人生、懂实践，才会有跨界思维。

以上是“产品的创新源于跨界思维的实践”的内容，下面笔者从实践的角度来介绍产品跨界思维。

2.1.1 跨界之一：从软件到硬件

互联网行业从不缺乏跨界者，尤其是近几年，硬件制造企业与互联网行业的紧密融合催生了一股跨界潮，也催生了一批“闯关者”，笔者就是这批“闯关者”中的一分子，从互联网产品经理跨界到智能硬件领域，笔者亲身体验了一次从“软”到“硬”的过程。

这批“闯关者”产品经理的特点是在互联网企业中从事过多年的互联网产品工作，他们中有的人能迅速设计出浏览页、详情页、购物车、支付页及其他软件产品并深知各种渠道用户的浏览路径，有的曾经飘在大公司云端、受益于大炒概念的互联网公司不差流量的恩惠，现在一起华丽转身，走进与软件产品完全不一样的智能硬件领域。

产品经理“从软到硬”的代表性人物是周鸿祎和雷军。

周鸿祎曾经抛出问题：“我们为什么从杀毒、浏览器跨界到做智能手机？”他自己的答案是："我们坚定不移地去做手机，是因为未来的移动互联网的中心一定不是现在这样的手机。"

雷军从金山软件起步，近年来跨界到智能手机、智能电视、智能盒子，再到智能手环、智能空气净化器、智能热水壶等，不难看出，雷军的产品矩阵构想已久，他试图让所有智能硬件产品在一个平台上互联互通。

从软到硬，不单单是为了迎合市场，看似天马行空的硬件产品矩阵，其背后是深刻的产品思维。笔者认为每个产品经理的跨界路径各有不同，但都是兴趣与使命驱动，笔者本人从纯互联网产品经理跨界到智能硬件领域，就是希望可以把自己的汗水挥洒在智能硬件领域。

产品经理"从软到硬"的跨界有以下几点值得考虑。

1. 产品研发流程 / 产品生产方式

软件研发流程与硬件研发流程的对比如下图所示。

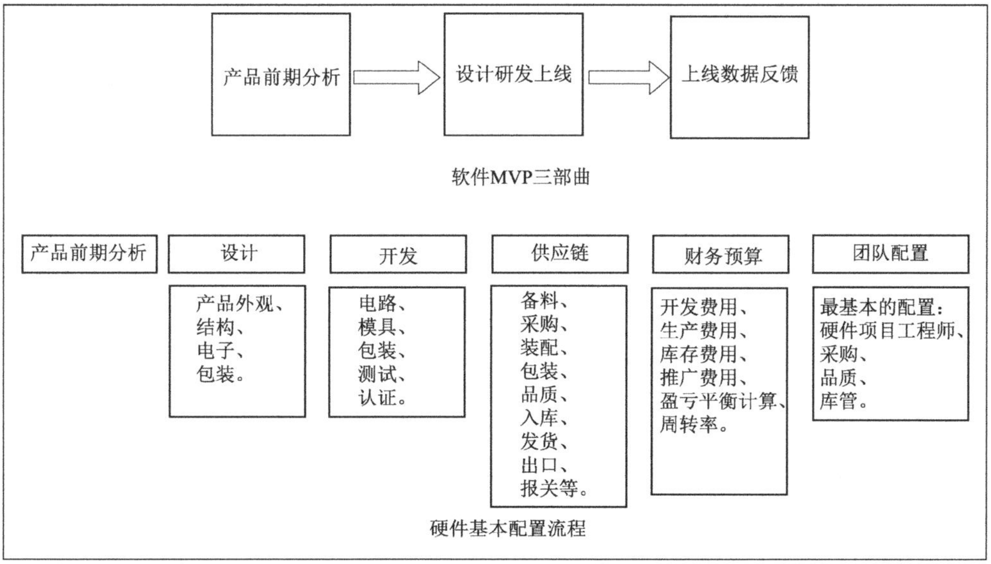

软件与硬件研发流程的对比

2. 产品供应链问题

这里以 VR 产品为例，介绍硬件产品的供应链问题。VR 概念从 2015 下半年开始日益火爆，但至今没有一家厂商能拿出一款被市场接受的主流产品，主要原因是 VR 产品的供应链存在问题。

将 VR 产品的供应链与手机的供应链对比会发现：从出货量角度来看，手机出货量高 VR 产品一个量级；从零部件单价角度来看，VR 产品高手机一个量级。目前 VR 产品还需要围绕延迟、视角、画质、定位、声音等方面作出改进，因此必将衍生出 OLED、透镜、传感器、耳机等供应链问题。未来，VR 产品的供应链会比手机更集中，需要更精细化的投资和研发。

3. 产品边际成本问题

雷军在一次央视节目中说过，当他还未涉足手机研发领域的时候，曾询问过一位手机行业的前辈，前辈告诉他："手机行业只有撑死的，没有饿死的。"这是因为硬件的边际成本不能像软件一样趋近于零。

互联网产品的产品经理都明白，当用户规模到达一个临界点时，边际成本会趋近于零，且用户会自我增长，但这种现象在硬件产品中不会出现，硬件产品的边际成本可能会因为库存周期不合理而变大。

2.1.2 跨界之二：从传统产品到互联网产品

当某个传统行业开始走下坡路的时候，传统企业的产品经理需要跨界找到新的产品方向。例如，美特斯·邦威公司曾是一家市值高达 400 亿人民币的服装企业，在服装行业发展空间逐渐变小时，为了寻找可以带来机遇的产品方向，企业开始尝试跨界创新，先后尝试了在线商城、私人定制等道路，直到 2015 年上半年摸索出一条在线上吸引流量，结合线下门店提供智慧制造和私人定制的生态模式。

房地产企业的产品是房子，而拿地成本非常高，因此，对房地产企业的产品经理来说，首先要完成资本的原始累计，拥有巨额的资金，然后再跨界摸索着做一些与互联网相关的产品，以形成一个包含房产和互联网产品的矩阵。

从传统行业跨界到互联网产品的常见原因是，企业在传统行业的发展出现了瓶颈，希望利用销售传统产品积累的资源开辟新的产品方向。例如，万达从商业地产转型做影院，然后进一步转型到线上销售电影票。

过去 20 年，很多传统企业从养殖业、服装业成功跨界到房地产领域，因此产生了思维定式，殊不知，成功跨界到房地产领域，依靠的是特定的外部环境。

2.1.3 跨界之三：互联网公司的产品跨界

微信在 IM 产品上接近 100%的市场占有率，对移动互联网的格局产生着巨大的影响。对于以电商产品为核心的阿里巴巴来说，如此巨大的流量入口型产品非常具有吸引力。所以，阿里巴巴非常希望占领这个市场，在这个思路下，阿里巴巴先后推出了来往、钉钉，甚至直接模仿微信来改造支付宝。在推广来往的时候，阿里巴巴曾把推广任务作为员工的 KPI 进行考核，并投入巨额资金，结果几年过去了，来往却逐渐被人们遗忘。

腾讯拥有海量的用户，国内几乎每一位网民都在使用腾讯的 QQ、微信等服务。在此背景下，腾讯一直希望跨界做搜索，并组建产品团队历时多年开发出“搜搜”，但“搜搜”却一直没能占据市场优势，最后不得不与搜狗进行合并。

由此可见，即使强大如阿里、腾讯，想要跨界做出受市场认可的产品也不是一件容易的事情。

笔者认为互联网公司跨界失败的原因有以下几个关键点。

（1）缺乏行业经验的积累。腾讯在做搜索之前，一直认为搜索产品并不复杂，等到真正落实以后才发现，搜索的技术含量太高了，需要大数据、算法、暗网爬虫等方方面面的内容，没有充足的行业积累，很难做出优质的产品。

（2）缺乏专业人才。腾讯一直跨界尝试电商产品却没能获得成功，根本原因就是企业人才的基因是 IM，IM 产品经理没有电商产品所需要的运营思维、零售思维、网店运营思维，没有人才，产品很难成功。

（3）品牌在用户心目中的定位。例如，格力做手机一直不温不火，很大一部分原因是在消费者心中“格力=空调”，格力品牌很难与手机进行关联。

2.1.4 跨界之四：产品跨界运营

产品跨界运营从本质上来讲，是一种资源互换，甲把用户给乙，作为交换，乙把资源给甲；双方不涉及或者较少涉及资金方面的往来。这种方式能让双方通过较小的投入获得大量的用户，实现双赢的局面。这种交叉的运营方式比简单粗暴地花费大量金钱购买用户的运营行为有效得多。

产品跨界运营有以下关键点。

（1）产品的目标用户是否具有共同性。每个行业中的每个产品或者品牌都有属于自己的目标用户群体，如果两个进行跨界运营的企业在开展跨界运营的时候没有共同的消费者资源，其开展跨界运营的效果一定会很有限。

（2）产品品牌追求一致。这一点和第一个问题有着一定的联系。品牌有个重要的内涵——角色感，是品牌的目标用户群体对文化、利益等方面的追求。如果两个不一致的品牌进行跨界运营，将很难获得成功。

跨界思维要求产品经理不要以今天的产品去推断未来；不要认为产品惯例是既定的和不可改变的；不要相信跨界是大公司的专利；不要用战术去解决品牌战略问题；不要忽视消费升级对当今中国市场环境的巨大影响力。

2.1.5 跨界之五：跨界设计思维

设计可以推动科技创新。设计不仅仅是把产品做得更为美观一些，而是一种思考方式。

不同领域的思维碰撞是形成创新的源泉，设计思维可以为企业的战略决策提供支持。企业决策者通过设计，可以看到 10 年、20 年以后人们的生活方式是什么样的，并进行测试，从而倒推出企业短期的战略。

设计在互联网发展中扮演越来越重要的角色。设计已经不再只是单纯的外形设计，而是一种思维模式，贯通于各个专业领域。以设计的理念进行思考，将为产品的创新带来很大的帮助。在很多极具创新力的企业中，部门之间的融合与沟通非常密切，大家采取更为跨界的方式进行交流，这是一种趋势。也许不久以后，会有越来越多产品经理型创业家出现。

产品经理不是一个一般的职位，一般的职位是产品设计负责人、产品运营负责人、产品技术负责人等，产品经理更像是创始人，一种历经多种技术角色磨砺的人，一种以接收方的体验为主进行思考的人。例如，做一张设计图，产品经理需要思考，设计图用什么风格，传达什么信息，对方收到之后会采取什么操作等。

任何事物都可以被当作一个产品，产品经理成功的关键是做出超越用户期望、令用户惊讶的产品。产品经理跨界成功的秘诀是：过去的成功不代表未来的成功，要把产品做到极致，要专心研究一件事情，满足目标用户的一个刚性需求，并将其作为产品的核心竞争力，做出产品的品牌。

2.2　用户需求动态变更的思考方法

产品经理的需求存在有效期吗？如果存在的话，有效期是多久呢？答案是，需求不存在有效期，产品经理需要积极拥抱变化。第一，有些需求在老板或者业务方提出的时候考虑得并不全面，并且描述存在歧义，产品经理要对这种需求进行适应性变更。第二，公司内部的相关人员、管理办法，外部的环境等都在不停地发生变化，所以产品经理要对需求及时做出变更。

这里先看一看以下案例。

2017 年春节前夕，群众又遇到了"打车难"的问题，问题的焦点聚集在滴滴打车的价格贵且难打到车。《新闻纵横》报道说："最近，不少北京市民在朋友圈等社交媒体上吐槽打车这件小事遇到了大难题。人们发现，在早晚高峰甚至非传统高峰时段里，通过滴滴等平台打车已经变得非常困难，想要增加叫车成功的概率，往往得加价。"

其实，不仅仅是在北京，上海、武汉等地的不少乘客同样也在感慨"打车难"又出现了。而在网络上，也有文章把"出行不美好的体验"归结到了部分互联网平台的服务模式上。

滴滴一下，为何不能马上出发？

有说法认为，由于目前网约车市场过度集中，部分平台已经形成垄断，导致可以随意进行加价。此外，订单取消的规则存在漏洞。部分网络文章将矛头直指滴滴。还有一些说法提到，平台所增加的调度费，最终不是由司机获得，而是被平台扣留。

用户向多个城市出租司机求证得知，在出租车订单中，扣留调度费的说法并不真实，订单所加调度费是由司机获得，滴滴方面并不抽成。

不过，滴滴专车、快车的价格确实由平台调节，合肥的专车司机梁师傅说："加价费用我拿不到。"

除了加价问题，打车难是否是因为平台？某位号称 Uber 前员工的网友发帖称，因为滴滴平台派单机制存在问题，导致司机只会选择加价订单，这是近期难打车的主因。但北京出租车司机王师傅认为，"打车难"更根本的原因在于节前是出行高峰，活多车少，“每年都是这样，年关将至，大家往往要去机场、火车站、大型商超等区域，都有用车需求，每年节前都是这种状态。”

“一般来说，平台不是会报单嘛，很多司机是不是一听活不好就甩开了？”面对记者的提问，王师傅回答道：“肯定有，很多单同时报出来，司机肯定有选择地接。时间就是金钱，司机也有运营成本。当然，如果没有这么多的活，我们也没法挑活。”

滴滴一位高级产品总监曾在知乎发起有关“打车难”的对话，称从滴滴后台数据来看，今年司机回家早，运力下降。在其晒出的“滴滴在线司机数据”和“北京订单需求”两张图表中，虽然隐去了具体数值，但可以明显看出，前一张图表中的司机数量在近期出现了明显的下降趋势，下降幅度超过 25%，而出行订单数量则上涨了 3 成。

某滴滴前员工表示，供需变化的另一个原因在于，北京能够与出租车提供相同服务的网约车数量明显减少了。

某滴滴前员工说：“网约车平台不是影响供求的根本因素，根本因素是政策。新政发布后，网约车的数量越来越少。出行需求变多，供给跟不上，问题就会更加突出。”司机王师傅也承认，相比去年，今年分蛋糕的人少了，订单确实更多。

事实上，目前市场上的数家网约车平台提供服务的模式略有不同，首汽、神州等自有车辆平台是强制派单给司机，易到等则根据车型不同，采取派单和选单相结合的方式。

在北京工作的陈先生表示，通过市场调节的方式，未来网约车平台可能会有更多的竞争者进入。“滴滴现在价格确实在增长，但还可以接受。这次春运我选了另一个约车平台，就是强制派单，我觉得也挺好。”

面对这个案例，产品经理应该有的逻辑是：

① 强制派单会导致“打车难”，但不代表价格一定贵；

② “车”这一资源紧张的情况，需要让用户提早感知。

现在来分析一下滴滴产品总监的说法：滴滴在线司机的数量在下降、但订单量在增加，车少人多的矛盾在滴滴诞生之前就一直存在，滴滴的目标是解决这个问题。

首先，看一下滴滴 App 叫车的首界面。

滴滴 App 叫车的首界面

这个界面显示，用户在打开滴滴的时候，界面默认在加价选项上（而且加价还不少），用户可以选择加不同的金额，而平台会告诉用户加不同金额时订单被接的可能性，如果第一次加价订单没有被接，可以调整加价金额再次叫车。

除去平台盈利压力的因素，这样的规则会给平台双方带来什么激励呢？司机知道用户可以多次选择加价，于是司机不会主动接不加价的订单，司机知道用户叫不到车时会提高加价金额，因此故意等待。最终，这个规则导致的结果是，司机宁可等待也不接单，浪费了时间；乘客反复加价才能叫到车，浪费了时间，还很可能付出更多的金钱。在这个规则下，双方都在玩“自作聪明的游戏”，结果是双方都浪费了时间（这是打车系统效率最大化的最重要参数），并且用户花了更多的钱。

可以说，这个规则从诞生之日起，就是可以被人投机取巧的，整体效率就是低的。这不是滴滴创始人的错，也不是滴滴产品经理的错，它甚至不能算是个“错”。如果不让司机做选择，司机会不高兴，司机觉得他本来可以收 26 元，如果必须接受平台计算出来的 13 元，司机觉得自己赚的少了，但司机不知道的是，如果节省了时间、提升得到订单的概率，他赚的会更多，平台整体效率也会更高。

造成“打车难”现状的原因除以上原因以外，还有其他原因，如滴滴的盈利压力导致其需要赚取更多的剪刀差价（向乘客多收钱、减少给司机的补贴），政府限制外地牌照的政策等。

面对以上问题，滴滴该如何优化呢？从带给用户便捷的打车体验出发，笔者认为应该采取以下优化步骤。

① 乘客叫车的动作只设置一个按钮，不可以选司机，不可以自己加价；

② 司机接单时，只能接受系统派发的订单，不可以挑选订单；

③ 派单逻辑完全由系统完成，距离远近是派单的唯一标准；

④ 动态加价的价格由系统计算制定，用户只能选择接受或不接受。

站在用户视角的产品设计人员和运营人员，必须经过大量的思考之后再制定规则，尽量增进规则的合理性。规则中应留有大量可以由运营人员调整的参数，用不同的参数控制派单结果和用户体验，每个城市的运营人员都要通过分析海量的数据去研究城市的特性和运营情况，并不断调整参数，以获取最好的用户体验和系统效率。

在本书完稿时，滴滴产品的规则设计依旧比较简单，系统承载的计算量也比较小。系统不需要计算动态加价的具体金额，而只是提供比较宽泛的阈值和少数几个推荐的加价金额，由用户自己选择加价金额。

除了一些产品在需求不明确的状况下上线，产品上线以后需求还在挖掘的情况，产品经理还有可能要面对产品之外的、不可预料的事件，比如融资环境的变化、国家政策的变化等，这些都会导致产品需求变更，这些事情很难预料，却有可能成为影响产品生死存亡和发展的决定性因素。产品经理需要具备面对这些不确定性的需求时，迅速作出变更的能力，产品经理应该在第一时间分析现有产品，并对产品重新进行定位，对需求进行及时的调整。

无论条件是有利，还是不利，产品经理都应努力使得产品的发展最大化。产品经理把握机会的能力以及克服困难的能力，直接决定了一个产品的生死存亡。

如果一位产品经理对自己做的产品没有责任心，那么，笔者认为这个产品经理是在浪费光阴。希望每一位产品人都对自己的产品保持责任心，不断提升自己的能力，对未来的发展保持谨慎乐观的态度，找到自己的方法和节奏。

2.3　4 种数据思维方法

产品经理最危险的状态是思维方式落后。人工智能时代，人工智能绝不仅是一场算法的改良，人工智能是一场技术革命，产品经理要用一种全新的思维方式理解用户和商业模式。

互联网的发展使得数据量急剧增加，在数据科学长足发展的背景下，人们所能储存、处理的数据已经达到了前所未有的量级，并且仍在迅猛增加。

数据成为了一种新的生产资料，改变了人类生产、生活的方式，大数据时代已经到来。有关大数据的文献大多从数据科学、计算机科学，以及数据同其他自然学科相结合的角度展开研究，而在哲学思考上的研究略显欠缺，本节从数据思维入手，对大数据时代下产品经理思维方式的变革进行梳理和研究。

2.3.1　第一种数据思维方法：相关关系思维

数据思维的进化，是在产品实践思维的指导下进行的，因此，应该从两个方面进行分析，一是如何解释互联网世界，二是如何改变互联网世界。以往的产品需求研究往往基于因果关系，因为原因和结果是哲学中的一项重要内容，因果关系是解释世界必不可少的工具，因果关系揭示了事物普遍联系、彼此制约的关系。人们在生活、工作中解释事情的原因和来由时，经常采用因果关系。

不过，在数据思维时代，许多数据中发现的事实难以通过因果关系来解释。这时可以考虑使用相关关系尝试解释客观事实。相关关系的思维是新的思维方式，其不仅仅是解释世界的新途径，还将是改变世界的新方法，相关关系将对研究人类日常生活、企业和政府的运作等内容等产生巨大的影响。

相关关系将看似毫无关联的事件联系在一起，这必将打破众多的壁垒，隔行不再如隔山，看似无关的事件，也可能存在一定的相关关系。相关关系不是因果关系，但却是实实在在的联系，在大数据时代，这种新的思维方式已经逐渐被运用于各个领域，数据作为一种新的生产资料，企业已经闻到了其中的价值。

近年来，许多先进的企业已经开始基于相关关系进行数据分析。例如，亚马逊的图书推荐系统，UPS 的汽车修理与预测，以及沃尔玛超市里的商品的摆放等。以上都通过数据分析，发现某些数据之间的相关关系并加以运用。亚马逊的图书推荐系统是通过客户浏览、购买了哪些书，分析图书之间的相关关系，进而选取相关关系强的图书，在用户浏览了某一种书籍后向客户进行推荐，数据推荐系统直接导致了亚马逊书评团队的解散，最终，推荐图书的销售额达到了亚马逊图书销售总额的1/3。UPS通过在车上安装监测系统，收集车辆数据并进行分析，以便公司对车辆的健康状况进行预测，从而节省了数百万美元的开支。沃尔玛超市通过分析在哪些时间段、哪些商品和另外一些商品放在一起会导致销售量增加，从而调整期商品摆放位置，提升销售业绩。

从上述这些例子可以看出，运用相关关系分析所得出的结果是准确的、有效的、可以直接使用的，并且在复杂的环境之下也是适用的。相关关系使得人们不必再推导因果关系，并反复验证，而是直接得到结果。在大数据时代下，还有更多的领域可以分析相关关系来提升工作效率，在实际动手前，产品经理首先要转换思维方式，学会用相关关系的思维方式去认识世界，再通过大数据等依赖相关关系的手段来改变世界。

2.3.2 第二种数据思维方法：用户需求的整体与零碎思维

在小数据时代，基于因果关系、整体与部分之间的联系，产品经理学会了以小见大、见微知著，用最小的代价找到提升产品水平的方法，这是产品经理智慧的体现，也是无奈之下的选择。在小数据时代，当产品经理面对需要大量数据才可以解决的问题时，由于要考虑成本和时间，无法进行大数据分析，也就难以发现事物间的相关关系，因此，在因果关系失效时，产品经理只能仰天长叹。

大数据时代宣告人类进入了一个全新的时代，产品经理不再需要考虑数据处理、储存的问题，成本和时间也不再是瓶颈，产品经理能够以所有数据为样本进行全盘分析，利用相关关系处理许多因果关系不能解释的问题。此时，产品经理应当将“以小见大”的思维方式逐渐转变为“以大见小”。在大数据时代，产品经理有了收集、处理大规模数据的能力，如果还是采用那种“利用尽可能少的数据完成分析”的方法，未免有点不合时宜，毕竟在大数据时代，增大样本随机性可能比对所有数据进行分析更为困难，直接将全部数据作为样本进行分析，将会获得准确性更高的分析结果。

小数据时代的样本有一个致命的缺陷，那就是样本必然会忽略细节；大数据时代的样本就是总体，直接对全体进行分析，可以对细节进行更加清晰地研究，即所说的“以大见小”，在这里，“大”不一定是整体的范畴，这个大已经超越了整体，甚至处于整体之外，全体数据可能是这个整体内部的，也可能是整体以外的，因此，“以大见小”并非是论述“部分与整体”这种因果关系，而是运用相关关系进行研究与探索。

大数据的“大”不是绝对意义上的大，大数据的“大”是指全体、全部、所有的数据，这一数据可能出自一个系统，但更多的是超越了某一系统整体，产品经理的眼光也应该超越某一系统和模拟场景，看到零碎的数字之间所存在的关系，这种联系不一定存在因果关系，但往往存在相关关系，利用相关关系对这些联系进行研究，将会得到之前从未得到过的结论。

2.3.3　第三种数据思维方法：用户需求的精确与混杂思维

大数据时代，产品经理不能只追求精确，而是要接受混杂。大数据时代的数据，一般只有 5%左右是结构化的数据，剩下 95%的数据都是非结构化的数据，这些非结构化的数据不能被传统的数据库所利用，如果产品经理不能接受混乱，那么将无法使用 95%的数据，也就谈不上大数据了。

在计算能力达到一定量级以后，简单的算法加上大量的数据，获得的结果将远远超过少量的数据加上复杂的算法。当只拥有一小部分数据时，产品经理不得不考虑错误和混乱给整个结果带来的影响，但当产品经理手中有了海量的数据时，某些错误和混乱将再也不会对结果带来太大的影响，这样对大数据的发展，甚至是整个互联网行业的发展，都具有颇为重要的意义。产品经理不应当拒绝混杂，而应该主动去迎接混杂，让混杂带来更多样、更全面的信息，这是大数据时代所固有的特征，也是我们前进的必经之路。

接受混杂意味着接受了更多的数据，更多的数据会使我们站到更高的高度，当我们站在更高的高度时，我们就可以从细节入手，一步步推导，猜测全貌，影响全局。

2.3.4　第四种数据思维方法：用户需求记忆思维

大数据除了对社会整体会产生影响，对人类个体的记忆也会起到颠覆性的影响。过去我们不断努力，希望自己的记忆可以保存得更长久一些，大数据改变了这种状态，人类的记忆可以永久保存，不过这也给人们带来了新的困难和难题，在大数据时代，人们要从避免遗忘逐渐过渡到学会遗忘，这是大数据时代要求的、新的思维方式。

哈佛大学心理学教授丹尼尔·特在关于人类记忆延续性的研究中发现，人类会对自己过去的记忆进行修改。这似乎难以接受，但是在生活中，这是非常常见的现象。例如，对长期没有见面的朋友，回忆的内容总是对方的好，或者一起经历过的美好时光。其实，这只是因为人们在自己的记忆中加深了美好的回忆，而慢慢遗忘了一些不那么美好的记忆，如果真正将所经历的一切都保留下来，那么恐怕记忆就会变得枯燥无味了。

超强的记忆并不能代表超强的学习能力，在大量记录下来的信息中提取有效的信息，并整理分析出有效的结果，才是学习的能力。除有效的信息外，应该将剩下的垃圾信息彻底遗忘，以免对我们产生困扰和阻碍。因此，在大数据时代，如何将有效信息提取并将大量无效的、过时的信息删除，是我们应当考虑的一大问题。

人们利用互联网进行交流或分享时，或多或少都会对分享对象的范围设置限制，有些私人的信息想要分享给自己的亲朋好友，但绝对不愿意分享给陌生人，更别说别有用心的人，然而上传至云端的资料，总会有许多机会被他人所获得，这会给上传者带来许多的不便甚至伤害。对于自己上传的信息被他人扭曲的解读，是任何人都不想看到的，因此，对于互联网的信息，应当存在一种遗忘机制，使得信息的留存有一个时间限制，过了这个时限，就将信息彻底删除。

遗忘的信息必然是大家所认为没有价值的、不应当被记忆的信息，这些信息的存在并不能产生价值，只会产生负面的影响。在《删除：大数据取舍之道》中有这样一个故事，作者曾经和他的朋友约翰相识 20 年，但近 5 年并没有太过频繁地联系，近期将有一个会议，使得他们两人有机会小聚一下，于是作者突发奇想地想要邀请约翰去他们曾经常去的小咖啡馆，不过一时忘了那家咖啡馆的名字，于是作者开始一封封地翻阅电子邮件来寻找咖啡馆的地址，翻阅中作者看到了他们曾经发生过的矛盾、说过的伤人的话和许多不开心的事情，看到这些内容，作者打消了和约翰一起喝咖啡的念头，也彻底毁了美好的记忆。笔者所描述的这个情景就是信息垃圾所产生的不良后果，曾经的不愉快本应该随着时间的流逝而消失在记忆中，但永久保存的电子邮件将这些不愉快完完整整地记录了下来，这违背了人类遗忘的天性，给人们带来了痛苦和不快。

人类的记忆如此，互联网的记忆也应当这样，将一些需要记录的事情记下来，不需要的事情通通遗忘，这样才能营造一个健康的、良性的信息生态。

以上主要介绍了四种数据思维方法论，下面主要介绍在四种数据思维方法论基础上延展出来的 7 种思维方式。

2.4　7 种思维方式

也许有不少人会觉得，“说了那么多思维方法论，有没有可以操作的案例呢？”“说什么逻辑思考力啊，完全没有意义嘛，思维方式什么的，不都是与生俱来的么？”其实，所谓的思考能力，并不是想想就能锻炼出来的，更不是一个人的气质性格。

要想更高效地思考，首先要学会站在大数据这个巨人的肩膀之上，学会借鉴前辈们的智慧经验，笔者在这里要为读者介绍具体的“思维方式”。

为什么说思维方式非常重要呢？理由有三：首先，正确的思维方式可以帮助产品经理更高效地挖掘用户需求；其次，正确的思维方式可以大幅减少无效的沟通；第三，正确的思维方式可以帮助产品经理俯瞰全局、把握整体。

这一节笔者就为大家介绍七种常用的思维方式。

2.4.1　空・雨・伞

这是最常用的产品设计决策模式，“空・雨・伞”，意如其名，也就是说，“抬头看天，天空乌云密布，像是要下雨的样子，所以出门时带上把雨伞吧。”

这里的“抬头看天”，是说要看清自己产品所处行业的竞争环境；而由此得出的“像是要下雨的样子”，便是分析竞品环境时得出的分析结论。在这个思维过程中，视角是从外至内，从大到小。当然，其结果是可能下雨，也可能不下雨。

空・雨・伞

我们在此基础上得出“出门时带上把雨伞吧”这个结论，思考一下，这里为什么是“要带上雨伞”呢？原因可能是只有雨伞，也可能是不喜欢雨衣，这些因素都考虑进来，最后得出“要带雨伞”这一结论。

其实，不必把这个思考过程想得太过复杂，简单来说，人们在进行决策时通常会经过这样的步骤。

- 空：把握需求事实和现状；
- 雨：解释、预测；

- 伞：产品设计、策略。

以上就是怎么学会产品设计决策，也是进行产品需求分析的第一步。

2.4.2 5W1H

5W1H 就是常说的“Who、Where、Why、When、What、How”。也许有人觉得这么简单的东西不能称为逻辑思维方式，这是不正确的，因为 5W1H 所代表的是最重要的信息。尽管这种思维方式广为人知，但决不能因此而轻视它。特别是当产品经理想要向产品团队以外的部门传达信息时，这个思考框架会发挥极大的作用。

社会化网络的 5W1H

2.4.3 用矩阵分析法将问题视觉化

矩阵分析法是指画出横轴、竖轴，将思考因素排列其中，在此基础上进行分析。例如 PPM 分析（Product、Portfolio、Management），以横轴表示市场占有率，以纵轴表示成长率，分为四个象限，用来管理产品的生命周期。

当产品经理遇见很棘手的问题，不知道该如何下手时，可以画出相应的矩阵图来帮助自己分析问题。将实际工作中常用到的关键词，比如满意度、问题点、活跃度、营业额等，列入数轴之中，分析其中的因果关系。这里为大家介绍两个常用的矩阵。

1. SWOT 矩阵

SWOT 矩阵是分析优势、劣势、机会、危胁的工具，供产品经理在决策时参考。

SWOT 矩阵

2. 紧迫性和重要度矩阵

将紧迫性和重要度结合起来，不仅可以帮助产品经理有效地利用时间，产品经理在做优先级排序时，也可以活用这个矩阵，如下图所示。

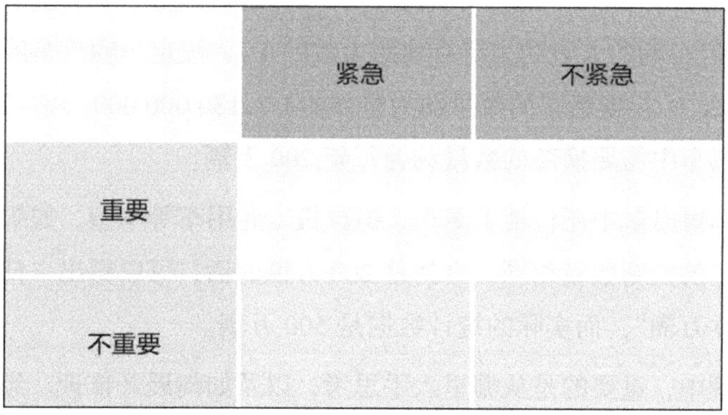

紧迫性与重要度矩阵

2.4.4 PDCA

PDCA 是指 Plan、Do、Check、Act，即在制定战略时，首先做出假设，然后制定计划并付诸实施，再将结果用于制定新的计划，如下图所示。

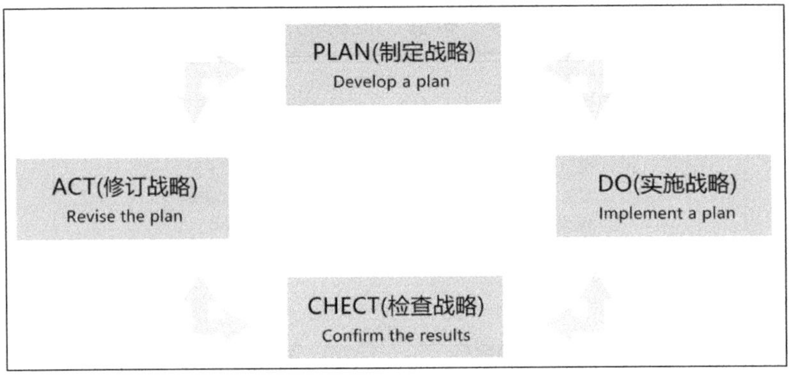

PDCA 方法

2.4.5 费米推理

所谓的“费米推理”指的是，利用手边现有的有限信息及知识，推断出很大的答案。

比如，想知道“日本一年的新车售出量有多少”，通常的做法是 Google 一下，登录汽车工业会的网站、各个汽车制造商的网站等网站调查相关数据，但是，如果没有这些数据的话，该怎么做？这里要用到的，就是费米推理。

思考过程如下。

首先，日本人口约为 1.3 亿，其中持有驾照的人口占总人口的比例约为 1/3，而这 1/3 中，驾驶自家车辆的人数约为持有驾照人数的 1/3。假定一辆汽车的平均使用年限为 7 年的话，那么，一年换新车的数量约为整体的 1/7，130 000 000÷3÷3÷7≈2 000 000，也就是说，自驾车中需要换新的数量约为每年 200 万辆。

另外，新车售出量中还包括了卡车、拖拉机、商用车等车型，如果假定这部分的售出量与自驾车的换新数量相同，也就是 200 万辆的话，可以得出“日本一年的新车售出量约为 400 万辆”，而实际的统计数据是 500 万辆。

在费米推理中，重要的是从哪里入手思考，以及如何展开推理。经常进行“费米推理”的思维训练，强迫自己在有限的时间里获得无限接近正确的答案，可以培养自己独立思考的能力，进而练就解决问题的能力。

2.4.6 AIDMA 法则

AIDMA 法则可以用来说明用户为某一产品或者服务付费的背后逻辑。

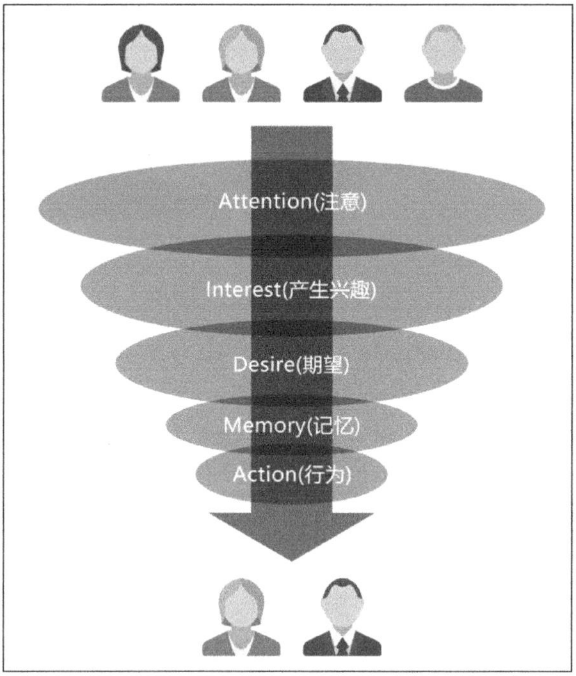

AIDMA 法则

具体说来，也就是如下内容。

① 认知阶段。

A：Attention，让用户知道这一商品的存在。

② 情感阶段。

I：Interest，产生兴趣。

D：Desire，培养欲望。

M：Memory 形成记忆。

③ 行动阶段。

A：Action，实际购买。

2.4.7 水平思考的 6 顶帽子

特意变换视点（变换所戴的帽子）进行判断，找出不同点。

6 顶帽子

六顶帽子的颜色如下。

- 红：直觉视点，即根据直觉判断；
- 蓝：思考视点，即根据理性思考来判断；
- 白：中立视点，即根据客观资料和数据判断；
- 绿：创造视点，即创造性思维；
- 黄：乐观视点，即正向性思维；
- 黑：批判视点，即批判性思维；

产品经理最主要的能力是拥有正确的思维方式和产品策略。上面四种数据思维方法论、七种思维方式看似简单，但在日常生活中的应用极为广泛。产品经理在思考问题时，一定要尽可能多地使用这些基本的思维方式，这样，才能培养出自己的逻辑思维能力。

第 3 章　产品策略方法论

3.1　调动用户参与的产品 4D 设计策略

调动用户参与产品的设计是一个新兴领域。20 世纪 80 年代初，专业的产品设计公司开始尝试调动用户参与设计。这类实验以设计为驱动，需要设计师们参与到设计过程中。

作为一个曾全面参与过软件与硬件开发的产品经理，笔者曾多次邀请用户参与产品的设计。从 2007 年开始，笔者在设计过程中一直扮演产品专家的角色，成为一名“为用户发声”的人。笔者的任务是了解用户，并把了解到的信息转化为设计师们能够理解、应用的原则和方案。笔者在学习那些可以令产品和信息系统更有效的方法时，也会研究一下设计师，以了解他们如何通过互联网视觉图像进行沟通。

3.1.1　以用户为中心的设计

在以用户为中心的设计流程中，产品经理要关注被设计的事物本身（如对象、交流方式、业务逻辑、界面、服务等），并不断寻求不同的方法以确保这些设计能够满足用户的需要。

在这个过程中，用户研究中心的负责人是用户与设计师之间的媒介。用户研究人员通过收集原始数据、利用二手资料来获取用户需求，并将这些信息解读为设计准则。产品设计师再将这些准则解读为一些概念草图或用户场景，关注点在设计流程中逐步往后转移。用户研究人员和用户可能会继续参与后续的可用性测试，也可能不参与。

在以用户为中心的设计流程中，用户研究人员和设计师的职责不同，但互相支持，用户并不真正参与设计，而是通过用户研究人员传达信息。

近年来设计师和用户研究人员之间这种互惠互利的合作有了更多的形式。用户研究人员仍有很多可以支持设计师的地方，设计师同时也有很多信息提供给用户研究人员。

3.1.2 调动用户参与的设计

在调动用户参与设计的过程中，设计师和用户研究人员的角色是模糊的，用户是整个过程最关键的一环。这种新的设计流程需要新工具的配合，用户希望在表达想法的同时，能够更直接地参与产品设计过程。

“按部就班”的传统产品设计模式已经不再生效，产品设计规则已经改变，并将会继续改变。新的产品设计规则是互联网时代人人平等的规则，用户开始意识到自身拥有的、巨大的集体影响力。他们开始用这种影响力去获得他们想要的设计，并决定什么时候得到，该如何得到。

3.1.3 为用户体验而设计

近年来，“体验设计”被不断提及，这要求设计师切身体会用户使用某种物品、参加某个活动或参观某地时的体验。“体验设计”源于产品设计领域的一个重要结论——人的情感在体验中会发挥重要作用。

不过，产品经理可能永远无法做到“体验设计”。这是因为体验是一组建设性的活动，用户的体验建立在两个同等重要的部分之上。我们以沟通为例，沟通时一方提供信息，另一方选择进行回应，这就是两个不同的部分，双方信息的重合之处是沟通真正发生的地方。了解用户在沟通时的体验和感受是设计的关键所在，如果产品经理能将想传达给用户的信息和影响用户接收这些信息的感受相结合，那产品经理就可以“为体验而设计”了。

如果产品经理能感知人们的体验（过去的、现在的和未来的），这些体验就会成为产品经理设计的灵感和创意来源，产品经理就能够真正地实现为用户的情感体验、交互体验、视觉体验等“体验”而设计。

互联网产品如何获知体验感受？用户研究人员可以用很多方法来感知用户过去的记忆、当下的感受和他们理想的感受，具体包括以下几项。

倾听用户说了什么（Say）；

推测用户在想什么（Think）；

观察用户做了什么（Do）；

观察用户使用什么工具（Use）；

探索用户知道什么（Know）；

试着理解用户的感觉（Feel）；

领会用户渴求什么（Dream）。

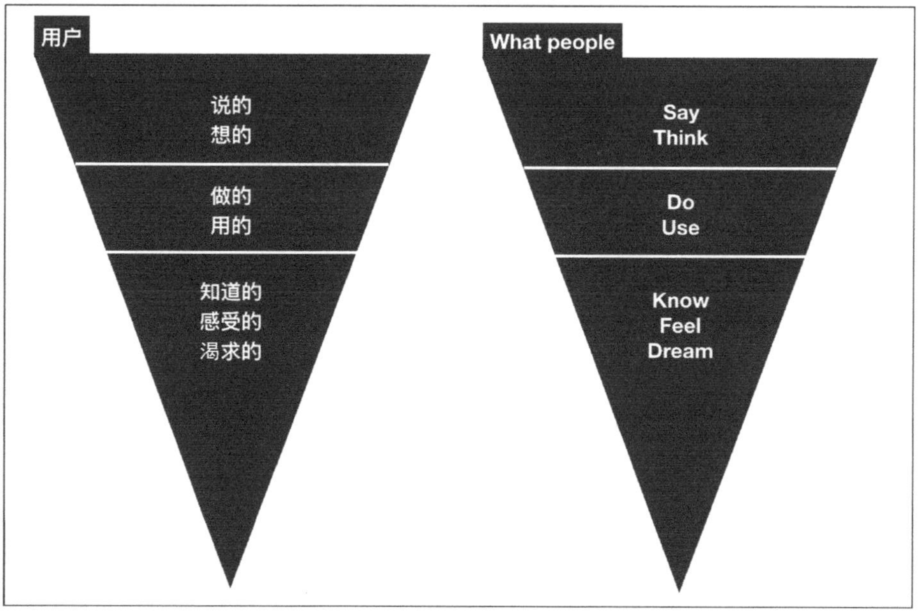

用户研究人员感知用户的方法

不同的探索用户体验的方法会得到不同的故事和画面。通过倾听用户所说的，产品经理可以了解用户用语言表达的感受（显性知识）。但这些语言只是用户主观想让产品经理知道的内容。观察用户的行为，看用户如何使用工具，产品经理可以获得一些能够被观察到的信息，但以上这些对设计体验而言还远远不够。

探索用户的想法能让产品经理了解用户的主观感受。了解用户的感觉赋予产品经理与用户“共情”的能力。“共情”能让产品经理获得用户的隐性要求，比如，用户无法用语言描述的感觉。通过挖掘、理解用户的渴求，产品经理能感知用户的美好愿景，这是另一种形式的隐性需求。

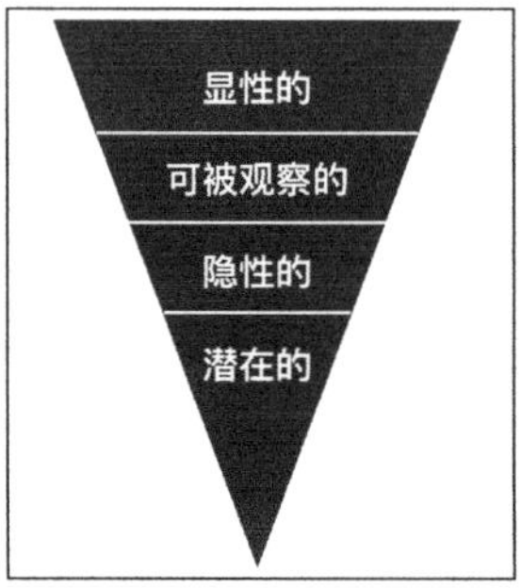

不同的探索用户体验的方法

只有用户透彻表达自己想法的时候，产品经理才能真正地了解用户，与用户“共情”。这需要产品经理提供一些特殊的工具来帮助用户表达更深层次的想法。只有了解了用户的所思所想，产品经理才能够与用户建立真正的共鸣。

1. 直达体验：用户的行为、语言和创作

研究“用户体验”的方法随着应用场景的不同而日益增多。传统的研究方法主要基于观察（如观察人们的行为和使用的物品），关注人们所说的和所想的（如通过焦点小组、访谈、问卷等方法获取用户的想法）。今天，产品经理更倾向于通过调动用户的创造力来了解用户，产品经理为用户提供必要的工具，让用户自己动手，创作出足以表达自己想法、感受和愿望的东西。

当用户的行为、语言和创作被同时挖掘的时候，产品经理会更容易理解目标用户，进而和用户建立“共情”。

2. 创作工具

创作工具是设计研究领域最新的成果。不同背景、不同专业的人可以利用这些可视化创作工具表达想法，并将想法结合在一起。

创作工具正在渐渐成为共生设计中的一种新的设计语言，它可以帮助产品使用者与体验设计师进行沟通。传统的设计语言仅为设计师服务，而创作工具是用户的“设计语言”，关注“体验之美”，而非“形式之美”。

创作工具可以反映用户的内心，非常适合被用在设计过程的早期，即创意挖掘阶段。这一阶段的主要工作是挖掘那些尚不清楚的、未被定义的需求，以及潜在的用户、潜在的消费者的需求。在这一阶段由用户产生的创意或产品机会，非常有针对性，在市场上会非常有竞争力。

在设计的创意阶段，用户会使用创作工具直接地制作出一些东西。现在已经有很多创作类工具包可以帮助用户制作不同的作品或模型来表达想法。例如，用户可以使用“情绪小工具”，做出类似日记或拼贴画的内容来讲述故事和梦想，这些工具能帮助产品经理了解用户细微的感受和情绪变化。用户还可以使用“认知小工具”，做出地图、映像图、功能 3D 模型、关系图、流程图、认知模型等。

每个作品的背后都隐藏了一个故事，产品经理应当鼓励创作者把故事讲出来。使用“情绪小工具”创作的作品会隐含着用户的感受、梦想、害怕和期望；用“认知小工具”创作的作品则会揭示用户对一些事物的理解（用户的理解跟产品经理想表达的意思很可能不一样），认知小工具还可以展现用户对系统功能之间关系的直接认识。

清楚了如何了解用户的感受和想法之后，公司便可以建立产品和用户之间的共鸣。这意味着公司能够快速响应用户不断变化的需求和期望。

3．集体创作

创作工具在了解被调研对象未说出口的感受、想法方面非常有效，因为用户的想法基于体验，而不是基于目标。事实上，创作工具可以反映用户的内心，用户会把自己的需求和欲望反映到自己创作的物品或体验中。在创作中，部件、界面、系统以及空间等元素可以为用户的想象提供支持，元素是否被使用、如何被使用反映了元素是否有用、是否可用。

当一群人被邀请参与创作设计时，综合的、无限增多的想法和新的机会点会不断涌现，新工具可以管理这些想法和创意，这种产生创意的方法提供了一个让所有利益相关者直接参与产品、商品或服务设计的渠道。依靠视觉化信息的方法，可以和依靠口头表达的方法一起使用。

4．设计是拥抱变化

随着新工具的出现，设计师与用户研究人员的角色会变得更加密切，两个岗位的工作会融合。设计师会参与设计更多用户可以使用的创作工具和设计语言。设计师会观察用户和其他相关人员如何使用这些工具进行创作（一手资料）。在团队中，设计师会负责分析、解读用户创作的作品和模型，并将其作为设计灵感和创新来源。

产品经理需要和设计师合作开发创作工具。产品经理可以设计一些框架供用户使用，设计师负责在工具中将用户创造的想法和机会进行具体地展现与合成。

随着新工具的出现，在视觉传达设计方向，设计师会被要求避免个人化的表达，设计师需要学习如何使用新工具进行创作。

5．后设计的特点

后设计是一种新的思维。后设计突破了设计的传统边界，后设计将用户体验（而不是部件、界面、系统和空间）作为设计灵感、设计创意的关注点和源泉。如果看一下当下的网络，新的工具和应用使得每个有时间、有意向的人都能通过个人网站进行自我表达。显然，人们已经准备好进入后设计时代。

后设计不是某种特殊的方法、工具或者流程。它是一种新兴的视觉语言，所有人都可以用它来表达、解释那些用语言难以表达的感受和想法。后设计是关于人的一种态度。它是一种认知，任何人都能对设计有所贡献。当产品经理能够提供适当的表达工具时，用户会变得善于表达且富有创意。

后设计是情境性的。如果想要很好地理解用户，与用户“共情”，最好的方法就是在用户所处的环境中与用户沟通，在用户生活、工作和娱乐的情境中去了解用户。

后设计是参与性的。它强调相关人员在设计开发过程直接、主动、积极地参与，这使得设计的最终产物对那些最后使用它的人更有意义。

后设计是协同设计，和不同的人一起设计。它能够管理所有相关人员一起参与设计所不断产生的、综合的、无限延伸的想法和机会。

后设计是一个不断前进的过程。人们的需求在变化，体验在变化。人与人之间的关系也随着时间变化。后设计不是一个线性的过程，而是一个不断将各种变化中的视角进行结合的过程。到现在，它融合了设计和社会科学，把它们用新兴科技结合在了一起。

后设计群体将要面对的挑战是创造更多、更好的创作工具来支持和帮助设计师不断与用户产生共鸣。

随着AI时代的到来，设计师与用户研究人员的协作方式、思维方式正在发生着转变，从“以用户为中心的设计”转变到“调动用户参与设计”，从“单纯地为用户设计”向“调动用户一起设计”转变。这是一场新的设计变革，需要新的思维方法、感受方法和工作方法。调动用户参与式设计不仅仅是一套方法论，而是一种思维和心态：目标用户都能为设计过程提供一些想法，当用户可以使用合适的工具进行表达时，这些想法可以很清晰，也很有创造性。

前面主要讲了调动用户参与设计的方法论，下面主要介绍调动用户参与设计的方法。

3.2 4D 产品设计法

4D 产品设计法是针对用户需求分化而又存在客观多变的情况，提出的产品设计方法。对于产品经理来说，在产品未上市，而验证资源又吃紧的情况下，如何将资源优先投入到产品的核心功能和天使客户身上是最重要的工作。也就是说，产品经理需要转变“大而全”的研发和营运思路，转而以“小而精”的方法论为指导，针对某一个足够细分的领域，快速开发产品并进行迭代创新，以不断满足或者超越用户的期望，进而以产品驱动进行口碑运营，以点带面，促进产品成长。

3.2.1 第一条：Demand（需求）

正如梅特卡夫所言：“网络的价值随着用户数量的增加而增加。”因为每一个新上网的用户都因为别人的联网而获得了更多的信息交流机会。网络具有极强的外部性和正反馈性：联网的用户越多，网络的价值越大，联网的需求也就越大。互联网产品在用户方面存在递增效用，即需求创造了新的需求。

产品经理只有与用户紧密地结合在一起，彻底以用户为中心，并且经常与用户联系，让自己成为用户的“心灵导师”，让用户成为用户的“粉丝”，才能探求用户的真实需求。

在需求面临极大的不确定的情况下，产品经理为了在资源有限的前提下提高需求的“命中率”，应遵循如下产品研发流程。

产品经理除了要明确本期要开发的需求，还要建立一套可持续的需求挖掘、评价机制。向用户提供最精简的原型产品，用最小的成本验证产品是否满足用户的需求，如果不满足的话需要及时转型，即按照“需求—提炼—产品—验证—数据—新需求”的循环来持续推进产品的发展，不断为产品增加价值。

产品经理应当把需求分解成“需求模块”，并对其进行“需求价值假设验证”和“用户增长假设验证”。通过“需求价值假设验证”验证产品对于用户的价值，并通过“用户增长假设验证”验证产品的业务是否可以健康发展，不断地验证可以丰富产品经理的知识和视野。需求通过验证后，产品经理需要开发最小可行性产品并投放市场以检验用户的反应。

产品经理可以通过以下三步进行需求验证。

第一步：用最小可行性产品确定当前的拉新、留存、转化率、复购、评价等数据。

第二步：通过多次迭代尝试提升产品的增长动力。

第三步：判断产品是要坚持满足当前的需求还是要挖掘新的需求。当发现一个需求是伪需求的时候，产品需要转型，在产品转型时期，产品经理要对产品进行有条理的方向性的转变，以检验需求是否准确，服务能否满足用户的要求，以及市场是否具有足够的增长空间。

总之，需求存在一定的不确定性，最初构想的需求未必是最好的方案，因此，产品经理应使需求验证的时间尽可能短，并尽快找准方向，确保产品能够满足甚至超越用户的期望。

3.2.2 第二条：Data （数据）

大数据正在改变产品经理的思维方式和生活方式。根据 4D 产品法的第一条可知，只有极少数产品经理能够看准产品需求，对于大多数产品经理来说，数据更可靠，更值得信赖。

产品经理可以通过数据预测用户的行为。例如，笔者曾在某 OTA 平台上预订了一张从上海到深圳的机票，几秒钟后平台向笔者推荐了笔者在深圳曾经住过的酒店，甚至还推荐了笔者好友曾经住过的酒店。

这个案例其实就是利用数据预测需求，大数据算法能够给用户推荐更好的产品组合。例如，热门景点可以通过采集、分析不同渠道的数据，感知用户行为，预测用户的需求，提前做好服务。

通过数据，还可以预测疾病的传播。2009 年，美国出现了 H1N1 型流感病毒，并迅速传播开来。为了防止该病毒在特效药品上市之前大面积扩散，需要做的最重要的工作是设法降低病毒的传播速度，要做到这一点，首先要找到这种流感病毒的存在区域。对此，世界卫生组织要求医生在发现新型流感病例时及时通知疾病预防控制中心，但患者可能在患病多日后才去就诊，加之信息回传也需要时间，所以确认病毒集中传播的区域需要一到两周的时间，这样长的时间会造成严重的后果。在大家焦头烂额的时候，并非专业卫生机构的谷歌准确捕捉并圈定了疫情的爆发地区。其实在流感爆发的前几周，谷歌就发现美国一些地区的网民搜索“感冒治疗方案”、“流感防治药物”等关键词的频率忽然增加，在搜索数据的基础上，谷歌的数据专家通过数据分析，迅速圈定了病毒传播的区域。

3.2.3　第三条：Deliver（快速反应）

产品经理设计的产品、服务等内容，应该以最快的速度传递给用户。例如，京东、天猫上所售卖的商品已经高度同质化了，在此背景下，谁做得快，谁能在用户下单之后更快地将商品、服务传递给用户，谁就能抢占市场。“快速服务用户”是产品经理打造产品时应该遵循的一条法则。

3.2.4　第四条：Dynamic（动态）

动态是指产品经理要跟用户保持沟通，了解用户的期望，能够根据用户的需求来改进产品，或者设计出新的产品。

4D 产品法的需求（Demand）强调的是需求本身的动态，而动态（Dynamic）强调的是用户的动态。因为产品的核心是用户，要想提高产品创新水平，产品经理必须与用户保持沟通，在产品设计的全程引导用户参与。下面是普通产品的开发流程和用户参与式产品的研发流程，可以看到用户参与式产品的研发流程存在明显的优势。

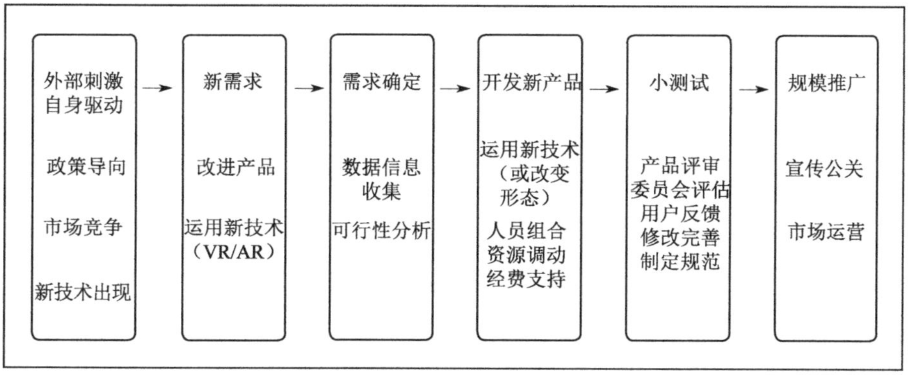

普通产品的开发流程

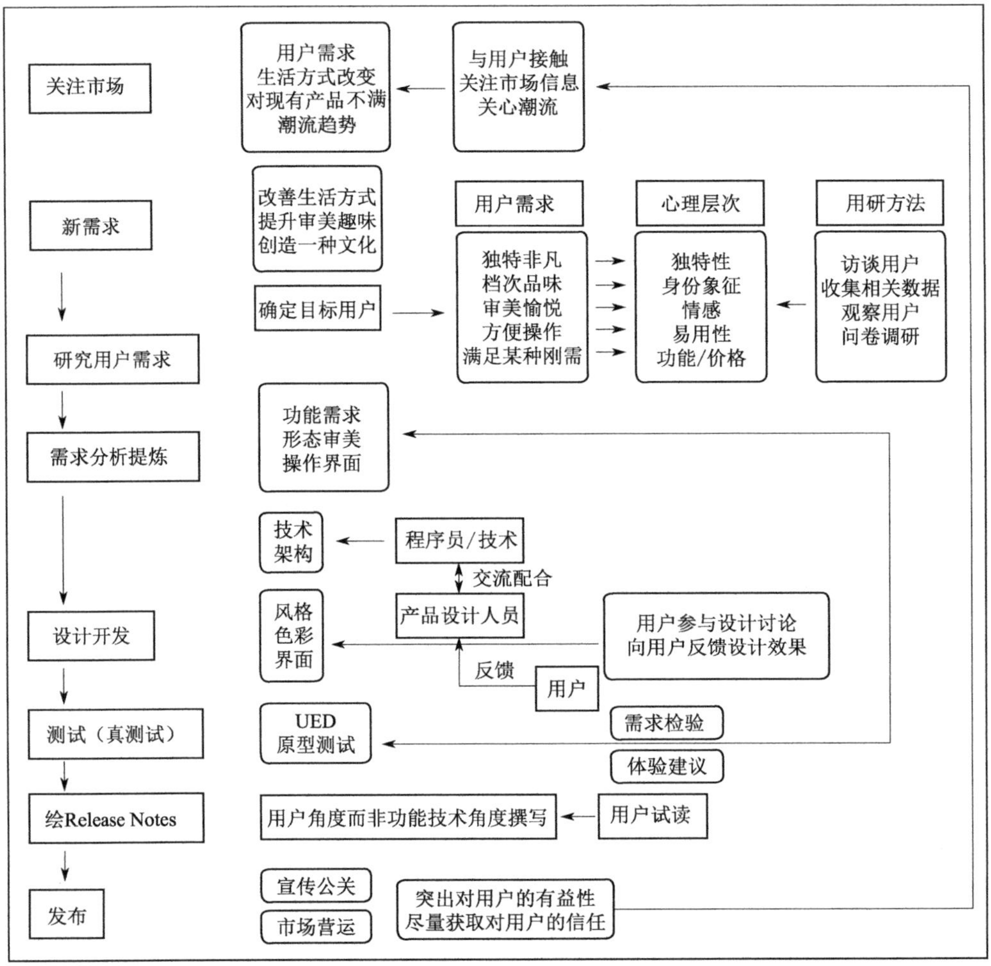

用户参与式产品的研发流程

动态（Dynamic）法则最典型的例子是小米。小米在产品设计过程中充分倾听用户（米粉）的声音，积极收集用户对产品的评价，同时以众筹的形式发布产品，通过观察众筹过程中用户的参与程度，来判断产品的受欢迎程度，收集用户的反馈。

随着时间的推移，用户越来越倾向于定制服务，用户对产品和服务的选择越来越倾听自己内心的声音，4D 产品设计法不仅深挖用户的需求，同时强调参与式设计以顺应市场的潮流，产品创新的根本目的是为用户提供愿意使用、使用便捷的产品或服务，如何更有效地实现这一目的，需要产品经理按照 4D 产品设计法持之以恒地打磨产品，不断研究用户参与创新的方式、方法和途径。

3.3 产品敏捷设计流程

产品设计过程有一个比较固定的周期。但是，如果产品经理能提升整个流程的运作速度，更频繁地收集用户反馈并进行分析，可以用更短的时间获得更多的迭代，这种敏捷设计流程是一种截然不同的设计过程，快速敏捷流程并不是要让所有的环节都匆忙地推进，而是让每个环节都以最佳的方式运作，确保整个流程快速且高效。

首先，探讨一下什么是敏捷设计，为什么需要敏捷设计。

很多读者已经听说过敏捷开发，并在产品研发中进行了实践。与敏捷开发类似，敏捷设计旨在通过快速研究、快速原型来尽可能快地验证产品经理的想法。

一般说来，敏捷设计需要大约一周的时间，在这一周之内，产品经理每天要专注于不同的内容，在这周结束时，产品经理所获得的将不仅是一个完成度极高的原型，还有大量的用户数据。即使是最常规的设计过程，产品经理也可以在几乎任何环节采用敏捷设计的方法来提速。

敏捷设计的高效主要体现在三个方面：

① 以用户体验为中心。在进行可用性循环测试之前，确保不会做满足用户需求以外的事情。

② 自然协作。当产品经理进行工作的时候，需要整个产品研发团队的支持。

③ 高效敏捷。如果产品经理的想法有利于用户，那么，产品经理可以在快速原型的支持下构建恰好够用的产品。在“一周”这个时间限制下，团队会只关注最重要的问题，而不会思考太多琐碎的事情。在压力环境下，敏捷设计的目标是提高速度，而非追求完美。根据笔者的经验，这种方法已经在一些企业中取得了良好的效果，比如阿里巴巴和腾讯。

1. 敏捷设计的准备工作

所有需要事先完成的工作，都应提前准备好。根据笔者的经验，只有准备充分，团队才能在敏捷设计的时候保持专注和高效。笔者建议，产品经理应当在开始敏捷设计的第一天早上尽量完成以下工作。

① 审查现有的用户研究结果。虽然敏捷设计的目的是对用户有更多的了解，但是完全从零开始显然不是合理地选择。搜集所有的相关数据，整合之前的相关文档，

并分发给团队成员，有助于确保团队所有人员的进度一致。

② 规划用户测试。敏捷设计时需要为一个不存在的原型来计划用户测试，为了提高速度，产品经理应安排不少于 5 名测试者参与测试。为了避免浪费时间和机会，产品经理需要为测试结果设定一个合理的标准。

③ 招聘合适的成员。过多的参与者可能会导致整个流程瘫痪，所以产品经理需要确定适量的参与者。根笔者经验，在做敏捷设计的最初几天，UX（User Experience，用户体验，以下简称 UX）团队的参与者应仅限于 CEO、产品经理、视觉设计师、界面设计师、开发者代表和情感业务交互设计师。

④ 选出项目领导。考虑到敏捷设计过程中所有成员都处于高度忙碌的状态，所以需要选取一名能把控任务和时间的领导者，这种领导者在实际的设计过程中的参与度不需要太高。

处理好这些事项之后，团队在敏捷设计过程中会避免很多麻烦。

敏捷设计过程当然是可以修改和定制的，但是它的基础是五天计划：周一，分析和创建需求；周二，概念生成；周三，用户流程；周四，原型设计；周五，用户测试。

接下来结合案例来详细讲述每一个环节。

2. 分析和创建需求

这个环节最重要的一点是带着大家分析需求。

之前的环节已经共享了文档和资料，因此，这个环节可以对相应的内容进行探讨、整合，确保没有任何重要的事情被遗忘，这是一个让各部门分享见解的机会。

第一天是寻找项目目标的重要时机，如果控制得当，团队可以通过一些简单的讨论就完成目标设定。不过为了确保可控性和效率，使用吸引力图表会非常有帮助。

吸引力图表的制作方式如下。

① 提出问题：将想要解决的问题在此以提问的方式提出来，比如“什么功能能够帮助用户达成目标？”“什么功能能使用户运营的效率更高，是 OA、CRM，还是其他内容？”

② 搜集想法：鼓励每个人独立思考，并将想法写到便签纸上，贴到白板上。

③ 排序分组：搜集完所有想法之后，将团队有逻辑地分割成小组。可以根据思

路和想法来分组，并为每个组选取一个合理的名称，然后围绕主题进行讨论。

④ 投票排序：在每个小组和类别中，投票选取是最重要的工作，投票可以挑选出最重要的类，进而筛选出优先级。

完成吸引力图表之后，团队会对目标建立起清晰的结构，最重要的类别和小组会拥有最终发言权。投票可以帮助团队作出决策，让团队的每个人都知道重点及功能的优先级。

3. 概念生成

第二天时，深度头脑风暴是最重要的。绝大多数的产品和概念都是在这个时候成型的。针对前一天收集的需求，团队需要在此时想出最佳的解决方案。

提出问题的模式是让团队共同努力、打磨思路。探索解决方案所采用的方法和制作吸引力图表的方法非常接近，借此可以找出优先级最高的解决方案。

探索解决方案的流程基本上是让每个人提出一个潜在的解决方案，然后评估、迭代，找出最好的方案，具体的流程如下。

① 陈述任务：将问题描述清楚并提出方案，如“提升转化率”、“重新设计购物流程以获得更大的销售额”等。

② 创建团队：将成员分成 2 ~ 4 个小团队，理想状况下，每个团队保留至少一名设计师。

③ 快速勾勒（15 分钟）：迅速勾勒出至少 5 种解决方案，着眼于核心概念，并进行必要的注解。

④ 团队内评估（15 分钟）：在团队内部针对每个成员的方案进行评估和反馈。

⑤ 迭代（20 分钟）：通过搜集反馈，将每个团队提炼出来的概念统一结合成一个成熟的思路和方案。

⑥ 投票打磨（20 分钟）：每个小组重新审视每个人的迭代草图，并将草图调整合并成为一个概念。确定之后，小组可以根据反馈信息继续对其进行完善和打磨。

⑦ 小组讨论和复核（40 分钟）：现在每个小组都有一个统一的概念。几个小组可以合并到一起，复核并讨论主要的概念。会议结束之后，合并团队，将某一个概念作为主体，其他的概念作为替代方案，统一设计团队。虽然这个过程中会消磨掉一些更为艺术性的表达，但是在充分考虑时间限制和项目需要的基础上做出的舍弃对团队更有好处。

可行性的解决方案拿出来之后，就为接下来的工作打好了基础。

4．用户流程

在整个设计过程中，用户流程步骤让合作变得更富有选择性。让所有人参与进来的后果往往是协调成本过高，相比之下，让设计师来接手这个环节，并且引入其他人的反馈作为补充是一个更好的方案。创建用户流程可以优化步骤，以便于用户完成所需完成的任务。

下面是创建用户流程最常用的两种方法。

（1）书写优先法

在文章《无手绘 UI 推动 App 概念化》中，Jessica Downey 解释了如何使用纯书写的方式来呈现细节，创造统一的语言，识别应用或者页面。

下面的案例中，用户希望启动自动存款功能，括号内的部分表示按钮或者链接。

① 步骤 1：您想设置自动存款?

[设置自动存款]

② 步骤 2：选择自动存款的频率。

[每月一次][每月两次][每隔一周一次][每周一次]

③ 步骤 3：设置每月存款日期。

[选择日期]

④ 步骤 4：设置金额。

[显示金额][设置自动存款]

（2）速记法

作为替代方法，速记法是将流程以对话的形式呈现出来。上述案例中的流程，用这种方法可以简化为如下形式。

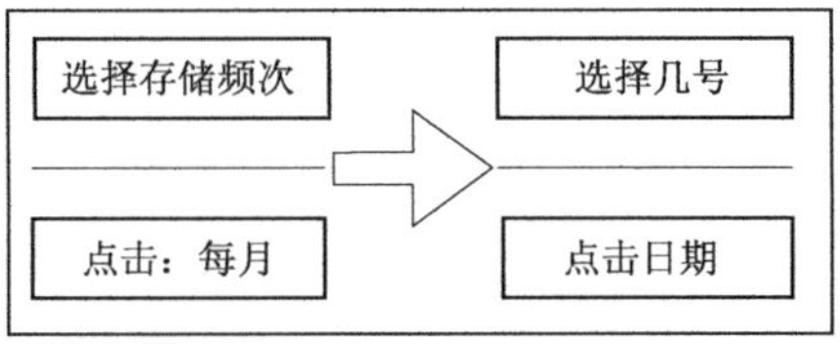

速记法

即使是复杂的流程也可以用这种方式进行速记。

5. 原型设计

原型应以结果，而不是工具论英雄。在原型设计的环节，用原型工具进行设计要比利用 HTML 或者 JavaScript 来实现快捷得多。从产品助理一路走到产品总监的人都知道制作原型并不容易，下面是设计原型的一些建议，希望能帮助到读者。

① 不要奢求完美的原型。敏捷设计只需要一个功能足够测试的原型即可，这个原型解决的是最重要的问题，细节可以留到以后再处理。

② 避免占位符。在快速设计时，设计师很可能会使用 Lorem 这样的假文占位符，但是这可能会让用户迷惑。低保真并不代表低质量，所以请使用真实的内容。

③ 视觉设计一致。视觉设计应遵循一致性原则，原型应使用栅格对齐，确保界面标签在每个页面中都保持一致，确保符合用户期望（外部一致性），且不自相矛盾（内部一致性）。

④ 委托与合作。使用 Axure 制作原型的时候，多个团队可以共同创建原型，一起讨论和反馈。虽然设计团队会专注于核心原型，但是如果开发者和产品经理能制作简易原型，原型设计师能把简易原型融合进入核心原型中形成整体，并积极拥抱非设计师的批评与指正，开发者和营销推广者往往能带来不错的思路。

6. 用户测试

由于使用的是低保真原型，中等程度的可用性测试是最有效的，在此过程中可以安排人员适当引导用户，避免用户偏离轨道或者放弃。为了节省时间，产品经理可以适当限制文档的信息量，只测试脚本、问题、用户任务，并制作可用性报告。可用性报告可以做得稍微简单一点，如只制作优先问题列表，之后同利益相关者讨论问题，并开始解决这些问题。

完成这个环节之后，产品经理会拥有更多可靠的用户数据、更好的原型。产品经理学到的知识可以加入到下一次产品迭代。至此，整个过程就已经完成了。

产品经理在敏捷设计过程中主要作为项目型产品经理，抓需求、协调团队、进行敏捷产品设计。下面讲一下不同于敏捷产品设计的常规的产品设计流程，读者可以进行对比，并结合自己的工作环境进行选择。

7. 常规的产品设计流程

不同规模的公司和项目，产品经理的工作流程会有所差异，但基本大同小异，必要的流程如下。

① 前期：需求调研 → 竞品分析 → 产品规划。

② 中期：思维导图（功能模块） → 需求文档（流程逻辑）、原型设计（信息架构）→ 评审。

③ 后期：开发跟进 → 用例测试 → 上线。

在前期，可以通过各种笔记工具的无限目录树这一特点来规划阶段性的需求及问题，并进行分类收集，在调研完成后，将梳理过的需求点统一汇总到特定笔记里并建立相关的 Porject，为每个需求点建立任务并设置大致的时间节点。

在中期，应该根据需要，通过思维导图来整理产品的逻辑思路，这里笔者习惯使用 MindManager ，因为其使用简单、功能够用、颜值高。之后就是撰写需求文档和绘制产品原型，这项工作同样需要根据项目灵活应对。

对于复杂一些的项目，笔者会输出相对标准的 MRD（Market Requirement Document，市场需求文档，以下简称 MRD）和 PRD（Product Requirement Document，产品需求文档，以下简称 PRD），通常做法是使用“印象笔记”导出 PDF 文件。当然，如果有特殊情况，如跨平台多人协作，可以考虑使用 doc 文件。

对于简单一些的项目，笔者会将需求文档直接体现在产品原型中。Web 端的产品可以使用 Axure。Axure 的优势在于：不论是自带的控件还是导出 HTML 后的树形索引，都很适用于 Web 这种页面数量较多、内容繁杂的情况，如果是需要使用表格来进行布局的后台产品，Axure 的表格功能更是得心应手。

对于手机端的产品，笔者通常会使用 Sketch，无限尺寸的画布配合快捷键和庞大的第三方模版非常有利于移动产品原型的高效输出。如果是全 Mac 的团队，还可以借助 Sketch 无缝衔接设计与前端。对于原型中必需的注释说明，笔者会搭配 Notebook 这个第三方扩展来实现更好的可视化效果；如果需要输出动态化的交互效果，建议配合使用 Flinto。

在后期，笔者建议使用 OmniPlan，一方面，这款软件足够专业，产品经理可以通过它来安排、跟踪项目进度，其强大的报表输出可以让团队成员对当前进度一目了然。

另一方面，它可以兼容 Microsoft Project，满足跨平台协作的需求。

对于产品上线前的测试，笔者建议选择 OmniOutliner 这款软件，其大纲式的结构非常适合用来撰写“测试用例”。

以上就是笔者做产品经理时，日常工作中经常会用到的主要工具，以及产品设计和输出方法。

讲完敏捷产品设计与常规产品设计的方法和细节后，接下来主要讲如何设计创新型产品。

3.4　创新型产品的设计方法

1．落地创新设计

产品总监担负着产品管理的大部分工作，包括需求管理、产品设计，还涉及产品研发、市场推广、运营维护等工作。笔者通过观察产品设计师发现：具有创造性的产品经理，大多能够结合业务需求进行创新性设计，并让设计落地，而不仅仅是被动地接受业务方的需求，然后执行。具有创造性的产品经理在分析需求、思考方案的过程中总会有自己的想法冒出来，但将想法整合进设计方案容易，说服利益相关方推动落地，在项目排期紧张、开发资源冲突等情况下实现想法却困难重重，设计师的创新想法相比业务的刚需更容易被延后上线（一旦周期长了可能就被慢慢遗忘），甚至被无情地砍掉。“体验设计驱动业务创新”是一句喊起来容易、做起来却挑战重重的口号，也正因为如此，讨论如何将创新型产品的设计落地才更有意义。

2．简单功能与数据逻辑

2014 年，笔者管理着一个包含大量数据列表、榜单的移动端页面，PRD 中的需求描述为纯粹的列表展示，为了补上从用户浏览时发现问题到推动问题解决过程中的闭环缺失，提升用户参与感，缓解单纯浏览的枯燥，有位出色的设计师结合目标用户很忙碌的特征，为榜单包装了几个操作成本低、有一定趣味性的互动入口（性质类似于 DING 一下、点赞、鲜花、鸡蛋等），并设计了点击入口按钮后完整的交互反馈描述。

但在和项目组评审的过程中，笔者却发现，后端的判定逻辑远比前端的界面展示复杂。考虑到初版的判定逻辑方案是从比较理想的普通用户的角度出发，负面数据增长超过 X%给出负面互动入口，不超过 X%则给出正面互动入口，因此不会给用户增加额外的思考和选择成本。但和运营业务方沟通后却发现，真实业务场景中的逻辑远没有这么简单，比如，虽然现在已有的榜单都是负面数据模块，但未来可能也会引入正面数据模块；不是数据降低才需要批评，如果没有达到预期目标同样需要批评……而紧张的开发资源不足以在一期之内支撑起这么复杂的业务逻辑判断。所以，最终决定的方案还是同时外化两个入口，让用户根据真实情况选择性地进行互动。

互动设计在界面上的整合呈现相对简单，也适合设计师在此开脑洞，但产品经理正式向业务方、PD（Product Designer，产品设计师，后文简称 PD）方提案的时候，绝不能仅仅思考完界面之上的互动流程就了事，对于界面之下的后端判定逻辑，也要结合业务场景和开发资源进行充分地考虑，给出清晰可执行的方案，能够落地的创意才值钱。

3．共设蓝图与协作变革

可能有很多产品经理都遇到过以下困扰：被大量的业务需求连续轰炸，又难以找到足够有气场的理由选择性地执行，自己明明感觉需求对用户的价值不大，甚至会引发不良体验，最后还是不得不做；想跳出局部需求从更系统的角度思考统筹，提出一个颠覆性的整合设计改版方案，但对产品现有形态和利益冲击较大，结果好坏难料，即使说服业务方达成一致，也会被一些看上去更容易短期出结果的补丁性需求一再插队……

这些问题不是产品经理单枪匹马就能解决的，解决这类问题涉及产品经理和业务方、PD 方的合作机制的变革。最近很多团队都在尝试产品经理和用户研究人员、业务方共创体验蓝图，双方共同梳理完整的业务、产品链路地图，共同将已有的用户痛点、未来新增的业务需求、设计师自己的创新想法等整合进蓝图，系统地判断价值和优先级以后，再思考解决方案；而不是被动接受业务方拍脑袋过来的一个又一个彼此割裂、关联不清、不靠谱却无力反驳的需求。

许多团队之前已经做过一些痛点梳理和绘制体验地图的工作，但核心问题在于共创的程度不够，缺乏专业的用研访谈与焦点小组输入作为支撑，各链路环节完全是凭着产品经理的理解来绘制，和业务方反复沟通确认的频率不高，导致体验地图不够完整。这样出来的地图更容易被视为 PD、设计师自我幻想的产物，在说服利益相关方时很容易底气不足。

4. 熟悉流程与结对沟通

产品经理除了要对产品的设计进度有一个清晰的排期计划，也要对项目组整体的排期情况有一定的了解，知道具体的开发上线时间。当希望在 PD 需求的基础上加入创新设计的内容时，要及时和开发工程师沟通清楚（如做一个简单版的 Demo 演示等），被认可后要尽早推动创新设计加入开发排期。如果非要画完全部设计方案，等正式评审时才提出创新设计，这时开发人员很可能已经基于 PRD 完成了技术评估与排期，甚至已经部分动工，此时再想插一个创新设计的功能点进去，就会变得相对困难，受到各种挑战，创新设计被砍也就不意外了。

产品设计的创新目标在于让客户有行动，产品经理需要考虑用户在使用产品时体验的变化，要知道什么可以赢得用户的关注，让用户有所行动，并让用户保持行动。

将创新设计思维方法应用到产品设计中，可以帮助产品经理明白在产品设计流程中哪个步骤在起作用，哪个步骤可以做得更好，最终优化产品设计，降低产品被快速淘汰的风险。

3.5 产品经理自我定位的方法和实践

在讲产品经理的自我定位之前，先讲一讲产品产品经理做事时哪里会出错，哪里会创新不足。产品经理首先要保证产品本身正确，保证产品正确地满足了用户的需求，为实现此目标，产品经理要正确地撰写需求文档、描述文案，正确地设计产品，正确地定义术语……在保证产品正确的前提下，要注意产品哪里会“起火”。笔者在阿里巴巴工作时，经常收到商家运营部门、BD（Business Derelopment，商务拓展，简称 BD）部门、运营部门等部门的同事的反馈：某产品模块被用户投诉了，某产品模块用户有新需求，某功能不改可能影响运营绩效……产品经理对这一团团的“火”要有所准备，仅仅知道哪里会出错是远远不够的，产品经理应该知道哪些产品线、产品模块、产品功能存在创新不足。

产品经理要平衡“高大上”与“接地气”之间的关系，产品经理既要做“梦想家”，又要做“实干家”，既要考虑产品设计的新颖性，又要考虑产品上线时间。

这里举两个小例子，还原一下产品经理自我定位的情景。

情景一：

在某视频网站的一次UI设计改版评审会上，UED团队的设计师X与运营团队的Y展开了激烈的争吵，争吵没有明显的是非对错，争吵的结论是：设计师设计的版面对用户审美水平的要求太高，不符合运营的需求，运营人员看重的是数据和内容曝光率；而看重画面的视觉设计师忍受不了为赚点击率胡乱堆叠三俗内容的做法。身处中间立场的产品经理陷入了深深地思考中，并发表了如下言论：“首先，我非常鼓励设计师和运营人员主动研究工作的行为；其次，设计师、运营人员都是为了产品更好，那么怎么样才能使得产品更好呢，第一是要上线，第二是数据有提升。产品没有绝对的好或者不好，评价产品主要看用户是否愿意使用，当然用户使用或者不使用是有多重原因的，所以还是要多花时间琢磨用户的思维。”

情景二：

某公司新入职了一名产品线主管B，B的工作风格和之前的产品线领导A的工作风格对比明显。A的工作能力强，风格严肃、犀利，如同一位出色的指挥官，常常经过推敲和思考，得出下一步的商业计划，为伙伴们描绘产品的蓝图；而B心细、话少，凡事都亲力亲为，带着一帮弟兄去争取资源，被“放养”以后突然被“圈养”，一名产品经理产生了很多困惑，笔者在于其交流过程中也产生了很多关于产品经理自我定位的思考。

现在回过头来讨论，如何平衡产品的“高规格”与“接地气”？

设计和运营的侧重点不一样，一个重质——质感；一个重量——流量。双方在实现各自目标的方式上出现了矛盾：设计师为了追求界面简化，忽略了运营人员多样性、丰富性的需求；运营人员为了追求曝光率、点击率，简单粗暴地讲大量banner图都摆在最醒目的位置，以引导“看热闹”的用户，忽略了美观的要求。

优秀的产品离不开优秀的运营，而优秀的运营离不开产品功能规划与视觉展示的配合，这三者并不是不可调和的矛盾，而是应该配合良好。对于案例一中的产品，视频网站不像一般网站一样追求PV（PageView，浏览次数，以下简称PV）、VV（VisitView，访问次数，以下简称VV），付费产品看重的是付费转化率，PV高不是提升付费转化率的主要因素，观影体验、内容丰富度、界面美观程度才是引发用户付费的重要因素。因此付费产品更需要产品、设计、运营三者协调配合，要想实现这一目标，可以按以下三个步骤筹划。

① 收集运营团队的详细需求，明确目前产品的风格、定位与以往视频网站的不同，明确各版块的 KPI。

② 对运营需求按照优先级排序，先在产品团队内部评审，然后再与设计、开发团队“过”需求，确认排期，逐个版本迭代，以实现运营的需求。

③ 实现运营的每个需求以后，跟踪用户反馈，优化产品内容。

当面临难以取舍的选择时，可进行 A/B 测试。

对于产品经理该怎样定位自己，是做“理想主义者”，还是“实干主义者”，笔者有以下感悟。

笔者访谈过一些想踏进产品领域，但尚未入行的 0 岁产品经理，这些人对产品经理的工作和想法仍处于纸上谈兵、雾里看花的阶段。

笔者也访谈一些入职产品经理岗位不到半年的新人，0 ~ 1 岁的产品经理做产品大多像飘在云上做梦，存在诸多不切实际、天马行空的想法。

笔者还采访过一些刚开始独立负责产品某一端的产品经理，这些 3 岁左右的产品经理开始焦虑、兴奋，开始真正思考某个功能的利弊，开始反复推敲需求点是否考虑周全，开始和设计、前端、后端团队打交道，产品经理大多是从这时候起开始对产品有了宏观的认识，并开始相信一款产品的精神领袖可以带给产品无限的可能。

产品经理要时刻准备好救火，同时要明确每个阶段的能力和目标。

① 对于 0 ~ 3 岁的产品经理，笔者建议这些人在短期之内不要做造梦者，而是做有梦的“实干家”。要尝试去领会梦的意境，并在现实的基础上把梦描绘出来。但不要止步于此，局限在实现功能阶段的产品经理是不合格的，优秀的 0 ~ 3 岁的产品经理的自我定位应该是“有梦不造梦的实干家”。

② 对于 5 ~ 10 岁的产品经理，笔者建议这些人做接地气的“梦想家”，在充分了解行业、市场的前提下，考虑产品的路径、走向，灵活而懂得变通，在想得尽量远、尽量全的情况下构思产品的发展前景，找准一个大方向去努力探索，一条路走不通的话可以多条并进，最终找到适合自己的发展模式。

对于 0 ~ 10 岁的产品经理的自我定位，笔者总结如下。

飞着的“梦想家”与接地气的“实干家”中间有两步：首先，充分认识自己；然后，根据自身的能力去转换角色，这是一个进阶的过程。“梦想家”可以带人飞，他的产品在脑中；“实干家”可以把梦变成现实，但前提是他心中有梦。

产品经理如果一时间找不准自我定位，可以按照如下方法做个实验。

1. 需要的工具/原料

一人、一笔、一桌、一椅、一纸。

2. 静思

我想要做什么？

我能做什么？

我做过什么？

我正在做什么？

用笔记录自己所有的问题，试着有逻辑地去完成一件件记录下来的事情。

3. 方法/步骤

写下我想要做什么。比如：我想做策划总监，我要知道什么是策划总监？策划总监的职责有哪些？策划需要注意哪些细节？策划的流程是什么？

写下我能做什么。比如：我能销售；我能管理团队；我能用 Axure 设计原型图；我能用 Photoshop 把原型图做成效果图；我能把效果图切成页面；我能把制作好的页面用织梦程序嵌套成网站；我能对网站的内容进行很好地排版等。

写下我做过什么。比如：我做过客服(前台接待员)；我做过网络主管；我做过网站编辑；我做过 SEO（Search Engine Optimization，搜索引擎优化，以下简称 SEO）主管；我做过运营专员等。

写下我正在做什么。比如：我每天都在做 4 件事情：①给一个网站写一篇高质量的原创文章；②去新浪博客转载我刚刚写过的文章；③查看百度有没有收录我刚刚发布的文章；④检查我今天的计划有没有漏洞等。

4. 注意事项

人生的历程，无非是从一个位置跳到另一个位置。自己心里要有一杆秤，知道自己是谁，应该在哪个位置，不要迷失了方向。

有了清晰的定位，合理的计划，唯一还需要的就是执行了，即将一件件计划上的事情变成现实。笔者建议读者在纸上写下自己需要做的事情，及时划掉已经做完的事情，让每完成一件事情都给自己带来成就感。产品经理如果没有执行力，基本没有成功的希望，顶多留下一句“这想法我早就有了，当年我要是把事情做完，我也会成功。”

3.6 产品定位的方法和实践——以途牛公司为例

上一节讲了产品经理自身的定位，这篇讲如何升级产品的定位。定位理论的提出者——里斯和特劳特认为，定位要从一个产品开始，产品可能是一种商品、一项服务、一个机构甚至是一个人。 但是，定位不是产品经理对产品要做的事，定位是产品经理对预期客户要做的事。换句话说，产品经理要在预期客户的头脑里给产品定位，确保产品在预期客户头脑里占据一个真正有价值的位置。

这里以途牛公司的产品升级为例进行说明。

产品经理在进行产品定位的过程中，要明白自己的产品能走多远，该不该走那么远，是不是可以走那么远。在当下的互联网环境中，产品经理手上永远要有一条产品线是可以盈利的。等产品升级到最优状态以后，再运营推广也来得及。

2000 年前后，有个网站就算互联网创业；2011 年的时候，有个 App 就算移动互联网创新；2014 年前后，只要你是 BAT（百度、阿里巴巴、腾讯三家公司英文名称的首字母，代指三家公司，后文简称 BAT）出来的 P8/T3 以上的人员，风险投资会主动给你投钱。不过，在本书完稿的 2017 年，如果产品没有足够的生命力的话，已经很难融到钱，即使融到钱，金额也没有以前那么夸张。所以有一条盈利的产品线是产品经理最高优先级的工作，在保持盈利的基础上，还应该升级自己的产品，以提升产品的市场竞争力。

移动互联网已经进入了一个崭新的时代，在瞬息万变的市场环境中，途牛网依靠简单的模式复制已经无法立足，只有坚持差异化定位、不断提升核心竞争力，才能形成纵深壁垒，使自己立于不败之地。

在线旅行社（Online Travel Agent，以下简称 OTA）产品的核心竞争力是提升信息搜索的效率。在需求端，代理成本和时间成本的下降将拓展产品的覆盖面，打开下游的市场空间；在供给端，大数据将帮助企业实现广告的精准投放，同时提供满足个性化需求的私人定制服务。供需两端信息不对称的瓶颈被打破后，产品的核心优势从资源垄断转变为对消费者需求的理解，更好的产品和更低的价格将会进一步催生下游的需求，行业由此进入一个全新的发展阶段。与“一日多地”的观光游相比，休闲游更强调娱乐性和舒适性，目的地较为单一，对景区间的通勤要求不高，比较适合自助或半自助的形式。OTA在机票、酒店和景区门票预订的环节降低了自助游游客获取信息的成本，进而促进了休闲度假游的爆发式增长。从细分产品来说，短途的近郊休闲游已开始受益于这种模式。

差异化的产品定位是产品获得竞争优势的基础和前提，我国旅游电商业发展至今，携程、同城等知名旅游网站在“商旅游”等高端旅游项目上已经获得了很大的市场优势，而途牛网如果沿着竞争对手的路线发展下去，很难从现有市场中“分一杯羹”。从我国休闲游的发展趋势来看，休闲游的市场规模正在迅速扩大，旅游消费的碎片化使得散客更多。对途牛网而言，专注于休闲游不仅可以在一片红海的旅游电商市场中另辟蹊径，还可以通过集中的市场开发，建立在休闲游电商市场的绝对优势。

在休闲游的低端市场，途牛可以打价格战，但拼价格势必会造成毛利率降低，因此，这不应该成为途牛的工作重点，途牛更好的选择是“高客单价”的产品，“高客单价”的产品对应的是中高端市场，比拼的是服务和体验。做好面向中高端市场的高客单价产品，应建立标准服务流程，保证服务的质量，给客户极致的体验，从而形成一个纵深壁垒。建立线上和线下结合的服务机制可以更好地提升服务质量，通过开立线下服务公司还可以提升转化率。

未来相当长的时间内，跟团游仍然是二、三线城市出游人群的主流选择。于敦德曾在“2014环球旅讯峰会”上指出：“在一线城市，自助游的发展速度要快一些，在二、三线城市，出境游的高增长才刚刚打开，很多人还没有出国旅游过，跟团游还未到达峰值，正处于高速增长阶段。”对此，途牛确定了自己的产品策略。

1. 产品策略之适度增加门店数量

途牛向二、三线城市扩张的手段是设立线下区域服务中心，即门店。与售卖实物的电商不同，休闲旅游电商卖的是非标准化的跟团游产品，涉及繁杂的客户咨询、合同签约、签证材料收取等内容，这些都不是一个网站所能提供的服务。另外，由于客单价较高，网上支付面临信任问题，在网购并不普及的二、三线城市，信任问题更加突出。所以，服务中心的设立可以有效提高途牛的预订转化率。2017年第一季度，中国在线度假旅游市场交易规模达到 218 亿元人民币，同比增长 30.8%。其中，途牛在 2017 年第一季度的交易规模为 57.91 亿元人民币，同比增长 49.6%，市场份额增至 26.56%，在保持强劲增长势头的同时，途牛已连续 7 个季度位居行业第一。

门店增加是途牛进一步清晰产品定位的有益尝试，自 2016 年 3 月途牛首家地接社在厦门开设以来，途牛已在厦门、北京、长沙、张家界、武夷山、桂林、南宁等多地开设随往地接社。2017 年第一季度，途牛各地随往地接社累计接待人数超过 2 万人次，综合满意度在 92%以上，有效提升了用户的出游体验。因此，笔者认为，途牛网应该会在江、浙、沪、皖、闽、粤等省份的二、三线城市继续扩张，形成以一线城市为依托、以二、三线城市为市场新突破的门店扩张态势。

2．产品策略之向小型城市扩展

由于近年来我国居民收入水平的提升，很多四线城市居民的消费能力逐渐提高，与过去相比，四线城市的旅游市场的规模在迅速扩大，这是途牛网发展休闲游的一个不容错过的时机。近年来我国电子商务的普及程度已经很高，小城市的网民数量近年来增长很快，网购成为了一种新兴的消费形式。对小城市居民而言，过去只有通过旅行社报团才能旅游的局面已经改变，很多人更倾向于通过网络进行旅游消费。对途牛网而言，小型城市的市场空间很大，凭借其休闲游和专注旅游路线的优势，应该能够在小城市较快地打开局面。笔者认为，在小城市门店的拓展上，途牛网应当根据当地市场规模情况因地制宜，不宜大面积撒网，建议尽量选择一些距离区域中心城市较远的四线城市（因为离中心城市较近的四线城市能够被中心城市的门店服务覆盖），其中可以重点开发一些中西部省份的四线城市，这些省份近年来的经济发展速度提升较快，居民出游的意愿和能力较强，且网络的普及率也在不断提升，能够对途牛网的市场拓展发挥积极的作用。

3．产品策略之重视客户体验

对旅游电商而言，客户体验是决定市场竞争力和公司发展前景的关键。与实体的旅行社不同，客户通过旅游电商消费不仅会对旅游的过程有直接的消费体验，同时也会对电商网站的服务能力和服务质量有直观的感受，这些综合起来构成了客户对旅游电商的总体消费体验。对途牛网而言，私人定制服务虽然已经成为其相对固定的产品，但是这种服务模式极易被其他竞争对手特别是一些旅行社所模仿，要想保持私人订制旅游方面的长期优势，必须更加注重服务的细节，让客户在更省钱的前提下，感受到更加贴心的旅游服务。笔者认为，途牛网应当与其供应商之间建立起及时的服务反馈机制，特别是在服务质量和服务标准上与竞争对手拉开档次。实际上，目前选择私人订制的游客中，大部分都是具备较好的经济基础的年轻白领，这些人更关注旅游消费的体验，对价格并不敏感，因此，途牛网应当更加注重服务细节，让目标客户感受到其他旅游电商无法提供的服务和消费体验。

4．产品策略之提升产品核心能力

移动互联网的竞争已从单一的技术、产品和服务的竞争演化为整合产业链上下游生态系统的竞争。平台终端数量的多少、用户的多寡、应用数量和开发者的多少，决定了一个平台的生死，围绕一个平台所建立起来的生态系统的经济价值是一个平台活力、市场竞争力的直接反映。移动互联网企业应围绕“打造开放平台、为客户创造价值”这个中心打造良好的产业生态系统。

从供应链的上游来看，途牛网与各大旅行社之间的合作十分紧密，建立了比较稳固的合作关系。通过对旅行社线路和产品的整合，途牛在消化了旅行社大量库存的基础上，形成了独特的旅游服务模式。因此，从上游供应商生态角度看，途牛网与旅行社的合作是成功的。从供应链下游看，途牛网在终端环节拥有多种不同形式的平台，除了官网，还有各种移动客户端。这种利用社会化媒体进行推广的模式，使得途牛网的客户能够更便捷地选择和购买旅游服务，同时也扩大了途牛网的宣传范围，增强了途牛与客户的互动，形成了良好的宣传效果。但是基于这种和供应商合作的模式，导致途牛网的毛利率一直偏低。笔者认为，途牛网应该在某些自助游产品上通过更大比例的直签来提升毛利率，这也可以使途牛在产业链控制上更为强势。

途牛发展初期，只有它一家在做旅行社线上分销，但现在旅行社可以选择其他流量更大的在线旅游平台，如阿里飞猪、携程、同程、驴妈妈等。在线旅游领域，“直签自营+开放采购”的发展路径更为健全，而途牛的跟团游业务只有“开放采购”单腿走路，当竞争对手截断上游资源时，途牛将在产业链中处于非常不利的位置。所以，笔者认为加大“直签自采”是途牛发展的必经之路。但从途牛“旅游度假产品零售商”的定位看，它又不可能在目的地资源采购上采取全撒网的策略，因为其直签人员不可能覆盖这么广的目的地，要维持出发地、目的地以及旅游线路产品的丰富性，上游的批发商必不可少。另一方面，零售商的定位如何兼容自产自销？不同于携程是从自产自销走向平台代理，途牛如果要加大自营，只能从采购走向自产自销，这将会影响上游供应商的稳定，甚至会与供应商在资源采购方面产生直接的竞争。对途牛的管理团队来说，这是一个两难的选择。笔者认为，比较好的选择是，像携程一样，收购一家有影响力的旅行社批发商。

5．产品策略之重视产品技术创新

途牛网的核心竞争力是其产品策略背后的技术支持系统，在技术创新方面，途牛网的投入一直很大，目前所形成的流程系统、团队系统等已经成为了一个有机的整体，这个系统很难被竞争者模仿，即便是有些竞争者将途牛网的技术体系复制过去，在短时间内也很难运作起来，这就是技术支持方面的独创性。比如，从客户打电话进去到客户签单，系统会全面追踪，而且实现了 16 家分公司的无缝衔接。这也成为途牛网独特用户体验的基础，而改善客户的服务体验一直是途牛网不懈的追求。途牛网目前在全国许多目的地开设分公司，扩大市场网络，以进一步提升客户的体验。途牛网的旅游信息量很大，而且比较透明，所有产品均明码实价，客户可以进行点评。

途牛还有强大的景点库，涵盖了 4 万多个景点。这个目前国内最全的景点库是途牛网的团队花费很长时间逐步建立起来的。基于景点库，途牛网又设计了路线图和拼盘两个产品。路线图是用来做游记的工具，客人可按天数把行程直观地组织起来，途经的景点则可以利用景点库的资源进行选择。拼盘则是根据某个主题，把景点组合出来，利用景点选择器点选景点即可完成行程规划。这些有趣的产品可以聚集社区的人气。

2017 年第一季度，途牛研究与产品开发费用（非美国会计准则）为 1.572 亿元人民币（合 2280 万美元），较 2016 年同期增长 30.9%。这一增长主要是由于产品品类拓展（例如交通票务预订、酒店预订和金融服务等）、在线技术提升以及研发人员相关费用的增加。2017 年第一季度，途牛研究与产品开发费用占净收入的比重达到 35.0%，较 2016 年同期的42.9%（非美国会计准则下占比）有所下降。费用占比下降主要是由于规模效应和新系统上线等带来的效率提升，高成长伴随的是产品和技术的较高投入。途牛网成功上市，使得公司有了充裕的资金，从而可以通过技术手段提高采购产品的二次包装和再研发能力，提高新产品和新业务的创新能力，提升无线端的跟随和创新能力，改善内部的运营效率，提高开放平台的综合吸引力等。

6．产品策略之增加产品交易手段

途牛网是典型的电商企业，在支付和交易模式上，主要采用的是在线支付。这对很多网民而言是十分方便的。客户只需要在途牛官网或 App 中选择相应的旅游产品，点击“确定”进入支付界面，在确认产品消费信息后，就可以通过网银或支付宝等方式进行支付。但线下支付对于专注于跟团游和出境游业务的途牛来说必不可少，毕竟出境游产品单价较高，动辄上万元的费用使得大家更加谨慎，更愿意通过线下渠道来验证产品和企业的真实性，同时享受线下更细致入微的服务。因此，笔者认为，途牛应该继续布点城市服务中心，并布局二、三线城市甚至四线城市，加强线下服务，给客户提供多种交易方式，进一步完善 O2O 模式，打通线上线下的供应链，双线共享数据、资源，以更好地服务消费者。

7. 产品策略之控制产品线成本

毛利率偏低一直是途牛的软肋，全面进行成本控制是提高毛利率的有效途径。对此，笔者认为有以下几点需要注意。

第一，途牛应继续增加网站规模，提升途牛在行业内的优势，增加其在采购中的议价能力，以进一步降低成本。

第二，途牛目前仍然以跟团游为主，后期应逐步增加自助游的采购比例，并采取直签的方式进行采购，这更有利于控制成本。

第三，途牛应开放广告平台，以给途牛的合作供应商更好的投放回报。

第四，途牛最大的优势是对二、三线城市，甚至四、五线城市的提前布局，这种“下乡策略”使得途牛在应对一线城市市场的激烈竞争时，存在可以防御和腾挪的空间。与二、三线城市供应商的合作能够提高途牛的议价能力，进而提升整体利润率，因为这个市场的供应商较为分散、不成规模。

第五，也是最为重要的是，途牛在接下去的时间里，应更好地提高运营效率，运营成本是毛利率中重要的一环，提高的运营效率无异于提高整体利润率。

3.7 产品锚定法则

2016 年 11 月，一篇题为《致星巴克中国 CEO 王静瑛的公开信》的文章在朋友圈刷屏，这一节我们就从星巴克的中杯效应开始讲产品。

在开始之前，笔者想问一个问题：“体重 50 千克的人重吗？”笔者不知道各位读者的回答是什么，但相信有很多人会不假思索地回答“重”或者“不重”，但马上就会发现问题存在缺陷，50 千克是指什么人的体重呢。如果是一个五岁的孩子，体重 50 千克就太重了；如果是一个二十岁的小伙子，50 千克就太轻了；如果是一个十八岁的少女，那 50 千克体重是比较合适的。这个问题的关键在于数据对应的对象是谁，相信不假思索做出回答的人，大部分是以自己作为参照标准的。

无论是选择咖啡杯杯型，还是评估体重，这背后的心理学法则都是产品方法论上的“锚定法则”。

“锚定法则”是指当人们需要对某个事件做定量估测时，会将某些特定数值作为起始值，起始值像锚一样制约着估测值。在做决策的时候，人们会不自觉地给予最初获得的信息过多的重视。

“锚定”是指人们倾向于把对将来的估计和已采用的估计联系起来，同时容易受到他人建议的影响。当人们对某件事的好坏做估测的时候，其实并不存在绝对意义上的好与坏，一切都是相对的，关键看你如何定位基点。基点就像一只锚一样，基点确定了，评价体系也就随之确定，“好”“坏”也就自然而然地产生了。

例如，两家卖粥的小店，顾客的数量和粥店的服务质量都差不多，但结算的时候，一家粥店的销售额总是高于另一家。探其究竟，原来效益好的那家粥店的服务员为客人盛好粥后，总是问顾客“加一个鸡蛋还是两个”，而另一家粥店的服务员总是问顾客“加不加鸡蛋”，接收到第一个问题的客人考虑的是加几个鸡蛋的问题，而接收到第二个问题的客人考虑的是加不加鸡蛋的问题。考虑的问题不同，答案自然也不同。通过不同的提问方式，第一家粥店不知不觉地多卖了鸡蛋，增加了销售额。

人们在对某人某事作出判断时，很容易受第一印象的影响，刻入脑海的“第一印象”就像沉入海底的“船锚”。无论“寄主”是否发现，无乱“锚”是真还是假，“锚”会一直起作用，“锚定法则”在产品定位和产品定价上的应用十分广泛，产品经理可以利用锚定法则推出新产品，通过将新产品放在某一种商品旁边，人为的塑造产品的第一印象。

“锚定法则”不仅能用在用户消费的场景中，在产品合作谈判的场合里也一样能用。在谈判中很多人认为应该让对方先开价，这样就可以预估对方的底价，了解对方更多的信息。但事实上，如果让对方先开价，这个价格就会成为谈判中的锚，后续价格将受到锚定法则的影响，合理的方式应该是自己先开价给对方一个信号，进而操纵谈判。

第 4 章　产品成功之路和产品初心

4.1　产品成功的最优路径

互联网产品是一个数量过剩、不断被市场淘汰的过程，这一节我们重点探讨产品的成功之路。

产品经理使得手中的产品成功的唯一诀窍是实践，历经磨难而不挫气，才可能成为一名伟大的产品经理。

4.1.1　产品成功是一种磨难

先来看看谷歌。毋庸置疑，谷歌创造出了许多优秀的产品，但谷歌也不是每款产品都能赢得用户，对于那些失败品，谷歌会毫不犹豫地“痛下杀手”，这也是谷歌能够保持强大的原因之一，五年来谷歌陆续下马了如下产品。

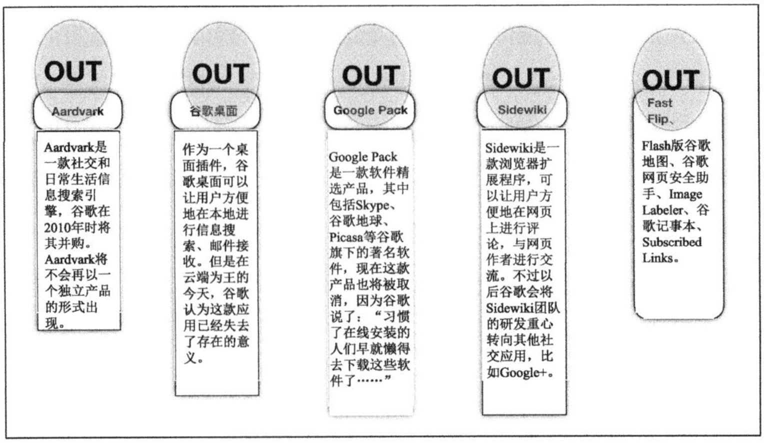

谷歌被市场、用户淘汰的部分产品

4.1.2　摸索出需求的本质

互联网软件、硬件产品应用的场景千差万别，很难具体说明哪款产品需要哪些要素才可以取得成功，一般情况下，选择一个有潜力的市场方向，需求会靠谱很多。

产品经理总是要面对各种各样的需求，需求分析是发现需求后的第一步，分析的重点在于分析的深度，分析的深度直接决定了最后方案的好坏。需求分析的本质是想办法解决问题，在解决问题的过程中，很容易陷入只观察现象，找不到问题根本的误区，导致不能挖掘到更深层次的需求，使得解决方案停留在表面。

产品经理该如何挖掘出用户的真实需求？如何找到需求的根源？

作为产品负责人，产品经理每天都要关注产品运营的相关数据，如每天/月新增用户数，每天/月活跃用户数，每个阶段的留存率，新购、复购用户的占比，用户类别，用户数量，每天/月各类用户的购买数量等。

有了这些数据，接下来就要深度挖掘用户需求，挖掘用户需求有以下两个步骤。

第一步：搜集、梳理需求表象。挖掘用户需求如同破案，为了找出最后的真相（需求原因），需要尽可能多地搜集线索（需求表象）。搜集、梳理完表象以后，要深入分析。

第二步：从表象追溯原因，直指需求的根源。当产品经理已经有了很多线索以后，需要进行初步判断，寻找需求产生的原因、根源。

例如，对于前文提到的数据，应该提出以下几个问题：①为什么要关注用户获取、用户活跃度、用户留存？②为什么要关注不同时间、不同阶段、不同促销方案的销量占比？③为什么要关注用户类型，以及每天、每月各类用户的购买数量和比例？

对应答案为：①找到目标用户群的核心行为是提升产品品质与运营指标的终极法宝。②通过观察现在销量最多的产品是什么，可以明白什么级别与什么样的促销方案最好。③通过观察各类用户的比例，以及用户的偏好，可以针对不同性别、年龄、职业、兴趣、社会地位、消费习惯的用户制定有针对性的产品营销方案。

找出答案并分析后，产品经理可以真正挖掘到客户在特定时间、特定场景下的真实需求。

在这个示例中，最重要的就是认清需求表象和原因的不同，不要只看表面上提出的需求，而是要深入分析需求被提出的原因是什么，再从原因出发进行分析，绝不能在列举了各种现象之后就停止思考。

4.1.3 产品经理如何培养持续的创造力

成功的产品一定出自优秀的产品经理之手，而失败的产品其产品经理未必就不优秀，优秀的产品经理的特点是做新的事，做别人没有做过的事，用新的方式做事。

在笔者看来，优秀产品经理的根本特征是其创造力，这种创造力分为如下三个层面。

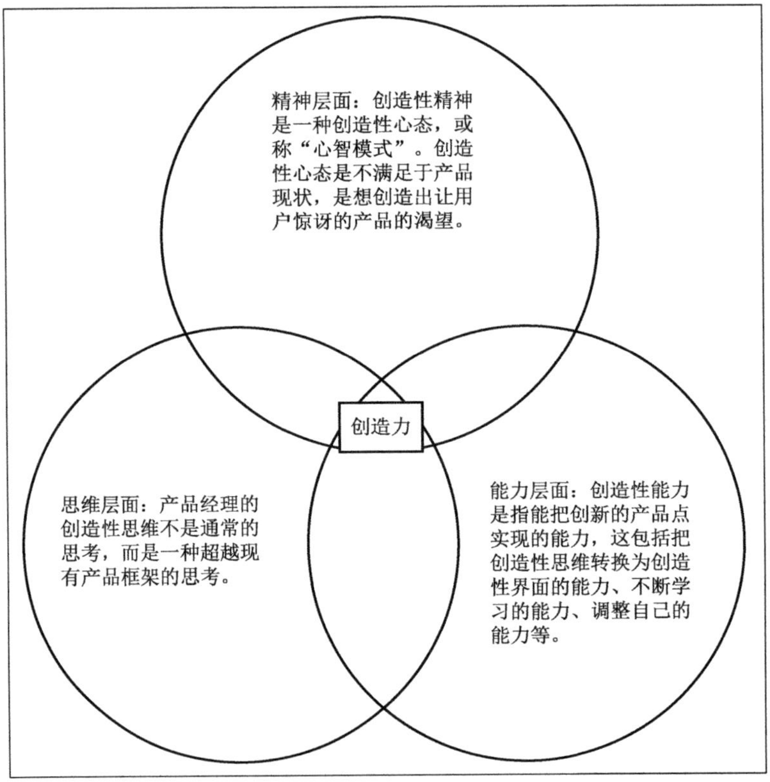

产品创造力的“三原子”

笔者称上图为创造力的“三原子”模型，下面具体看看创造力“三原子”的内涵。

① 产品经理的创造性精神是一种心态。创造性精神首先表现在产品经理“想什么”，具有创造性心态的产品经理总是想提供给用户与众不同的产品。产品经理需要思考一款产品与众不同的需求点是什么，解决的新问题是什么。“想什么”是一款产品原创性的来源，选择“想什么”表明了一名产品经理的心态。具有创造性精神的产品经理，就是要想其他人不想的问题，想那些看上去太显而易见，其他人有意忽略的

问题；或是那些看来遥远不可及，其他人不敢去想的问题。阿里巴巴的产品想的是"要让天下没有难做的生意"，Facebook 的产品想的是"把地球上所有的人都连接起来"。

优秀的产品经理应该具有一种探索最基本的需求元素的态度，同时具有进行原始创新和边际创新的能力。

② 产品经理的创造性思维是产品"怎么想"。创造性思维与习惯性思维、常规性思维不同，产品经理对创造性思维有各种各样的表述，例如：IBM 的座右铭是"Think（思考）"；乔布斯为苹果设计的广告词是"Think different"，翻译成汉语就是"不同凡想，另类思考"；马斯克则从量子力学中受到启发，特别推崇"Counter intuitive thinking"，也就是"反直觉思维"。优秀的产品经理具有与绝大多数人不一样的思维。"不同思维""反直觉思维""逆向思维"虽然说法不同，但都是指优秀的产品经理的创造性思维。

《从 0 到 1》一书的作者彼得 · 蒂尔说"逆向思维不是在多数人想法的前面加一个"负号"，这种"反着说"并不是"逆向思维"，因为这是在同一个维度上进行思考。"逆向思维"要思考别人没有想过的另一个维度，要思考别人还没有想到的领域。即当别人都在讨论技术问题时，优秀的产品经理要提出商业模式问题；当别人都在商业模式上纠缠的时候，优秀的产品经理的思维应该更多地集中于技术创新方面。"

③ 产品的创造性在能力层面是产品"怎么干"。产品经理的想法可以天马行空，但光有新的想法还不够，还要有把想法做成产品的能力。产品经理都想做出创造性的产品，但是只有优秀的产品经理才能做出，因为打造具有创造性的产品不同于打造常规的产品。具有创造性的产品在研发的前、中、后期均是高失败率的。所以，面对失败的能力，从失败中学习的能力，在挫折中调整自己的能力是优秀产品经理必须具备的能力。

怎么打造创造性的产品，既可以从失败中学，也可以从日常生活中学，艺术来源于生活而未必高于生活。

产品经理"想什么""怎么想""怎么干"决定了一款产品的生命力，所以产品经理应该从精神层面、思维层面、能力层面培育创造力，产品有了创造力才可能具有生命力。

4.1.4　在消费升级的大环境下使得产品具有创造性的机会

第一个机会点是打造能够让用户省事和省心的产品。时间是每个人最宝贵的财富，用户愿意为了省事和省心而买单，很多电商平台正是抓住了这一点，因此迅速成长壮大。最典型的一个案例是京东，通过完善网站功能、提升售后服务、补齐物流短板，京东真正提升了用户购物的效率，因此赢得了广大的用户。

第二个机会点是打造具有创造性的冲动消费导向的产品。近年一些现象级的互联网产品正是顺应了这个潮流。大家一直说的直播经济、网红经济，就是因为顺应了或者适应了冲动消费的本质。

第三机会点是打造消费升级背景下的产品。消费升级类的商品和服务是用户在辛苦工作后的馈赠，消费升级是指消费者从原来的“我需要”，变成“我想要”，用户投入金钱去换取的东西不再仅仅是为了满足生活的需求，而是为了满足个人情感和心态的需求，即产品满足了用户精神层面的需求。

4.2 产品初心

“产品经理”这个职位诞生于传统产品时代的宝洁公司，因为乔布斯等产品明星而变得热门，本节我们讨论产品经理应该如何寻找自己的初心。笔者很喜欢“初心”这个词，因为它有种返璞归真的味道。

在讨论初心之前，笔者想先分享个人从事产品经理的历史，总结 5 点笔者认识的阿里巴巴产品经理工作的特点，然后分享一个产品经理创业的案例。在当今的环境下，如果产品经理还是以就读名校、就职跨国公司、就职 BAT 为资本，那么注定无法跟上市场转变的节奏，无法跟上用户的步伐。

4.2.1 DAU 超千万的发布经历

2015 年 11 月 14 日，TrustData 发布了两份报告，报告显示，双 11 当天淘宝日活跃用户过亿，自当年十一月以来，淘宝日活跃用户规模逐渐扩大，双 11 当天到达峰值，超过一个亿。

淘宝每个功能性改版的发布过程都是一个漫长的蜕变过程，一个逐步上线切换的过程，比如先切 2%的全网流量，切过来以后要收集 1 ~ 2 个小时内的用户数据，在这个阶段，产品、运营、测试、技术等各个相关方都可以因为某个反馈决定改版是暂停还是继续。这个阶段相当于 A/B 测试，通过 A/B 测试可以知道产品的表现是否达到了设计时的目标。如果目标达成，并且没有出现 bug，那么就会逐步加码流量直到 100%。淘宝有非常完善的工具链可以让产品经理实时看到不同版本的产品的 PV、UV、引导成交等指标的具体数据。

笔者还经历过有数千万 DAU 而没有任何监控工具的发布过程，过程是这样的：产品当时的 DAU 刚刚超过千万，领导提出要革新首页，以便使 DAU 超过 1500 万。产品经理通宵达旦赶出来原型，经过研发，产品到了内测阶段，领导认可改版布局后，允许上线，但是没有上线监控工具，这个时候就以下图的流程来逐步放量。

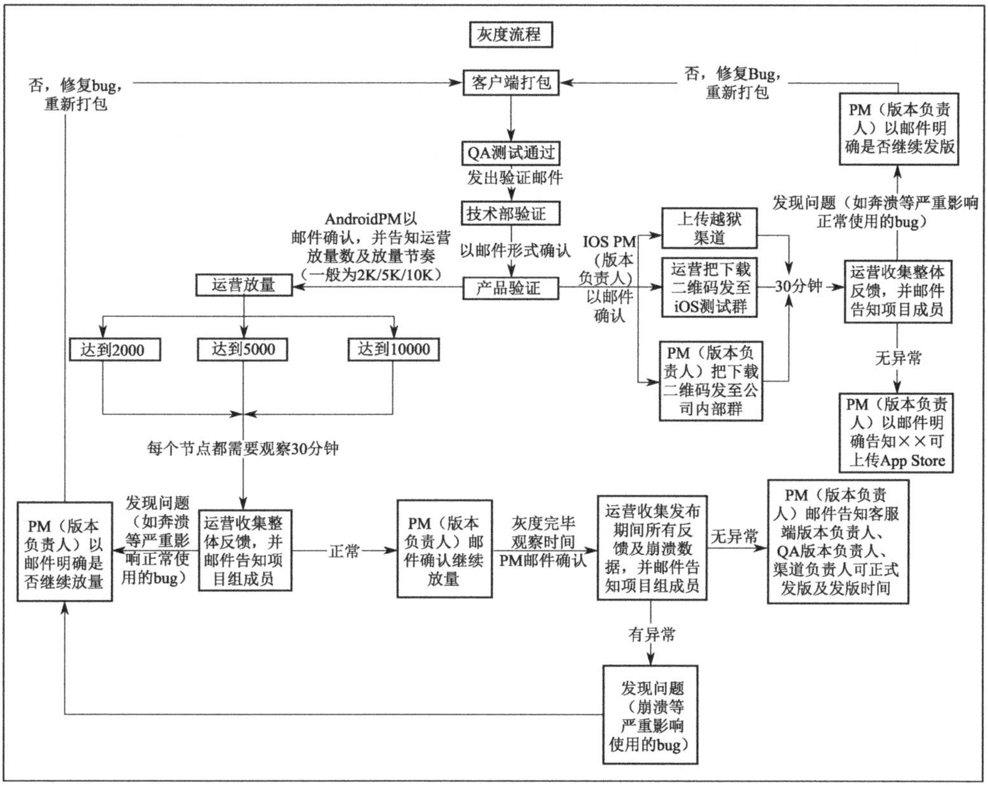

没有监控工具的发布过程

产品经理见证着产品从小到大，到灰度发布、正式上线的整个过程，这个过程只有真正体验过才会深刻地体味到其中的感觉。不同产品的 A/B 控制是不同的，有的控制在 Web 服务器层，有的控制在接口层，有的产品包含算法产品且具有非常完善的自动化工具链，可以做到新的算法通过验收后瞬间发布并进行灰度测试，灰度数值填写后瞬间生效，瞬间看到数据。有时候一天可以进行多达 10 轮的 A/B 测试，并且支持超过 10 个算法同时跑在线上。

4.2.2 万人公司跨团队配合的经历

从产品经理的角度来看，淘宝的工作流程一般是这样的：首先，P7 级别的产品经理说服 P8、跨部门的 P8、开发的 P9、开发的 P8、测试、UED、BI 等相关人员（备注：P7、P8、P9 是阿里巴巴公司内部产品经理的技术级别），说明产品是经过数据证明、有价值的产品。然后，确认改版的设计并完成开发，开发后的版本会在内部开发用的服务器上（需要指向特定 URL）看到。再然后是为期 1 周～2 个月的测试，测试完成、达到设计目标和发布标准后，进行内部发布。内部发布后，阿里巴巴内网登录淘宝网站看到的就都是新版本的产品了，这个阶段可能会持续 1 天～1 个月，内部员工可以吐槽或提交发现的 bug。

如果是跨团队的产品，那么每个关联产品团队都会测试一次这个改动。发布完成之后，产品经理必须拿出数据证明改动的价值。笔者曾经两次参加“紧急发布”，就是包含特殊功能的产品赶某个特定的时间点之前发布。

一个很简单的发布也会有非常长的流程来保障，具体过程包括：收集和确定产品需求→出具技术方案、协调分工→开发编码→内部服务器环境的测试+联调（又名预发布环境）→小淘宝环境发布，内部员工使用→小流量（具体有多小取决于业务影响面）公网测试→收集数据写反馈→全量上线，这样的跨部门作战能力是一般小团队没有的。

4.2.3 选择更容易变现的产品

一个产品功能的设计要跳出为了设计而设计的思维，产品经理需要思考产品对企业的盈利是否有直接的影响。因为越来越多的产品已经从用户群积累阶段向变现阶段转变，这个时候的功能设计更强调全局眼光。

微信钱包里面的电影演出赛事应用的整个团队从 QQ 电影票过渡而来，团队目标十分明确：尽快拿下电影院、剧场、体育馆和展馆，成为合作影院数、观影人群第一的在线选座平台。当初整个团队还可以选择做能源项目，就是帮电厂用电、家庭用电实现智能化，而团队最终的安排是 89%的人员和精力做微票儿，另外一部分人先调研能源产品市场，这就使得产品在有限的资源内可以提高变现效率。

4.2.4 宏观思维

1 ~ 3 岁的产品经理更多的体会是某产品的功能比自家的好，某产品又出新功能了，某种效果很酷。

对于一些见证过产品从 0 到数千万 DAU 的产品经理而言，思考的事情已经不是产品是否好用、是否炫酷，而是各方之间的关系。

对于淘宝这样的平台级产品而言，产品经理要考虑的是多方利益的平衡，包括买家和卖家之间、大中小卖家之间、淘宝内部部门之间、短期与长期之间、局部和整体之间等各个角度的利益平衡，这就要求产品经理具备宏观思维和把握全局的能力。

4.2.5 创业的诱惑

李彦宏曾在一次演讲中提到："大家都知道，现在创业非常火，有各种各样的 VC（Ventare Capital，风险投资，后文简称 VC）在我们大楼旁边的咖啡馆里长期驻扎，天天在那里和我们的员工谈，想把他们忽悠出去创业。"有人创业是主动的、有人创业是被动的。笔者有个阿里巴巴出身的校友，在阿里巴巴的年收入已经达到数百万，后来实在是憋不住了，要出来创业，领导问他创业的产品方向？他回答说没有，出来后连续经历两次失败，方知创业确实不易，没产品方向的创业更是不易。

4.2.6 产品经理的初心

很多产品经理明明是为了赚钱，但是偏偏不好意思说，非要说是为了改变世界，很多的产品经理说想改变世界，实际上仅仅是逃避问题，不能直面自己的初心。如果这么多人把世界改变来改变去的话，这个世界肯定会出问题的。

其实，老老实实承认做产品是为了赚钱，这未必丢人，做产品首先要真诚地面对自己，然后才能真诚地面对用户。

现在全世界都缺少需求，任何一个国家、任何一个行业都不再是十几年前以供应端驱动的样子，现在是需求侧驱动。

研究需求是产品人一生的事业，当产品经理工作时、走路时、旅行时，甚至上床以后，每时每刻都要琢磨如何满足家人、爱人、朋友、员工、合作伙伴、客户、用户的需求。一款产品的创始人或者主要策划人员，如果没有意识去把握用户的需求，这款产品成功的可能性很小。

产品经理要勇于自我否定，时刻准备着从新出发、不改初心，透彻理解用户，保持敏锐的观察力和洞察力，以用户行为为基础，头脑灵活，方可提高产品之力。

笔者认为，对于任何一个产品经理来说，改变自己产品的初衷都是无比艰辛的。但是也不是不能改变。在改变的那一刻，一定不要忘了自己从事产品工作的初心。

第 5 章　产品经理的知识管理方法

5.1　智能时代产品经理的知识管理方法

“昨天已是过去，明天还是未知，只有今天才是天赐的礼物”，这句话告诉人们要珍惜当下。“所谓过往，皆为序幕”这句话告诉人们在“继往”的同时更主要的是要“开来”。在笔者完稿的 2017 年，未来已来，产品经理应该拥抱大数据，拥抱智能时代。

产品经理首先要转变思维方式，训练自己用数据思维来思考问题，在万物联网的时代，用户的参与方式从个人参与慢慢转变成以数据参与。无论你喜欢与否，数据都决定了许多东西。今天你看到的新闻不是编辑为你准备的，而是数据为你准备的，通过数据“猜你喜欢”已经成为购物网站、音乐网站甚至是新闻网站的必备功能。这就对产品经理提出了新的要求，即学会用数据思维打造新的、符合人性的产品。

产品经理要进行“个人知识管理”，养成良好的学习习惯，增强整理信息的素养，完善专业知识体系，提高自己的能力和竞争力。在 AI 时代，一名优秀的产品经理需要具备各种不同的素质、技能和才干，迅速搜寻、吸收知识是最核心的素质之一。互联网产品经理该如何进行个人知识管理？笔者将从实践和理论两个方面与各位共同进行探索。

5.1.1　建立知识管理体系

产品经理的能力来源于对产品技能的无数次打磨，产品技能的根基是知识。书是大部分人获取知识的渠道。阅读好书是获得竞争力的有效途径。产品经理读的书越多，成为优秀的产品经理的概率就越高。

当知识越来越多的时候，需要建立“个人知识管理体系”，以便对知识进行更好地吸收和转化。要想建立个人知识管理体系，产品经理需要做到以下几点。

① 快速找到并应用知识来解决产品研发过程中的问题，明确知识的价值和作用。

② 系统地管理知识，以提高个人竞争力。

③ 定期消化收集来的知识，根据个人职业规划及实际需求定期调整知识体系的结构，以保持知识库的市场适应性。

5.1.2 知识管理体系的重要性

一般技术密集型产品要求产品经理具有相当的技术背景，业务密集型产品则要求产品经理具有更多的逻辑、管理能力；免费产品的产品经理最关心的是产品的用户体验，而收费的商业产品的产品经理更关心产品的流量变现能力等。实际上，不同的公司对于互联网产品经理的要求已经分得非常细，只是在对外提及时没有进行区别，仍统一使用“产品经理”这一职位名称。这就使得“产品经理”这一职位必需的知识结构更加多元、复杂，难以明确界定。

广义的产品经理的职责范围之广、需要了解的知识之多，使得笔者作为一个从业多年的“老产品人”也深感很难做到面面俱到。只有不停地进行个人知识管理，通过知识管理来提高工作效率，动态调整知识结构，多做积累，才能达到对工作需要的技能才干随叫随到。

5.1.3 产品经理的知识管理方法

首先，要树立产品经理个人知识管理的观念和意识，在知识管理的过程中养成习惯远比使用工具重要。在工作中要注重个人知识资产的积累，注意对有用的知识进行收集、整理、分类、汇总并进行系统地管理及应用创新，以便利用知识生成技能，把知识变为才干。

其次，梳理自己的学习充电路线，确定自己的需求，确定个人实施知识管理的目标，确定需要管理的知识。

可以通过如下 3 步来明确自己的需求。

第一步：分析自己喜欢什么、擅长什么，分析自己的专业背景、性格特点。

第二步：进行个人职业生涯规划。

第三步：根据个人特点和职业生涯确定自己的核心需求，从而围绕核心需求进行个人知识管理。

要想进行“产品知识管理”，首先需要弄清楚什么知识需要自己管理，包括：属于自己的知识、自己想掌握的知识、自己需要掌握的知识。

这里需要对知识进行如下两个方面的定位。

① 确定个人工作中需要关注的知识领域和方向。对个人职业进行规划，对未来进行规划。互联网技术的发展日新月异，行业对互联网产品经理的要求也不断精细。要想成为一个出色的产品经理，不仅需要将产品经理的核心技能掌握熟练，同时要对产品特性、行业特点、市场前景、竞争态势等内容有相当的了解，对于那些具有“互联网+”属性的产品，产品经理还要对产品的线下特性了如指掌。

② 在大量冗余的信息中提炼出产品经理真正需要的知识。对需要管理的知识进行定位后，还需要识别不同类别的知识，然后有针对性地采集、提炼并生产新的知识，并对自己提炼出来的新的知识进行应用，知识只有被利用时才能展现价值，把学到的知识积极运用到实际工作中，“学以致用、以用促学”才能提高工作效率。

5.1.4　常用的知识管理工具

从类型来看，知识管理的常用工具有如下几类。

时间管理：Google Calendar /Apple Calendar，用来安排会议和活动、设置自动提醒。

便笺：记录零散信息，如账号和密码。

书签、文章收藏：印象笔记、RSS 和 Tag 等，用来分类存储经常访问的网址。

日记和文章：印象笔记、新浪微博等，用来分类原创内容。

思维训练：MindManager。

概念图：CampTools、Visio。

工具可以帮产品经理更有效地进行知识管理，但产品经理不能沉迷于工具而忘记自己的核心需求，知识需要不断地积累，更要学以致用。

5.1.5 书单

《从 0 到 1》

作者：彼得·蒂尔　布莱克·马斯特斯

简介：创业是从 0 到 1，而做产品最终的要求也是从 0 到 1，这本书很好地讲述了这个道理。从产品设计到企业愿景，从扩张的产品策略到精简的产品方法，7 步聚焦产品策略，为企业提供了最简单、最有效的飞跃方程式。

《失控》

作者：凯文·凯利

简介：“这可能是 90 年代最重要的一本书”，并且是“少有的一年比一年卖得好的书。”“尽管书中的一些例子在十几年后有些过时，但（它们所表达的）信息却越来越成为真知灼见。”“在人们还无法想象微博和维基等大众智慧的时代，凯利却分毫不差的预见到了。这可能是过去十年来最聪明的一本书。”

《产品经理的第二本书》

作者：琳达·哥乔斯

简介：在《产品经理的第二本书》中，哥乔斯探讨了卓越产品经理所需的特定技能。如果你立志成为杰出的产品经理，期望能够激发客户持久的兴奋感并为企业创造长期的竞争优势，那么本书向你介绍了详尽的行动方案。如果你想创建产品或服务的愿景和策略，并在所有的组织层级和市场中加以贯彻落实，那么本书会告诉你应该知道的所有相关知识和技能。

《魔戒》（又名《指环王》）

作者：约翰·托尔金

简介：公认的近代奇幻文学的鼻祖，整部小说是一个全新的世界，皆由作者的想象力创造而来，仅凭这点就足以让产品经理多读几遍。

《超级智能：路线图、危险性与应对策略》

作者：尼克·波斯特洛姆

简介：当机器智能超越了人类智能时会发生什么？人工智能会拯救人类还是毁灭人类？本书会带你开启一段引人入胜的旅程，把你带到对人类状况和智慧生命未来思索的最前沿。尼克·波斯特洛姆的新书为理解人类和智慧生命的未来奠定了基础，不愧是对我们时代的根本任务的一次重新定义。

《爱因斯坦传》

作者：沃尔特·艾萨克森

简介：看看高智商的产品经理是怎样创造产品的。

《霍华德·休斯》

作者：彼得·布朗

简介：看看明明可以靠父亲的富二代是如何创造产品、改变世界的。

《匹配度》

作者：陈峻锐

简介：产品经理做的事情，本质是打通问题（用户需求）与解决方案（产品），从而优化这个世界。用户需求与产品的匹配过程是产品定位的重要环节，需求驱动产品与运营，不了解用户需求很难做好产品经理。

《人人都是产品经理》

作者：苏杰

推荐这本书不仅仅是因为是阿里巴巴同事写的，更多的是因为这本书有干货。

《神一样的产品经理》

作者：闫荣

简介：由浅入深、循序渐进地阐述了产品经理、产品需求、用户体验、项目管理、产品运营和产品团队管理的内容，理论与实践相结合，以实践为重，每一项内容都使用了大量的实践案例，每一个案例都经过精挑细选，具有很强的针对性，力求让读者深刻领会与产品相关的知识和技能，就算是零产品经验的读者，通过学习也能掌握一些产品设计要领，做出优秀的产品。

学校可以传授很多知识，但是有些职业学校教不来，产品经理、用户体验设计师、交互设计师这样的职业都在此列。这样的职业通常有几个显著的特性，使得它们很难成为高校的课程：交叉学科，大跨度的知识体系，快速发展进化，需要持续不断地自主学习。从 Web 到 App，从 App 到智能硬件，从小数据到大数据……如果真的要成为产品经理，及时了解行业演进动态、不断学习是必不可少的。

5.2 产品经理的认知迭代

认知是要快速迭代的。每日所想的问题不同，那么每日执行的解决方案也会不同，不同产品经理的思维方式不同，考虑问题的角度、深度肯定也会有所不同。

随着智能时代的到来，产品经理的思维认知也要变更到 AI+轨道上来。

5.2.1 认知迭代一：产品迭代策略的认知迭代

近年来笔者参加了多场线下分享会，一位在支付宝做数据统计工具的朋友分享的一段话给笔者留下了深刻的印象："在我们监测到的版本迭代中，只有不到10%的版本产生了积极的数据变化。"

当时笔者很惊讶，难道绝大部分的迭代都是无用功吗？

仔细想想，笔者认可了这一结论。2012 年笔者在某 OTA 集团担任战略产品经理时，一年上线了13 个版本的产品，发布了100 多项新功能或者优化功能，但各项数据并没有明显的提升。

是不够努力吗？并不是。为了发布新版，各位同事经常体验凌晨 2 点的酒仙桥（北京地名）。于是笔者翻看了当时的版本计划，希望能进一步查明原因，结果发现在这一年中，我们对产品 UI 进行了 5 次调整，发布了许多用户喜欢的小功能，但对核心功能的优化却寥寥无几。

很多新用户还没开始体验我们设计的小功能就流失了。

笔者认为，产品经理"做什么"可能比"怎么做"更重要，花时间定位有价值的产品需求，能有效避免做无用功。

那么哪些是有价值的产品需求呢，一个问题是否有价值，有两个衡量指标。

① 需求度：目前资源下做该需求的必要性有多高。

② 资源度：针对该需求，目前可以调用的资源。

以需求度和资源度为轴，可以得到一个价值矩阵。

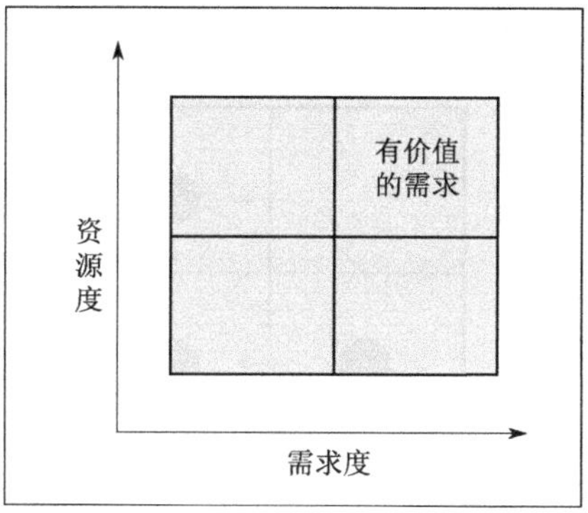

价值矩阵

很显然，一个有价值的问题，应该是既是关键需求又是能被解决的，也就是位于矩阵的右上角。

在《成为乔布斯》一书中，曾讲到乔布斯创办 NeXT 的经历。从 NeXT 这个名字就可以看出乔布斯的野心，为了成就“The Industry is Next Great Company”的目标，乔布斯在产品上倾注了大量的心血。他将自己的完美主义发挥到了极致，在 NeXT 电脑中添加了很多超越时代的设计：镁合金立方体主机、能读写的光驱、能够播放音乐等。这些设计提升了工艺复杂度，使得第一代 NeXT 电脑售价超过 3000 美元。

结果，第一代 NeXT 电脑只收获了 400 台/月的销量，远低于公司原计划的 10000 台/月。NeXT 之所以销量惨淡，很大程度上是因为当时 NeXT 面对的主要客户是高校、科研机构，他们对于价格非常敏感。NeXT 在设计方面给予了极丰富的资源，但忽视了更重要的需求，相对于设计，用户更关心价格。

对于需求度低的内容，即使资源配置得再多，站在受益者（用户、顾客、外界环境）的角度来看，其价值仍然为零。

所以，要产出有价值的成果，正确的策略是：先定位需求度高的问题，然后尝试争取配置资源，如下图所示。

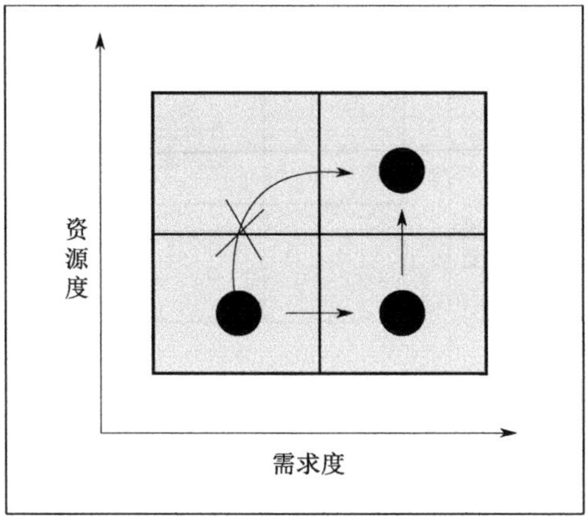

正确的策略

那么，如何定位需求度高的问题呢？笔者一般采取如下方法。

（1）多问几次“为什么”。

面对问题，直觉经常在短时间内帮助我们作答。但对于复杂的情况，直觉回答的问题通常位于较低的层次。多问几次“为什么”，挖掘问题的本质，这样才能定位需求度高的问题。

比如，笔者在淘宝重构一个排行榜设计时，发现原设计的问题是“没有向用户展示排序规则”。在直觉的引导下，笔者迅速在 Featrue list（特征列表）中写道：需要明确展示排序规则。

设计稿完成以后，笔者再回头看，隐约觉得设计依旧不够合理。于是开始分析自己最早写下的问题，发现“没有展示排序规则”是一句很笼统的描述，没有定位到需求的本质。

通过向自己问为什么？笔者得到了回答：用户不能得知排序规则，无法形成激励，这是转化率低的原因之一。

到了这个阶段，笔者明白了需求点的问题。于是进一步问自己为什么，如果用户明确了排序规则，就能够达成激励效果吗？回答是：目前的排序机制设计不能有效地激励用户，需要重新设计排行机制激励更多的用户。

倘若不是连续问自己“为什么”，可能在思考表层阶段便采取了需求点不高的方案。

（2）建立产品模型，系统思考。

对于系统性的问题，建立全面的模型，就很容易看出哪个环节的问题更为关键。

之前思考过这么一个问题：“对于‘跑步工具 + 社区’的 App，如何提升社区活跃度？”

如果仅从社区的角度考虑，可能认为内容发现机制是最重要的需求问题，因为内容发现机制能刺激“生产—消费”的循环。

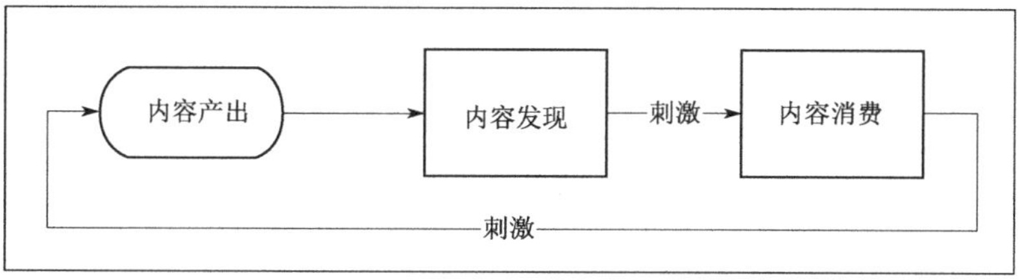

内容“生产—消费”的循环

但如果梳理系统流程，并建立如下产品模型，就很容易看出：App 是由跑步运动和社区两个循环构成，而社区中的很大一部分流量来源于跑步打卡。也就是说，如果不优化跑步到社区的流量漏斗，针对社区机制的优化就只能作用于少量用户，这样社区的影响力会非常有限。所以，跑步漏斗才是提升社区活跃的关键问题。

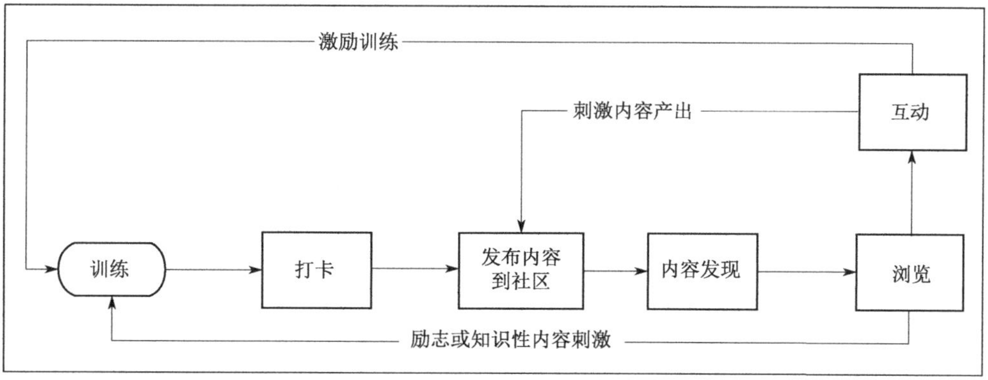

产品模型

（3）“梦想成真”思维，排除需求度较低的需求。

产品经理面对多项需求，难以分辨需求重要度时，可以在几项需求中填入“梦想成真”值，或者设想某项需求已经得到实现，思考产品实现需求后的结果，就能排除需求度低的“伪需求”（用户要求不强烈的需求）。

比如，前面讲到的 “跑步运动社区应该服务于内容沉淀还是关系沉淀”，乍看起来“内容沉淀”和“关系沉淀”都是刚性需求，并不容易判断究竟哪个需求更重要，这时候可以利用“梦想成真”思维，想象某个需求已经实现出来了，看看是否满足预期。

假设已经将内容引导做出来了，社区就能够沉淀足够有价值的内容并吸引目标用户了吗？答案是否定的，这个功能即使做到完美，用户受限于专业程度，仍然只能针对基础的运动问题（比如如何减脂、如何瘦腿）展开讨论。最终，内容同质化严重，无法吸引用户持续消费。所以，内容沉淀可能并非刚性需求。

（4）提高资源度。

然而有时候，我们定位了需求，却不知如何着手。因为需求问题通常比较复杂，很难在短时间内全部解决。在定位高需求度的基础上，可以对需求进行分解以提高资源度。

比如，对于手游，留存率是核心的数据指标之一。提高留存率是很关键的需求，但是这个需求容易解决吗？并不容易，产品改进难以直接提高留存率。

所以，我们需要先分解留存率，总体留存可以分为新玩家留存和老玩家留存，再针对这两项留存，逐步展开，找到与之相关的所有因素，如下图所示。

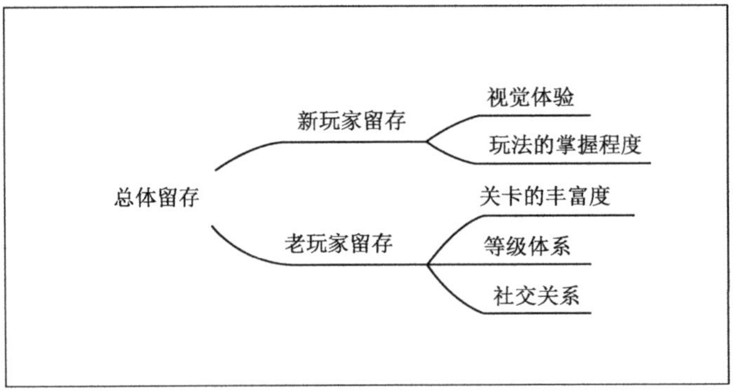

影响留存率的因素

然后，针对分解后的问题，给出解决方案。

对于新用户：可以优化视觉体验以提供更好的第一印象；或者设计更友好的引导流程，帮助用户掌握游戏玩法。

对于老用户：可以持续地推出新的副本来刺激活跃度；逐步提高等级的上限，刺激玩家挑战；或者增加好友系统、工会系统等帮助玩家建立联系。

所以，提高资源度的一个有效方法是对问题进行分解，把问题分解到资源可以满足的程度，然后针对分解后的需求给出解决方案。

正如爱因斯坦所说："如果给我 1 小时来解答一道决定我生死的问题，我会花 55 分钟来弄清楚这道题到底在问什么。"

产品经理要避免做无用功，首先要定位需求问题。因为所谓的"产出"，均以结果为导向，对于价值不够大的需求，即使投入足够多的资源也无法产生太大的意义。

产品经理第一个要迭代的思维方式是：不要用战术上的勤奋掩盖战略上的懒惰。

5.2.2　认知迭代二：人工智能时代的认知迭代

笔者从事智能硬件以来，发现这个领域的发展速度很快，每当有一个新想法、新思路时，必须马上实现，如果拖上两个月，这个新想法、新思路就不再属于你了，因为别人已经捷足先登、开发完成并上市销售了。

程序和框架的开源加剧了这一过程，以前重现别人的过程不仅痛苦，而且耗时，现在框架都是拿来即用，各项成本几乎为零。要想保持领先，隐藏自己是没有意义的，谁不开源或者晚开源，谁就被遗忘在历史的角落里。

在这样的压力下，产品经理的思维方式必须发生改变。不论想法是对还是错，不论想法看起来是靠谱还是荒谬，先试一下再说，要努力做到动手比动脑快。思维方式的这种转变是好是坏，目前还无从评判，这样的做法与传统产品研发逻辑做法背道而驰，可以被认为是浮躁和急功近利，但这样的方案还在不断地产出成果，还在推动着产品的进步，还在打造更好的产品系统。

根据这个趋势来看，能利用各种工具快速达成目标，能快速阅读及写出代码，有强大的项目管理能力的产品经理，在就业市场上将占据巨大优势。这样的产品经理如果基础扎实，能快速读懂行业，从繁杂的行业信息中获取新知识并能举一反三，看到并抓住行业的要点和痛点，并能修剪自己思路，那就是产品经理老手了。如果再上一层，有战略眼光，能从万千产品中看出大势远景，能够巧妙定题，以最小的代价获取最大的收益，那就是一流的产品经理。一流的产品经理能站在行业的前沿，直接推动行业的发展。然而要做到这一步，需要在快速迭代中静下心来积累经验，厚积薄发。

在人工智能火爆的背后，无数天才在这个高维空间里攻城拔寨，刺刀见红。虽然累、虽然苦，却充满了希望。产品经理需要紧追时代的脚步，为人工智能时代的产品发展出一份力。在产品领域里，只要思路巧妙、工具运用得当，每个人都有成为超人的潜质，一个好的算法、好的框架可以服务千万人，并且每天工作 24 小时，不会疲劳，不会失误，这在以前是完全不可想象的。

在一个快速迭代的产品世界里工作，需要顾及公司内外的期望。产品经理要平衡短期目标和长期目标，在高度竞争的环境下给自己留一方净土。

5.2.3 认知迭代三：内容时代的认知迭代

“网红”是一直伴随互联网发展的元素，从早期的芙蓉姐姐到 2016 年的 Papi 酱，“网红”一直存在。但是在 2016 年，“网红”仿佛忽然之间变得比以前任何时间都火爆，不仅个人火，平台也火。伴随着“网红”的火爆，“内容创业”也开始变得热门。

“内容创业”已成为一个站得住的概念，和 O2O 等很多概念不同，“内容创业”一般一开始就会产生现金流，现金流状况非常好的内容创业项目，甚至不需要任何资本注入。

“内容创业”本身就是一种可以落地的商业模式。当然，也有不少内容创业项目获得了大额融资，并开始探索广告模式之外的商业模式，笔者将其称为“网红内容认知迭代”。2016 年年底，有人提出了媒体的三大价值：广告价值、公关价值和连接价值。

媒体具有广告价值是很容易理解的事。

媒体具有公关价值也是很容易理解的事，譬如：公关性质的软文。

连接价值的意义是指存在一些媒体，由于它的内容特性，经常会和一些大佬接触，这种媒体就是大佬们中的一个“桥节点”，在某个特定的时候，它能爆发出很强的力量。微信公众号生态里有很多这样的内容创业项目，有的甚至已经估值过亿。

一个新的认知是网红媒体将诞生新的价值点，并引领消费升级的潮流。

消费升级建立在大规模的连接之上，而不是前面所提到的“桥节点”。

曾经有一篇题为《知识分享，红利期还有多久》的文章中间有一段话：“我们这一代人（70 后），跟我们父母那一代人的消费观截然不同，80 后比 70 后好一些，90 后和我们比，完全是不同时代的人，两代人的消费观差异相当巨大。我强调一点，最近几年互联网最大的红利是年青一代的消费观!”

这段话讲的“消费观差异大”，即是表象又是本质，但是这段话并没有说明：到底什么是消费观差异。70 后和 90 后的消费观究竟有什么不同?

70 后的消费特点：定期定点。

90 后的消费特点：按需随买。

70 后的人有凑单、按计划购买、定期检查商品价值点的时代特点，消费有计划、有规划、有理性。而 90 后一代，尤其是生活在城市中的 90 后一代，没有经历过饥饿，没有经历过“苦日子”，他们“感性消费、激动消费”，有“按需随买”的特点。

互联网的前半场大多是后生互联网人，而 90 后大多是原生互联网人，互联网 365 × 24 小时的特点重构了时间、地点的概念。因此这种生活方式一旦出现便很难改变。

设想这样一种情景。某内容平台介绍一款产品很不错，讲的天花乱坠，但平台只提到了这种商品的名字，并没有给出购买指导，这会让 90 后的人很不耐烦，这就是消费升级带来的变化，笔者已经多次看到这样的评论：“讲了半天不给购买链接，你逗我啊？”这和过去的传统媒体时代截然不同，传统媒体时代的编辑生怕植入广告会引来读者反感，而时下产品经理需要意识到消费升级了，媒体、内容的价值体现在以用户为中心的生活方式上。

无论是广告价值，还是公关价值，这都是一个三方的商业模式。内容方将其用户（读者）作为一种注意力，转卖给第三方，也就是甲方。但消费升级的价值，是一个两方的商业模式，用户即甲方。消费升级的价值建立在一种连接之上，就算是具象的形式，都需要购买链接。不得不说，广告价值的毛利率高，消费升级价值的毛利率低。

但有趣的是，依托高毛利率的广告的媒体，从来不是什么规模庞大的生意。《华尔街日报》全球知名，但从商业角度看，它不是一个大公司。依托低毛利率的、卖货的企业，无论是沃尔玛，还是京东，都是市值很高的企业。勃勃雄心的内容创业者，一定不能局限于广告模式。

移动互联网带来的交易便捷，代际人口交替带来的观念变化，为最终达成“去中心化消费”的内容通道建立了可靠的基石。广告价值依然存在，但消费升级的价值更值得产品经理探求。

此外，消费升级是产品经理认知迭代的重要方向。垂直内容的创业项目，必须着眼于消费升级价值，这是应战头部大号的唯一机会。2017 年是内容创业的洗牌年。所有的内容创业，彼此都将是竞争关系。用户大盘已经不再有飙升式的增长，纯人口统计口径上的红利已经耗尽。产品经理必须学会挖掘交易的价值。

要想实现产品的成功，产品经理除了需要转变思维方式，还应该避免踏入一些误区。

第一，避免对用户的认知笼统不深入。

第二，避免照搬领导层的指示，而不是听从产品深度的需求。

第三，避免盲目追求产品线庞大，产品模块齐全。如刚创立的小公司就要造购物车、造支付、造社交。

第四，避免过于自负，要小聪明。例如：自认为比运营更懂技术方案，比技术更懂需求等。

第五，避免观察产品策略的眼光不足，无法看到行业发展趋势。产品经理应该对行业内的历史沿革、新技术的发展趋势有自己的独到判断。

产品经理如果能正确迭代思维方式，并跨过产品执行中的五种误区，那么，产品经理打造出伟大产品的概率将大幅提高。

第二部分

产品经理技术工具篇

第 6 章　产品经理的技术工具箱

6.1　产品经理必须知道的技术要点

网络上有很多关于产品经理所需技术能力的讨论，本节笔者从产品经理为什么要懂技术，应该如何懂技术，软件和硬件有哪些技术点等内容展开，希望能全面介绍产品经理关于技术的相关问题。

6.1.1　产品经理为什么要懂技术

产品经理来自很多行业以及很多岗位，有的人说"什么都不懂，只能做产品经理了"，这只是一句玩笑话，实际情况不是这样的。

很多时候，产品经理和工程师不在一个场景里，产品经理与工程师在思维方式、工作方式，甚至生活方式等均存在比较大的区别。

产品经理的工作环境不是一个纯粹推理的世界。这个世界不只有逻辑和算法，在逻辑和算法之间还有无数的情感空间，即关乎"人性"的东西。

张小龙说过："产品经理的主要工作就是寻找、抓住用户需求，然后通过一定的手段做出产品来满足用户。而需求大多数时候是难以用逻辑和算法来表述的。"

工程师的世界既简单又复杂，在他们眼里，世界的元素基本是固定的，就如同计算机的底层语言一样。

If 和 Else 构建了世界；

For 和 While 是成果的复制；

True 和 False 是世界仅有的两种状态；

Exception（异常）表示程序世界中不和谐的因素；

Function（函数）让我们专注解决问题；

Class（类）抽象世界为对象。

工程师的思维基本如上，他们讲逻辑，讲框架，往往冷静、机智、思维敏捷，很多工程师觉得自己很厉害，自己的逻辑思维天下无敌，有时你帮他指出代码逻辑问题，帮他找到错误，但他碍于“面子”，不愿意承认。

实际上，这就是工程师的场景和产品经理的场景最根本的差异。

总结来说：工程师相信产品是数学构建的，0 和 1 能够创造一切；产品经理相信产品不是纯粹理性的，人是各种人性、欲望混合的产物，黑与白之间的广阔灰度空间是难以用数字表述的。

虽然产品经理与工程师的思维方式不统一，但也不是完全孤立的，两种不同的思维在某些情景下也会有交集。

产品经理找到某个需求是一件很难的事，但是如果不懂工程师的思维，那么产品经理在找到需求后，如何让需求落地可能是一件更加困难的事。找到产品经理和工程师的思维共性，是产品经理应该懂技术的原因之一，产品经理懂技术是为了让产品更好地落地！

6.1.2　产品经理应不应该懂技术

这点貌似与第一个问题——产品经理为什么要懂技术一样，实则不然。

在研发圈子内，产品经理（PM）和研发工程师（RD）之间很喜欢互相争论，这种争论出现在很多场景，以下是笔者遇到的一些实际场景。

场景 1

产品经理：“希望能加个动画过渡，让用户觉得更加有趣，提高用户黏度。”

研发工程师：“如果是网页，如何能保证动画加载顺利？如果是 App，会不会对流畅度有影响……”

研发工程师也许还会进一步思考，到底有没有必要添加动画，应该找什么理由让产品经理把动画这件事先忽略？

场景 2

产品经理："这个地方需要加入搜索框。"

研发工程师："要搜索什么内容，用户、标题、内容关键字（关键字是否需要分类），还是所有的字段都能搜索？"

场景 3

产品经理："我希望用户在进度页面就能对热门动态点赞、收藏。"

研发工程师："这个操作是不能实现的，因为用户还没注册，我们并不知道他是谁。"

这样"你来我往"的次数越来越多之后，研发工程师很容易抱怨产品经理什么都不懂，与产品经理交流特别费力。

而在现实中，好的产品肯定不是"掐"出来的，好的产品需要产品经理与研发工程师在尊重、理解的基础上进行有效沟通，由于研发工程师们普遍沉稳、内向，所以笔者建议是产品经理主动去了解技术。

在公司内部，产品经理和研发工程师是平等的，产品经理并不是凌驾于研发工程师之上的角色。但遵照产品经理的设计进行实现，难免会让研发工程师产生"低人一等"的感觉（不少产品经理本身也是这样认为的），所以研发工程师"不待见"产品经理也就顺理成章了。如果产品经理不懂技术，那么研发工程师更加可以在自己的长处上大胆地"鄙视"产品经理，这不是研发工程师小肚鸡肠，而是一种自我保护，保护自己引以为豪的技术不被非专业人员指手画脚。所以如果产品经理懂技术的话，可以在一定程度上赢得研发工程师的尊重。简单说，就是研发工程师会更尊重懂技术的产品经理。

懂技术的产品经理除了可以化解研发工程师心理层面的隔阂，还会让自己和研发工程师的交流更容易。产品经理常常觉得研发工程师由于存在对技术的自负而难以沟通，其实不然，如果研发工程师开始说术语、谈原理，那么多耗费一些时间和耐心也是能够接受的。有时候，很多产品经理觉得自己和研发工程师的对话发生在两个毫不相关的世界里，这是不对的，研发工程师在交流中提出术语、原理，并不是为了彰显自身的技术，而是一种习惯，一种技术交流所养成的习惯，产品经理应该懂技术，以便更好地理解和适应这种习惯，保证自己不被研发工程师糊弄了，如下面这个漫画所述。

工程师合理放松的最好借口："我的代码还在编译中！"

此外，懂技术还可以帮助产品经理从天马行空的各类需求中选择可以落地的需求。很多时候研发工程师消极配合产品经理，很有可能是产品经理的需求在技术可行性上出现了问题。

6.1.3　产品经理应该如何懂技术

第一步，产品经理要懂技术的世界。最好默认自己来自那个纯粹理性的世界，曾经在程序的世界生存。这样，产品经理会更明白工程师思考问题的逻辑，很容易做到换位思考。

第二步，产品经理要明白世界不只是 0 和 1，至少目前不是。真实世界有很多东西是无法被解释的，要容忍不完美，在缺陷中找到需求，这是产品经理创造、改进用户体验的源头。

第三步，产品经理要做好沟通，说服研发工程师用 0 和 1 做出自己想要的多彩世界。沟通是连接两个世界的绳索。每进行一次愉快的沟通，都会在两个世界之间连接上一段绳索，当绳索数量达到一定规模后，两个世界也就不分你我了。多鼓励，少贬低，在需求实现过程中多关注研发工程师的工作。

6.1.4　软、硬件的技术点

软件产品经理应该知道如下技术点。

一、客户端相关技术

1. iOS 产品和 Android 产品的差异。
2. Web 前端技术（HTML、CSS、JavaScript）。
3. 实时更新移动客户端技术（ReactNative）。

4. Android 应用权限。
5. Android 休眠状态。
6. App 推送原理。
7. 应用程序、进程和线程。
8. 同步和异步。
9. 渲染。
10. 微信、QQ 传递信息快速的原因。
11. 图片资源处理。
12. Cookie 和广告联盟。
13. 动画原理。

二、服务端相关

1. 302 状态码。
2. 升级及下载加速原理。
3. 代理服务器。
4. 轻量级虚拟机——DOCKER28。
5. SQL 的读和写。

三、交互相关

1. 网页与原生 App 如何交互。
2. 应用下载劫持。
3. 前端和后台的数据交互与协议。

四、硬件相关

1. 芯片。
2. 功耗。
3. 性能。
4. 供应链相关。

6.1.5 小结

产品经理是个辛苦的工作，除了要热爱产品、找准需求点、研究用户体验，还要和研发工程师、设计师、运营、市场等各类人员交流。前两类人是“艺术家”，会带点艺术家特有的气质；研发工程师很聪明，产品经理一不小心就会被他们划入“白痴”族群。那么，怎么才能游刃有余地和研发工程师打交道呢？在笔者看来，成功的产品经理必须是被研发工程师尊敬的。

产品经理不必为了能和研发工程师沟通而使得自己面面俱到，但对自己要有一个明确的定位，并把自己的定位展现在研发工程师面前。

笔者会把产品经理分为两类。

A 类：改变世界的伟人，如乔布斯。

B 类：自给自足的百姓。

A 类产品经理是那些真正热爱互联网的人，他们有自己的梦想，希望在互联网的海洋里冒险，他们不断创新，不断前行，充满探索、冒险的极客精神，享受成功后的喜悦，他们也许会失败，但虽败犹荣，他们一旦成功，则会带来革命性的东西，甚至改变世界。

B 类产品经理是在互联网上求生存的人，他们并不一定全身心地热爱互联网，如果有更好的生存平台，他们可以放弃互联网。但他们会踏实地基于数据做分析，把一些实际可行的元素融入产品，保持产品的盈利能力，同时尽量避免一些不靠谱的东西。

产品经理在开始做事之前，需要明确自己是 A 类还是 B 类产品经理，与工程师沟通时，通过语言或者行动表明自己的定位。如果你是 A 类产品经理，优秀的工程师会成为你强大的助手；如果你是 B 类产品经理，好的工程师会帮你完成工作。如果你怀有 A 类产品经理的雄心，却按 B 类产品经理的要求与工程师沟通，工程师会认为你在玩弄他。A 类产品经理要技术水平高、能力范围广，工程师对 B 类产品经理的要求，只是其对 A 类产品经理要求的一个子集。下面提到的产品经理，如无特别说明，是指 A 类产品经理。

工程师也知道产品经理要与多种职责的人打交道，要有较强的综合能力，所以不会在技术领域拿自己的强项和产品经理“过不去”，产品经理也没必要掌握技术细节，产品经理只要做到理解工程师，能和工程师“无障碍沟通”即可。

“无障碍沟通”是指产品经理和工程师在沟通中彼此充分理解，不存在疏漏和误解。笔者在长期的产品工作生涯中看到过很多产品经理反馈说研发工程师不接受产品需求文档，抱怨研发工程师懒惰，笔者认为出现这种情况的原因有两种：一是研发工程师还没有透彻理解产品经理的需求，二是研发工程师还在思考技术架构。

产品经理和研发工程师沟通时，以下两个方面尤为重要。

第一，对需求的沟通；

第二，对技术实现的沟通。

对需求的沟通主要应用于产品经理向工程师阐述需求的场景。工程师实现产品功能，是基于对需求的理解；在功能实现过程中和实现完成后，需求的变化可能给产品实现带来灾难。如果工程师不能准确理解产品经理描述的需求，那么很可能造成产品功能的实现与产品经理的想法大相径庭，浪费大家的时间。如果产品经理的想法不够成熟，需求变来变去，这无疑是对工程师的恶意攻击。需求中任何一个小的变动，都可能给代码实现带来巨大的麻烦，甚至会动摇代码的整体架构。从工程师的角度来说，虽然在技术实现上工程师以构建稳定的系统为目标，尽量保持系统易于扩展和维护，但这也是基于工程师对需求有好的理解，以及对潜在的需求变化有准确的预测。如果在沟通过程中做不到让工程师准确理解需求，那产品实现的满意度也就无从谈起了。

对技术实现的沟通主要应用在工程师向产品经理沟通的场景中。如果产品经理对技术的理解不够，工程师很难向产品经理讲明白自己的工作现状，当产品经理想要改变需求或者希望为产品添加新的特性时，也无法准确理解工程师对此产生的各种反应。只有拥有了坚实的技术基础，产品经理才能理解工程师对工作和任务的描述，才能把握技术实现的难度，制定更加合适的计划。

至于需要了解多少技术才算“足够”，需要产品经理和工程师慢慢磨合。产品经理若要和工程师默契配合，最重要的是赢得工程师们的尊敬。产品经理懂技术的标准并不是越细越好，产品经理要在战略上对技术有整体的把握，在战术上懂得放手，相信工程师，并锻炼好自己其他的能力。

6.2 产品经理如何与用户体验设计师和谐共处

笔者从事互联网产品运营已经超过了十年，在过去的职业生涯中，笔者经常听到各个领导说："产品的体验还不够好，产品的视觉效果还不行，产品的交互还需要改进……"这里的"体验"指的是产品的设计，虽然产品的成功与否并不全是由设计决定的，但是好的设计的确能为产品加分。

用户是"视觉动物"，因此设计对能否说服用户采取行动的影响巨大，设计决定着用户对内容的第一印象，影响着用户的消费决策和营销效果。Adobe 公司在 2016 年进行的一项调查报告表明，绝大部分受访者认可设计对企业、客户忠诚度、品牌认知度的影响。而美国设计管理协会的指数表明，标准普尔指数中注重设计的公司的投资回报率要比标准普尔指数中其他公司的投资回报率高 228%。

设计是如何影响用户心理的呢？这里举个简单的例子。

在商家开始销售演示的前 13 毫秒，潜在客户已经开始对演示片子的图像内容进行视觉上的辨别，并且开始进行情绪化处理了。

在开始理解商家介绍的东西之前，用户已经根据他的第一印象来判断商家的材料，并根据认知偏见进行过滤。

产品成不成功，看设计就知道了。产品经理通过设计可以影响、说服潜在用户。产品界面的设计运用得当的话，产品经理可以为营销节省很多的成本，甚至在还没有开始宣传的时候就赢得潜在用户的青睐。

6.2.1　用户体验设计师——产品的"独行侠"

在某些公司里，用户体验设计师由产品负责人兼任，这样的用户体验设计师具备熟悉业务、了解设计和领导团队的综合能力。

用户体验设计师不断地、积极地为用户争取利益，因为他最了解用户的问题，并知道如何在产品界面中呈现出问题的解决方案。

对于小型的创业型团队来说，用户体验设计师和产品经理可以是同一个人。用户体验设计师应该非常深入地理解业务需求和用户需求，并应该通过与其他专家合作，设计出让人惊叹的产品。

6.2.2　产品经理——产品的"所有者"

笔者曾见过很多创业公司甚至一些大公司没有聘用用户体验设计师，但产品设计水平却还说得过去，特别是当产品经理的工作重心放在产品设计端比较多，放在产品项目管理端比较少时，没有用户体验设计师仿佛并没有太大的问题，这是为什么呢？这是因为该产品经理很可能是一名愿意与客户合作，痴迷于良好设计，并且知道如何将设计文化融入到产品正确地方的产品经理。在这种情况下，设计任务通常由产品经理负责，这可以作为一个小团队的临时解决方案。随着工作的推进、团队的壮大和需求的增长，还是有必要聘用一名全职的用户体验设计师来完成工作的。

打造伟大的产品的最大挑战是要建立一个协同工作、打造惊艳产品的“设计二重奏”组合。要做到这一点，需要明确产品经理和用户体验设计师所扮演的角色。

一般比较常见且合理的角色划分方案如下。

用户体验设计师：对用户行为有着深度认知，牢记公司的商业目标，在界面中呈现公司的愿景。用户体验设计师应聚焦于评估用户体验，制定出可行的解决方案，并将团队讨论的结果用设计进行实现。

产品经理：痴迷于在最佳时机推出完美的产品，促进掌握不同技能的成员通力合作，将用户的问题和需求安排为各种任务，支持用户体验设计师的工作，并强调其重要性。

用户体验设计师和产品经理两个角色与产品的质量息息关联，用户体验设计师的工作重心在于产品创意的表达，产品经理的工作重心在于优化产品创意的执行。

6.2.3 产品经理如何与设计师合作

产品经理首先要明白设计不仅仅是界面，更是愿景和感受。很多产品经理把设计师当做“美工”，这是不合适的，这仅仅调用到设计师极少部分的智力资源。真正热爱设计的设计师，大多从很小的时候就开始学习绘画。设计师对生活的感悟和理解通常要超过普通人。不过，迫于生活、时间等原因，设计师的设计会有妥协，一旦妥协成为习惯，设计师就会展现出“工作中的设计”与“喜欢的设计”两种截然不同的设计风格。

产品经理具有在当下设计出来自未来的视觉的能力，但把这种视觉进行具象化设计的人是设计师。因此，产品经理只有将设计师看做是自己大脑的延伸，才能确保设计出来的效果和自己的目标效果一致。界面设计看起来简单，其实颜色、文字、比例、视觉强调等元素包含无数的细节，只有设计师与产品经理产生设计共鸣，才能确保设计理念有效传递。下面是产品经理和设计师对话的一个案例。

产品经理："希望能够传递出温暖、自由、简洁的感觉。不要太复杂，但也不要太空洞。"

设计师："那用一些黄色、橙色，可以吗？"

产品经理："不要拘泥于某一种颜色，好的设计应当是组合吧？"

设计师："嗯，我做做看吧"

……

产品经理："看着不错，但有点压抑。"

"那用白色？"设计师试探性地问。

"你说的白，是什么白？"产品经理接着问。

白色背景的下一版本出来了。

产品经理皱了皱眉头："界面好像太松散了，感觉不到激情。"

设计师"那么，我调紧凑一点？"

……

以上对话在产品初期必不可少。想要准确传递理念，往往需要很多次的沟通。设计是一种非常主观的活动，第一眼看上去好像是颜色的感觉不对，改了颜色之后又发现排版有问题，改了排版之后又发现插画的笔触似乎太粗糙了，改了笔触之后又发现整体的感觉与自己期待的感觉似乎有许多偏离。其实解决的办法也很简单，产品经理要帮助设计师理解需求，从产品层面去理解用户的痛点，进而使设计师产生同理心，从而使自己和设计师在产品愿景层面达成一致。

产品经理需要有这样的心理预期，那就需要花足够的时间与设计师交流。现在互联网公司节奏很快，设计师大多时候都只是被当做"美工"，这是不合理的，产品经理应该注意让整个开发团队分担设计工作，如通过整理设计范式、让产品经理参与部分元素的布局等方式，给设计师腾出时间来思考关于设计的问题。

6.2.4　设计师如何与产品经理合作

首先，设计师要明白产品经理背后的责任、挑战和艺术要求，这样设计师才会对产品经理的设计要求有新的体会。产品经理像只变色龙，不断去适应用户的需求，推出成功的产品。作为一名设计师，应该怎么应付产品经理和蔼可亲的魅力、分析数据的能力、管理团队的方式，以及他们对事情侃侃而谈的功力呢？以下内容将告诉你答案。

设计师需要明白，产品经理是协调团队推出成功产品的连接者（connector），他们一般具有以下能力：清楚的沟通能力、良好的组织能力等。每个产品经理都有自己的强项，产品经理一般要保持整个团队的平衡，确保团队特性适合手头上的任务。举例来说，设计思维较弱的产品经理会尽量避免设计为重的项目，如重新设计产品的项目，或针对使用者的需求推出新产品的项目。如果实在不可避免，产品经理会尽量与能够弥补自己设计方面缺点的资深设计师搭配。同理，目标与时间安排更加结构化的设计师，如果能与一个执行力很强的产品经理合作，可以更专注于最重要的工作。

设计师应该把产品经理当伙伴、当资源，而不是当工头，这能让设计师的工作变得更容易。设计师一般不需要特别了解产品的脉络，你的产品经理可以搞定相关工作（如果他们不行，他们会带你缠住某些内行人询问，或是直到他们找出答案为止）。想知道用户需求、业务或使用者的反应吗？找产品经理。想掌握目前项目中各种项目的优先级、最严重的bug，或某功能的基本信息吗？找产品经理。设计师要学会借助产品经理从不同的角度审视自己想出来的设计方案，并听取设计师的意见来决定从哪一个方案开始着手。

产品经理可以在脉络、数据、有见地的响应等方面提供协助，从而让设计师可以全身心地投入最具影响力的设计工作。产品经理可以帮助设计师去除周围绝大多数的干扰，使设计师专心工作。设计师千万不要害怕向产品经理开口。

在某些情况下，肯定会出现设计师反对产品经理的设计的情况，大部分时候这种状况都是正常现象，这是产品开发三大支柱（设计师、产品经理和工程师）相互制衡关系的外在体现。

以下是几种常见的分歧。

一、产品足够好了吗？可以推出了吗？由于产品能否成功、准时推出是由产品经理负责的，因此，产品经理自然有动机去推动团队达成目标，以便尽早推出产品。而设计师则倾向于打造完美的用户体验，因此会希望有更充裕的时间去琢磨、落实他们的设计。这时冲突将不可避免地出现。解决办法很简单，产品经理和设计师都不要走向极端，产品经理不能希望明天就把未完成的烂产品推出，设计师也不应该盘算用十年的时间去设计一套完美的注册流程。要想有所作为，就必须及时推出好产品（大部分的人都明白这点，但真正的争议点在于，什么是“好”？什么是“及时”？因为某些缘故，这种争论往往变成一种毫无生产力的讽刺）。产品经理该如何解决这个问题呢？产品经理应该冷静、理性地解释自己公司目前的市场地位，分析产品上线时间延后的好处和坏处；可以让权威人士来做出决定；产品经理可以征询自己和设计师双方都信任的同事的意见；产品经理可以做一些用户测试来验证假设是不是有问题。总之，只要是和理性的人工作，分歧再多也不会是大问题。

二、产品经理可以推出一种设计师觉得质量不佳，但各种衡量指标却表现得很好的产品吗？这很奇妙，出现这种情况通常是因为两种原因：第一种是设计师的观点正确，而产品经理追踪的指标并未正确地追踪用户价值（时间太短，或是信息不完整，例如追踪的某个指标表现得很好，但是其他没有追踪的指标表现得差）。如果是这种情况，设计师应该找出其他指标来证明这样的体验确实很差。第二种是设计师让自己的感受凌驾于群体之上，例如设计师出于自己的考虑，让使用者不喜欢的功能过早地出现。

三、设计师从心底不认同产品策略。笔者觉得这将直接决定设计师能否与产品经理一起工作。

只要大家对终极目标的认同牢不可破，那么再多的意见分歧都可以解决。笔者发现，将大家争论的情况录下来以后再播放给大家听的方法非常有用，在回访对话时，产品经理和设计师往往会醒悟，然后从中学习。

产品经理最在乎设计师的可靠度。

设计师需要明白，在创意的领域里没有哪种境界是可以不拼命就能做到最好的。要预测何时出现符合自己高标准的灵感很困难，设计师可能不知道一个好的设计何时会被落实，但设计师应该花时间去沟通清楚，自己做的是什么？为什么要做这个？如果继续改来改去的话何时才能完成？设计师应该分享自己正在进行的工作，解释为什么仍在探索，是什么原因让你仍然不满意。事实上，当设计师去找产品经理谈话的时候，设计师在产品经理心中的可靠度立即就上升了，因为这能让设计师更有效地去完成产品经理安排的工作。更棒的是，这能帮助产品经理了解设计师，了解他工作的方式，二者的关系将会变得更紧密。

当一天的工作结束以后，设计师不应该仅仅认同自己设计工作的目标，还应该认同团队打造的产品。

6.2.5 设计师如何从 4 个方面提升产品思维

一名管理者，提出的需求不应该是“简单，大气，国际化”，而应该是更具体的“界面需要体现出层次，且优先级明确”。一名设计师应该为每一个设计决策找到依据。这是战术层面上的战略思考，通过一些具体的点帮助我们更好地改进产品，改进产品的用户体验，提高运营效率及传播、变现的效率。专业的思维方式是一种力量。

在用户体验设计逐渐突破 UI 层面的设计并广义发展的时代，产品经理和设计师的思维模式和工作方式上的共通之处越来越多。优秀的“产品制造者”身上具有一些相同的特质：开阔的视野，对目标用户的清晰认知，能描绘出动人的远景以及持之以恒的执行能力。设计师应该从以下几个方面提升自己的产品思维。

一、对于问题的系统化思考与表述。设计师应该试着将文字表述作为设计流程开始之前的探索工具，可以强迫自己站在系统化的层面去描述要解决的问题是什么？怎样才算解决问题？为什么你的想法将是行之有效的？久而久之，设计师会发现不仅自己的设计思路变得更加聚焦，文字产出也可以帮你更好地与他人进行沟通。

二、直截了当、简明扼要的沟通。我期望的结果是怎样的？我需要对方提供怎样的协助才能实现期望的结果？如果能简明扼要地表达出这两点，设计师会节省出很多交流的时间，而且对方也能清晰、准确地理解你的意思。不要花费太多时间去营造所谓的沟通氛围，时间是最宝贵的资源，快速且准确的沟通对大家都有好处。

三、化整为零，步步为营。以某个设计方向作为愿景目标，根据产品需要解决的不同类型的问题将大的设计目标分解成若干个小的部分，并依据优先级逐一解决实现。进行解构时，原则上要尽量降低各个部分之间的依赖关系，使颗粒度尽可能的小，每个部分尽量保持独立。笔者曾经参与过复杂项目的产品设计工作，同时做太多的事着实让人头疼，一旦其中某一个部分出现问题，其他部分也会受到不同程度的牵连。反之，以合理的方式对大目标进行解构，将问题分类，记录版本变更，这些都是更行之有效的策略。

四、拓宽视野，兼顾全局。要打造对人们真正有用的伟大产品，所需要的绝不仅仅是优秀的界面。产品经理要在商业目标、产品策略、设计方案、开发资源等各个方面之间寻求平衡，而设计师应该学着拓宽视野，关注整个产品流程中的各个方面。

6.3　产品研发流程

产品是怎样生产出来的呢？本节首先介绍面向刚入行的产品经理应该掌握的产品研发流程；其次，介绍产品经理进阶阶段应该掌握的产品研发流程；最后，讲解产品研发的“独孤九剑”。

6.3.1　刚入行的产品经理应该掌握的产品研发流程

第一种产品研发流程适合从业 0 ~ 3 年的产品经理，具体的流程如下图所示。

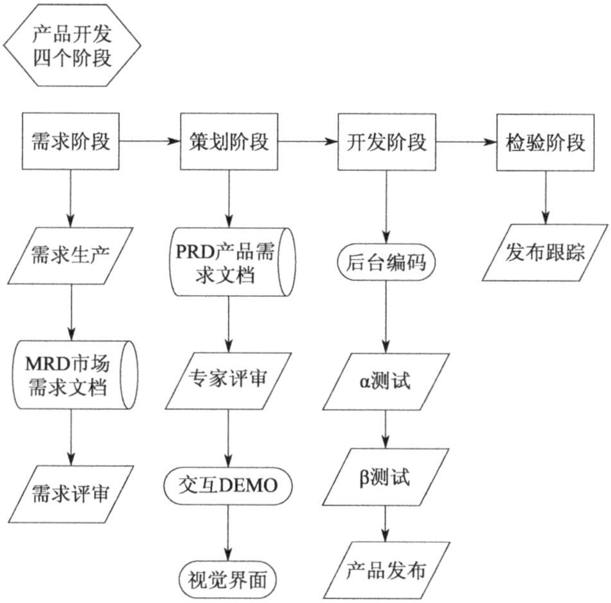

第一种产品研发流程

1．需求阶段

需求产生。刚加入产品岗位的产品经理应该知道产生需求的三种渠道：（1）用户体验设计师或产品经理通过研究市场需求而提出来的需求；（2）业务部门，如总经理、研究部、内容编辑部、客服部、展业部、市场部提出来的需求；（3）用户体验设计师或产品经理通过研究用户提出的需求，此步骤需提供用户行为报告、体验目标、用户访谈、调研的结果和流量数据等内容作为依据。所有需求都应该经过产品经理，不经产品经理的需求，技术部门有权拒绝开发，也没有人为需求负责。即使需求无需进行策划和设计，也应提交给产品经理备案。

市场需求文档（Market Requirements Document，以下简称为 MRD）。市场调研完成以后，需要生成市场需求文档。MRD 需明确传达产品的目标，指出什么样的新产品、新服务可以在市场上或者内部取得成功，以及希望取得怎样的成功。MRD 应该说明“是什么”和“为什么”，但不必写“如何”（即不包含流程图和原型图）。当产品需求为高优先级时，需求方必须提供 MRD 文档。产品需求的优先级、权重以及是否立项由项目实施委员会确定，日常需求由项目实施委员会负责人确定，非常规需求需要开会确定。

需求评审。产品经理接到显性需求后，应仔细、透彻地分析需求方的真正意图。有时候需求方的想法不一定正确，有时候正确的想法并不可行，产品经理需要进行判断；当需求出现问题时，产品经理有权提出自己的解决方法，甚至否定需求。因判断失误造成需求冲突、重复开发等情况，应该由产品经理承担责任。需求评审完成后，产品经理应该告知需求方完成产品需求文档的时间、开发中存在的困难。

2. 策划阶段

产品需求文档（Product Requirement Document，以下简称为 PRD）。PRD 侧重对产品功能和性能进行说明，相比 MRD，PRD 中的内容更加详细，并对需求进行量化。PRD 一般包含流程图、原型图等内容，使用案例等手段来对产品进行说明。PRD 需要经过一些必要的步骤，由产品经理或用户体验设计师完成。PRD 需要按照一定的规则进行编号。

专家评审。一般情况，需求方、相关领域的顾问（即有丰富经验者）、产品经理、UI 设计师和项目经理需要参加评审 PRD 的会议，若项目较大，还需要邀请总经理参与。会议必须有主持，并在会后整理备忘录或 PRD 更新说明。专家评审结束后，产品经理出具设计结果方案，需求方签字确认。工程师接到 PRD 方案后，评估开发所需要的时间，分解、安排任务。当需要 UI 方案作为辅助判断时，需明确提出。

交互 DEMO。交互设计师（Interaction Designer，以下简称 ID）根据 PRD 定稿做出交互设计方案，真实再现用户交互过程，并与产品经理、UI 设计师进行内部评审。如果公司没有 ID，此步骤由产品设计师与美工或视觉设计师口头沟通完成。

视觉界面。由美工或视觉设计师设计页面风格、布局、关键界面等内容，交由产品经理、UI 设计师、ID 进行内部 GUI（Graphical User Interface，图形使用者接口）

评审。UI 方案通过后，页面制作师开始切割页面，编写 HTML。

3．开发阶段

后台编码。在编码之前，工程师应视系统需要，进行概要设计、数据库设计，并进行内部讨论和评审，邀请顾问参与。工程师对文档不理解或有疑问的时候，需与产品经理进行沟通，以了解 PRD 的真实含义，不得以任何理由私自更改已确定的 PRD、GUI 方案。如果功能确实需要调整，工程师需要和产品经理、需求方协商完成更改。改动应出具文档，由需求方、技术经理、产品经理签字后生效。

α（alpha 最初）测试。α 测试在开发小组内部进行，测试方法包括黑盒、白盒、压力、应力等。此阶段应完成 80%以上的需求开发，测试以 PRD 为准。测试完成后，收集反馈，修复 bug，优化流程。α 测试时工程师应该在场。

β（beta 第二次）测试。β 测试应筛选并邀请一些最终用户实际使用产品，产品经理将用户发现的问题收集反馈，并提交工程师对系统进行最后的修改，之后准备发布最终产品。β 测试不需要工程师在场。

产品发布。β 测试后，PD 校验产品。如果产品与策划方案相差较大，PD 有权不接受产品，责任由开发部门负责。应将产品发布日设为里程碑，以此考核整个项目的运作效率。

4．校验阶段

发布跟踪。产品上线后，PD 或市场调研员负责收集用户操作数据，检测各个反馈渠道，筛选数据，出具用户检测报告，检验产品改进是否达到预期目标。立项产品应专门出具报告，非立项改动需在数据分析报告中体现。

这个流程是比较常规的历程，可以供刚入行的产品经理参考。

6.3.2　进阶阶段的产品经理应该掌握的产品研发流程

如果说第一种产品研发流程的目标是百万级 DAU（Daily Active User，日活跃用户数量，以下简称为 DAU），产品经理进阶阶段的产品研发流程的目标应该是千万级 DAU。

产品经理进阶阶段的产品研发流程大致分为三个阶段：策略设计、项目执行、反馈迭代。

1. 策略设计

这四个字可以拆成两个词：策略、设计。从工作内容来讲，策略设计包含两部分：需求分析和设计，即把握住用户的核心需求，并以核心需求为依据展开设计。策略设计工作一般包括以下几部分的工作内容。

需求分析。用户/运营人员会向产品经理提出大量的需求，这些需求的数量多、表意模糊，且各个需求方都认为自己的需求是最重要、最紧急的。面对如此多元复杂的情况，产品经理"淡定和理智"很重要，产品经理应该在整理并仔细分析需求后，主动联系需求方核对、商讨，弄明白需求背后的真实意图是什么。将需求分析透彻是一切后续工作的基础和保障。

场景分析。产品经理在进行产品设计之前应该进行用户画像，充分考虑产品目标用户群体的操作习惯和思维方式等内容，其中，产品的使用场景是产品设计时应该重点考虑的因素。

需求管理。需求量大、需求紧迫是每个产品经理都会面对的现实问题，将所有需求在短时间内全部实现是不可能完成的任务。因此，对需求设定优先级，采用迭代增量式的方法实现需求是比较合理的方案。在设定优先级时，应该综合考虑需求的迫切程度、各部门的战略位置、公司的技术资源等一系列因素。

原型设计。用户需求最终都要可视化，抽象的需求最终要反映在具体的产品形态上。产品经理可以借助 Axure、Sketch 等原型工具，将抽象需求具体化、图形化，让需求真实、可见。

信息架构。信息架构主要是为信息与用户之间的认知搭建一座畅通的桥梁，是内容直观表达的载体。简单说，信息架构就是研究信息的表达和传递。信息架构是设计信息的组织结构。一个合理的信息架构可以呈现信息的层次，筛选有价值的信息元素，将信息简洁、直接地传达给用户，让信息与用户相互适应以达到最佳平衡。毫不夸张地说，良好的信息架构远比华丽的页面结构有价值得多。

视觉设计。产品经理负责设计产品的结构模块和信息元素，UI 设计师负责产品的视觉设计。视觉设计犹如"装修"，对产品经理设计的线框图/原型进行润色、美化、调整，以产出极具美感的产品。UI 设计阶段有两大规则：①产品框架结构不能偏移原型设计，视觉设计应结构清晰、模块分明、层次协调；②视觉设计不能被遗漏或篡改产品内容信息架构，视觉设计应一字一眼、毫无误差。

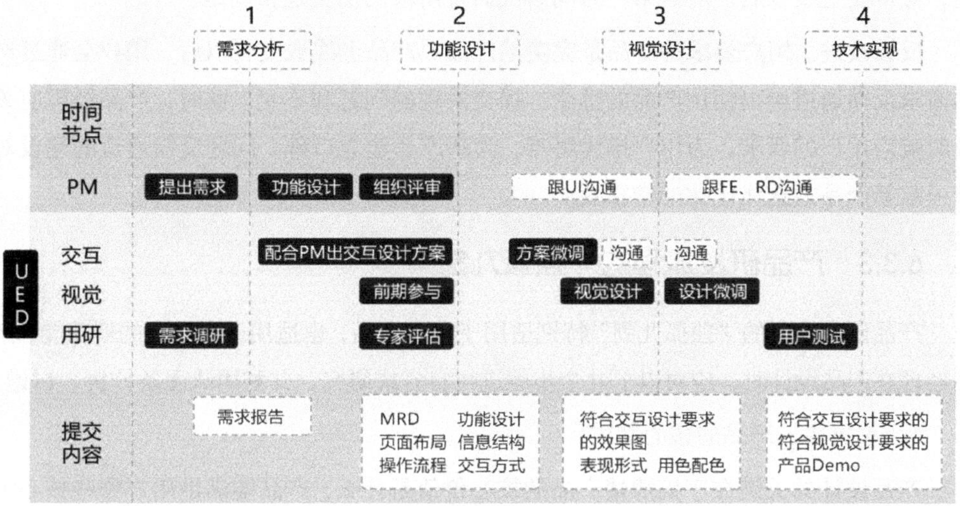

视觉设计流程

2. 项目执行

产品路径规划是前提，需求实现是关键，需求只有被实现才有意义。在用户眼中，可用、好用的产品最终展现在面前才具有价值。因此项目执行异常重要，项目执行包含以下内容。

项目追踪。技术研发过程中，各参与人员在产品的理解上必定存在不同程度的偏差，对此，产品经理要保证"需求"的真实、准确，确保最终的产品高度还原了最初的产品设计思路。产品开发过程的追踪是产品经理对产品实现进程的管控，目的是确保产品能如期上线。

产品验证。完成产品技术性开发之后，接下来的工作就是正式上线了。技术实现与产品设计之间是否存在偏差？技术实现的产品业务逻辑是否存在错误？研发完毕的产品与产品经理的设计初衷是否一致？不管是理念方面，还是业务逻辑设计方面，产品经理都需要对产品进行验证，只有经得起反复检验的产品才是真正的好产品。

3. 反馈迭代

产品上线或交付给用户以后，产品经理的工作貌似就可以告一段落了，但事实上并非如此。产品交付以后产品经理还需要注意以下两个问题。

实现偏差。技术实施过程中，必然有些需求因为现实的局限性被耽搁或者简化实现，等产品上线以后，应该第一时间解决研发阶段的历史遗留问题。

反馈改进。用户要求的产品是完美的产品。产品上线或交付以后，用户会通过产品需求反馈通道给出使用产品的感受，提交发现的问题和不足。此时，产品经理应该及时响应用户的所求，为用户排忧解难，为新产品建立口碑。问题反馈通道的建设对于一款新产品的迭代优化非常重要。

6.3.3 产品研发流程的“独孤九剑”

产品研发流程的“独孤九剑”特别适用于大型产品，也适用于产品中的新功能。产品经理在产品设计时，应对以下九个步骤进行自省式研究，并和团队逐条分析、讨论。

1. 总决式：产品的核心需求

产品设计的关键在于搞清楚产品的核心价值是什么，产品能满足用户哪些核心需求。实践中，很多产品经理经常忘记这一点。

我们经常听到“微博要加强 SNS 属性”“微信要打通 O2O”“社区信息要流动得更快”等内容，这些是典型的忘记了用户需求的例子，所有这些提法都是“想当然”，没有站在用户的角度进行思考。

仔细分析“满足用户需求”这句话，会发现这其实是很虚无缥缈的一句话。首先，用户是一个虚拟群体，产品经理找不到一个具体的人代表用户；其次，用户很可能根本不知道自己想要什么。用户在实践中总是被三种人代表：产品经理，产品经理的领导，假想的典型用户。

用户需求永远是被具有天赋的人才捕捉到和创造出来的。就像明年时尚界流行什么东西，那些奢侈品消费者、时尚评论家是不知道的，只有天才的设计师才能引领未来。

大部分人不需要像乔布斯那样去发明一台 iPhone，作为产品经理的你如果需要去做一个有新功能的产品，或者设计一个新玩意，有两个比参悟“用户需求”更切实的做法。

① 疯狂地热爱你的产品；

② 尝试去解决你遇到的最大痛点。

一个产品经理最基本的特质就是要热爱自己的产品。如果你不热爱自己的产品，笔者建议你立即更换公司，找到自己喜欢的产品，哪怕少拿一半工资，也要义无反顾。

“独孤九剑”总决式的要点是“一个核心需求”，特别注意是“一个”。产品经理永远不要妄想颠覆现有的产品，或者增加一些自己觉得挺时髦的新功能，只有抓住“最核心需求”，一点一滴地去改进，一个百分点一个百分点地提高，才能由量变转化为质变。

2．破剑式：产品的独特性

如果步骤一是解决产品“有什么用”的问题，那步骤二就是解决“别人凭什么用”这个问题。“别人凭什么用”这个问题看起来简单，其实并不然，很多产品经理经常忘记“用户需求”，某些大型公司甚至有高达 90%的产品经理不会考虑“别人凭什么用我的产品”的问题。

为什么这么多产品经理不考虑“别人凭什么用”的问题呢?这是因为大型公司最大的优势就是有钱、有人、有技术、有用户，能够把一个经过市场证明有需求的产品迅速推到用户面前，同时带给用户不算差的体验。

大型公司的产品与生俱来的优势成为了大型公司内部产品经理习以为常的“制胜法宝”，这些产品经理不需要考虑产品定位，从而导致最大的优势最后变成了劣势。

国内互联网很常见的产品形态，从新闻、门户、电商、视频等网站，到各种 App、SaaS、社交软件、内容媒体、手机，绝大多数都是无差异性的竞争，因此很少有人考虑“与同类产品相比，自己产品的独特性是什么”，而那些后发胜出者，都对这个问题有着深刻的理解。

按照孤独九剑的第二式，请你思考，微信“朋友圈”这个功能的“独特性”是什么。

当微信在设计“朋友圈”这个功能时，一定考虑了“朋友圈”和微博、Qzone、人人网等产品相比较的独特性。在 SNS 产品同质化那么严重的情况下，微信的一个二级功能如何胜出？独特性在哪？肯定就是产品经理需要解决的首要问题。

笔者个人认为，“朋友圈”这个功能的独特性就是“虚荣心”，因为社交的本质就是“内心焦虑的交流”，人与人从相识一步步发展为朋友、密友，甚至情侣、夫妻，关系逐渐深化的过程，就是交流一步步不断彼此分享的过程。

用户发布朋友圈消息，然后查看自己的动态被谁点赞，被多少人点赞，这一过程就是“虚荣心”得到满足的过程，这种小小的虚荣心令用户每天不停地发布朋友圈消息，不停地点开朋友圈。

3．破刀式：分解用户

第一式解决的是“产品有什么用”的问题，第二式解决的是“别人凭什么用”的问题，第三式到第七式解决的是“如何让产品更好用”的问题，如何让产品更好用的关键是产品经理要把自己当做用户，站在用户的角度进行思考。

天才能够洞察用户需求，但天才洞察用户需求的能力也要有一个成长的过程，乔布斯就是从一个又一个失败里不断成长的。把握用户需求就好像佛陀的证悟：削一个苹果，削到最后，发现是空，于是悟道了。用户需求原来是一本无字天书，要领悟，需要有一个“削苹果”的过程。

分解用户、成为用户的过程就是一个“削苹果”的过程，这是一个产品经理必不可少的修炼。不同的产品，不同的维度，有不同的分解方法。在分解初期不用太复杂，但注意不能脑子里只有一种用户，否则就不是削苹果，而是削石头了。产品经理要按产品的核心价值，用最粗的线条对用户进行分类。常见的分类形式有以下几种。

PGC 产品：看的用户，写的用户。

社群产品：浏览用户，发帖用户，内容编辑。

B2C 产品：浏览用户，交易用户。

电子商务产品：卖家，买家。

新产品：种子用户，成长用户。

老产品：初期用户，成长用户，衰退用户，流失用户。

分解用户过程的核心是抓住那些最重要的角色。需要特别指出的是，角色的划分和产品的运营程度有关，已经处于运营成熟期的产品，角色需要分解得更细。以微博为例，微博的用户可以按使用方式、生命周期把角色分为 *X* 轴和 *Y* 轴两维，如把用户按照使用方式划分，可以分为浏览信息的用户，发布信息的用户，这两类还可以进一步细化，比如将发布信息的用户再分为未认证的个人、认证的个人、大 V、企业、媒体等。按生命周期可以将用户分为种子期用户、初期用户、成长期用户、衰退期用户、流失用户等。当我们把 *X* 轴、*Y* 轴进行相交时，就可以得到很多的角色，将上面列举的微博角色相交就能得到不少于 20 种角色。当然，有一些角色是无意义的，很少有产品需要关注分解出的全部几十种角色，大部分情况下，我们只关注最重要的几种角色就可以了。

4．破枪式：变成用户

在分解完角色后，产品经理需要把自己代入角色，分析角色。

马化腾说过："产品经理要有瞬间变成小白用户的能力，变化所需的时间越短，说明产品经理的功力越深。"

在分析细分的每个角色时，首先需要回答以下两个问题。

问题一：该角色为什么会使用这个产品?

问题二：该角色怎样知晓和接触这个产品?

回答问题一时，需要从用户的核心需求开始分解。用户的核心需求就是一级需求，一个产品只会有一个一级需求，除了一级需求，用户还会有二级需求，在二级需求之下甚至还有三级需求、四级需求等。比如微博的用户浏览微博，这就是一级需求（浏览），除了浏览，用户还有二级需求——发微博（表达），发微博时的各种插入功能就是三级需求。当分析微博用户的核心需求"浏览自己关注的信息"时，第一个被分解出来的角色应该是"浏览用户"，在回答"浏览用户为什么会使用这个产品"时，我们发现，浏览行为产生的原因是存在"发布信息的用户"，用户为什么会布信息呢?当对微博的用户角色和该角色为什么使用这个产品的原因进行层层分解后，我们会发现，微博用户是有多层次的需求的，主要包含以下几项内容。

① 获取信息的需求；

② 表达的需求；

③ 社交的需求；

④ 自我实现的需求。

这些需求呈金字塔形排布，需求对应的用户数量逐层递减。最顶端的需求是"自我实现的需求"，有这一项需求的用户角色是微博的"大 V"。他们在这个平台上的目的是实现自我价值，于是他们制造了最优质的信息，决定了整个微博的生态环境，这就是微博和其他产品相比的独特性。最底端的需求是"获取信息的需求"，这些角色是微博的主体用户，他们真正代表了微博的全部，包括商业化的梦想和未来的发展。

"角色怎样知晓和接触产品"是一个产品运营方面的问题。好的产品离不开运营，很多产品都是以运营取胜的。微博在发展初期，为了请一个潜在的"大 V"，甚至派专人去香港出差两周，就为了送给该名人一部 iPhone，教会他用手机登录微博。能够准确地洞察自己最核心的用户如何知晓和接触产品，并开展有执行力的操作，这是微博成功的关键。

微博的例子告诉我们，在差异化竞争中，只要在产品或者运营上拥有一个与众不同的点，并把这个点发挥到极致，让竞争对手望尘莫及，那就能在市场上获得成功。

5. 破鞭式：确定角色成就

每一类角色如何在使用产品过程中不断成长，不断得到满足，这是产品持续成长的关键。关于这一点，绝大多数的产品经理都陷入了一个误区。简单直接的会员、积分激励被国内的产品经理当做屡试不爽的手段，并发扬光大。会员激励中的创新层出不穷，根据其发展历史，甚至可以写一部中国互联网创新史。经典的例子有：QQ 的升级制度，点亮各种图标；网游的各种称号、徽章、道具；工具类产品的积分、扩容、世界排名等。没有用户积分类激励的产品，如微信，反而成了另类。

正是这种特别适合人类心理特点的短、平、快手段，让很多产品经理忽视了产品的核心，很多产品经理陷入了产品过度游戏化的误区。一个产品最重要的成就是用户在核心需求被满足时获得的成就感，当无关的激励干扰到用户的核心需求时，用户的成就感会降低。

免费的网游、搜索引擎、淘宝因为其核心用户的成就感直接与最敏感的指标收入强相关，所以是世界上把核心用户成就感做得最优秀的几类产品。

盈利运营模式不清晰的产品没有敏感的量化指标，如果此时产品经理又忽略了用户的核心需求，过度的游戏化，次要角色的成就感就会喧宾夺主，比如微博对浏览用户的一些干扰式激励。所以，这一步的关键是关注产品的核心用户的核心需求，让核心用户在核心需求上获得核心成就。在角色分解上，微博的二级需求角色，即“发布信息的用户”的角色成就感的一些点做得是非常优异的，特别是评论模式和粉丝概念的创新，远远胜过 Twitter，因此在产品上奠定了后发制胜的根基。对于微博这种可以分解出几十种角色的产品而言，在梳理各种角色成就时，把握整体与局部之间的关系，对产品经理来说是一个重要的课题。

6. 破索式：需求满足的关键点

将每类角色从“获知产品，使用产品，需求得到满足，离开，回归”的整个过程进行分解，描绘出关键步骤和关键页面的过程，是考验产品经理的执行功力的关键内容，产品经理能不能把这一步做好，和天分无关，只和是否努力、是否用心有关。对整个用户需求满足的过程控制得最好的是电商类企业。原因很简单，因为每一步都是钱。优秀的电商企业，如天猫、淘宝、京东，产品经理对用户从哪来、如何使用产品、为什么离开、为什么再回来，有清晰的认识和明确的量化指标。

因为产品经理很明白，一个关键点做好了，收入会上升；一个关键点没做好，收入会下降，这直接关系绩效奖金。这就是有清晰的商业模式的产品的优势，这类产品商业价值的高低和用户需求成正比。搜索和电子商务都有最好的商业模式，即在满足用户的一级需求时，把商业价值实现了。商业价值和用户需求都能找到“收入”这一敏感的衡量指标。用户体验做得好，收入就上升，用户体验做得差，收入就下降。世界上没有比这更有效的提升用户体验的激励手段了。

一个最简单的 B2C 新产品，至少有四种最简单的角色：

① 浏览用户；

② 交易用户；

③ 种子用户；

④ 初期用户。

对这最简单的四种角色描绘“获知产品、使用产品、需求得到满足、离开、回来”的过程，可能就有二十多个关键点，十多个关键页面。产品经理“削苹果”，削到最后会发现苹果没了，自己变成了用户。

7．破掌式：提升关键点的转化率

当产品经理把二十多个关键点找到，那如何提升每一个关键点、每一个关键页面的转化率，就是阶段性的目标。

笔者任职淘宝母婴产品的产品经理时，为了了解新用户是怎么进来的，自己注册了 100 多个账号，以观察注册流程有什么可以提升的关键点。所以，一个普通的产品经理，在每一个关键点上都要尝试数十遍，这样才可能找到感觉，找到提升转化率的有效方式。很多人都听过“多点击一次会导致用户量损失一半”原则，虽然不同的产品实际损失率不一样，但基本每种产品的损失都是一个可观的数字。

在“普通角色使用产品”这一最核心的关键点上，门户、搜索、IM 等产品都用了至少两个页面，门户产品使用了首页和内容页，搜索产品使用了首页和结果页，IM

产品使用了好友列表页和对话框。

电子商务的用户需求链比较长，用的页面更多。但 Facebook、Twitter 只用一个页面就满足了用户的核心需求，把转化率提升到了最大。

永远不要以为转化率已经做到了最高，也许换一种方式，你就能带来一场革新。

Twitter 的左右分栏式改版就是针对用户核心需求厚积薄发的创新。在这个时代，更多的前人没有涉及的领域正等待产品经理去开拓。

8．破箭式：形成闭环生态

上一步的阶段性目标完成以后，在第 8 式产品经理要静下心来考虑闭环问题。闭环就是产品自我成长的循环。淘宝的信用评价体系就是一个闭环。

买家购买产品，商户提供好的服务获得好评，得到好评以得到更多的新买家，新买家又购买产品，商户又有机会得到更多好评，这就形成一个循环。产品经理的工作就是发现、设计闭环，确保这个闭环的顺利运转。在这个闭环中，差评是这个闭环的杀手。

UGC（User Generated Content，用户原创内容，后文简称 UGC）产品也常常是一个闭环。用户发布优质信息，优质信息吸引新用户，新用户也发布优质信息，更多新用户被吸引来形成一个闭环。垃圾信息发布者、Spam、低质信息等是这个闭环的杀手。对于很多 UGC 产品，产品经理费尽心思使它正常运转，但信息质量的降低会像病毒一样蔓延到整个循环中，让产品枯萎，最后死亡。

以前很多产品不是闭环的，比如支付宝、词典 App，IE 浏览器、Flash 小游戏、微软办公软件等。对于这些产品，用户量的增加并没有带来产品的自我成长。不同的是，现在很多工具类产品也找到了自己的环，如各种输入法，随着用户越多，输入法越好用，用户增长与产品体验提升形成了一个良性循环。在移动、云、大数据时代，更多产品形成闭环成为了可能。

只有形成产品生态闭环，这个产品才能自我成长，进化成一个生态有机体。很多小闭环，最后会组成一个大闭环，很多个大闭环最后有可能进化成一个生态系统，比如阿里、百度、腾讯，其实都是一个生态系统。

多个生态系统有可能进化成一个超级生态系统，比如阿里正在干的事。当然，生态系统这个词是战略家或评论家喜欢的用词，产品经理只需要关心那些小闭环，拨动、调理那些击中用户痛点的环即可。

9. 破气式：小步快跑、迅速迭代

Google、阿里巴巴面试产品经理时，经常不约而同地出同一道试题：产品到了预定发布日期，却发现还有功能不完善，你是选择上线呢，还是继续打磨，直到令人满意再上线?你的答案是什么?

如果听过马化腾和张小龙的演讲，你会注意到，这两个人会强调一个原则：小步快跑，迅速迭代。也许，这就是成功的产品经理的秘密，成功的产品经理深知机会错过了，就再也没有了。迅速迭代只是一个手段，目的是更好地满足用户，所以产品升级要给用户一个超出预期的体验，要让用户盼望、等待升级。

没有什么是恒定不变的，世界变化的速度太快，要削多少个苹果才能证悟用户需求呢？规范的产品流程不是为了约束产品过程，如果拘泥于具体的要求，将失去流程的初衷；产品流程是为实现优质的产品需求提供服务，是产品实现过程的参照物，是一个目标，更是一种信仰！

6.4　产品经理实用工具指南

产品的规划、设计、实施以及验收等是一个产品诞生的不可或缺的重要步骤。表述一个产品的架构，实现良好的用户体验需要优秀的工具进行协助。

下面就向大家介绍产品经理常用的工具类软件。

6.4.1　思维导图类

XMind 是一款非常实用的商业思维导图(Mindmap)软件,它的功能跟 MindManager 相似,不过,XMind 能快速变更导图的类型,而且软件的操作要比 MindManager 便捷,所以在日常工作中使用得更多一点。

对于会议记录、创意记录、思维导图绘制、小型项目管理，MindManager 则是一大利器，MindManager 更有条理，结构清晰，上手快速，输出格式多。MindManager 的优势在于其模板很丰富，可以设计出非常华丽的思维导图，笔者一般是在正式报告时才会考虑使用它。

百度脑图操作简单，随处都能够拖曳，支持云端存储，文件在任何地方都可以打开，并且它还支持一键分享功能。除基本功能外，百度脑图还支持 XMind、FreeMind 文件的导入和导出，还能导出 PNG 和 SVG 格式的图像文件。

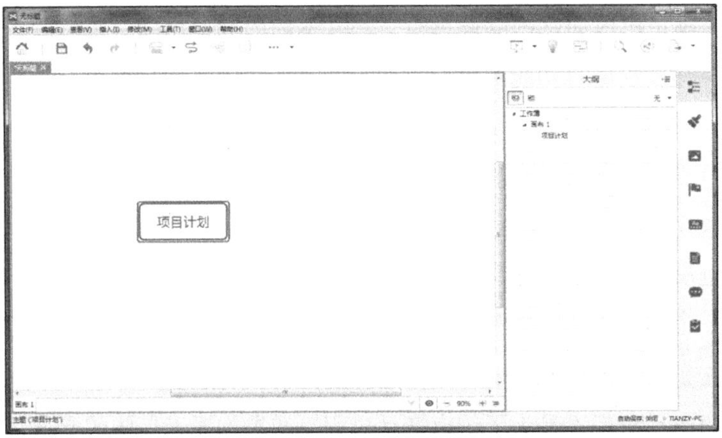

XMind 的界面

6.4.2 流程图类

Microsoft Visio 是比较常用的流程图类工具，使用它可以很方便地完成各类流程图、结构图、网络图的绘制，其自带模板也非常丰富。

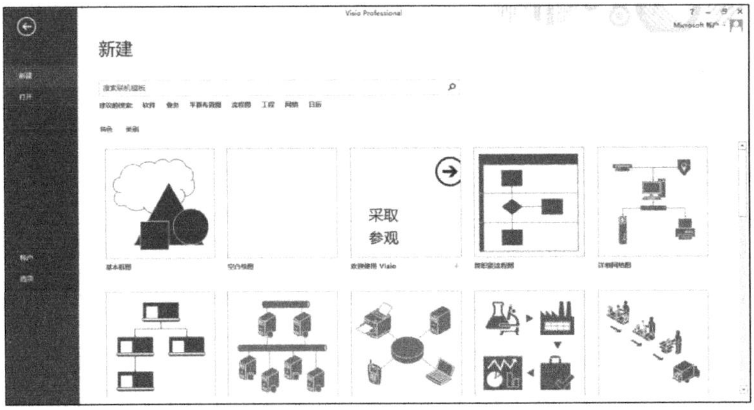

Microsoft Visio 的界面

ProcessOn 是一个面向专业领域的作图工具和社交网络。ProcessOn 的目标是将全球的专家顾问、咨询机构、BPM 厂商、IT 解决方案厂商和企业用户紧密地连接在一起，提供基于云服务的流程梳理、创作协作工具，帮助用户与同事、客户协同设计，实时创建和编辑文件，并实现更改的及时合并与同步，使跨部门的流程梳理、优化和确认可以即刻完成。

ProcessOn 专注于为作图人员提供帮助，利用互联网和社交技术颠覆了人们梳理流程的方法和习惯，继而使商业用户获得比传统模式更高的效率和回报，改善人们创作流程图的过程。

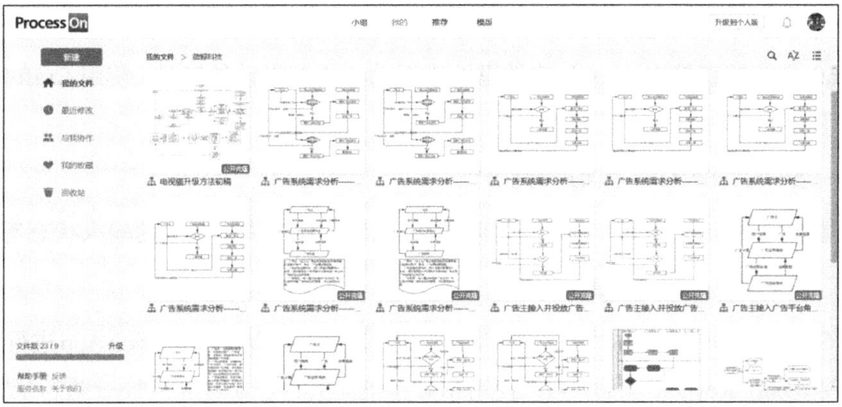

ProcessOn 界面

6.4.3　交流沟通类

画声（画笔标注、多语音注释的精准沟通及涂鸦工具）是笔者大力推荐一款新的沟通工具，笔者第一次接触它后就再也放不下了。利用画声和客户沟通起来极为方便，画声专注于解决办公、商务环境里出现的沟通问题，用画笔、文字、声音、图片等形式帮助设计师理解客户的真实需求，帮助客户传达最精准的设计意图，减少设计互动中的沟通障碍，提高工作效率。

6.4.4　原型设计类

Axure PR 作为快速原型制作工具，可以很方便地通过拖曳 Widget 的方式来完成产品原型、交互演示的设计，并可以标注详细的开发说明，输出 HTML 原型或 Word 开发文档。笔者建议产品经理用 Axure 来设计 PC 类 Web 产品的原型。在 PC 类 Web 产品设计领域，Axure 几乎是最强大的原型工具，笔者从 2007 年开始一直使用 Axure，2010 年开始带团队，又要求产品团队使用 Axure 制作产品原型，后来团队中来了一名 Axure 高手，用 Axure 做出来的交互效果简直令人叹为观止。

Axure 最大的缺点就是不太适合进行移动产品的原型设计。在手机上很难预览和测试 Axure 导出的 HTML 页面；在电脑上做出来的移动产品原型，做好以后不能在手机上预览，这是 Axure 的致命伤。

Axure 是以页面为单位组织元素的软件，强调页面直接的跳转。

Sketch 是一款轻量、易用的矢量交互 UI 设计工具，其非常适合移动端。制作移动端动态原型有一个原则：快速。如果在这个阶段浪费太多时间，那将会得不偿失。

Craft 是能够直接在 Sketch 软件里面进行动态原型设计的工具。使用 Craft 的最佳实践如下。

第一步：在 Sketch 里面进行设计。

设置初始界面，定义不同界面之间的跳转，Craft 提供了基本的输入状态等。

第二步：使用 Invision App 体验。

在 Sketch 里面做好基本的页面跳转和动态效果之后，可以使用 Invision App 进行预览。如果需要呈现在 Keynote 上面，可以使用 Mac 系统提供的 QuickTime Player 进行录屏。

经过以上两步，我们就把一个想法快速变成一个可体验的动态原型了。

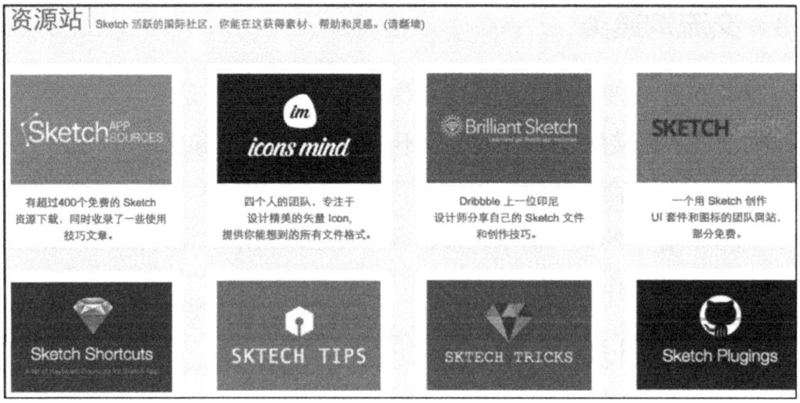

Sketch 资源站

6.4.5 需求、功能提炼交流类

Keynote 是苹果公司为乔布斯量身定做的演示软件，Keynote 在国外被大量用来做移动产品原型设计。

Keynote 可以导出可点击的 PDF，无论是 iOS 还是 Android 上的 PDF 阅读软件，都可以用来全屏操作产品原型，这非常便于产品经理寻找最终产品的感觉，特别是 Keynote 可以在 iPad 上直接展示，对真实产品的操作的还原度非常高。

Keynote 支持丰富的动画效果和场景切换，特别适合用来模拟移动产品的交互效果。

当然 Keynote 也不是没有缺点的，截至本书完稿时，Keynote 尚不支持对 slide 命名，对于大型的产品原型来说，设置 slide 之间的跳转会很麻烦，现在国内用 Keynote 做产品设计还不常见，国内用 Keynote 演示产品逻辑的比较多。

6.4.6　电子文档制作及阅读类

在立项报告或商业计划等文档撰写方面，Office 2010 的用户体验要优于 WPS、OpenOffice 等软件，而且从公司内的传阅上来说，Office 也是最便捷的工具。从版本上，笔者强烈推荐 2010！

Adobe Reader 是用来阅读 PDF 格式的阅读器，PDF 是一种国际通用的标准文档格式，如果需要将文档传送多人阅读，但不希望文件被修改、并对文件加密，可以在 Word 等软件中直接另存为 PDF 格式，目前很多软件都支持另存为 PDF。

CAJ 全文浏览器是中国期刊网专用的全文格式浏览器，支持中国期刊网的 TEB、CAJ、NH、KDH 和 PDF 格式的文件。CAJ 全文浏览器可用来阅读网上的原文，也可以阅读下载的中国期刊网的文章，并且打印效果与原版的效果一致。

6.4.7　图像处理类

产品经理也要学会进行一些简单的图像设计与处理的工作，熟练使用 Photoshop，将为产品经理的工作带来许多便利。

6.4.8　项目管理类

Office Project 能够了解和控制项目的日程，并利用图表和图示。借助“项目向导”这一交互式逐步辅助工具，产品经理还能快速掌握项目管理流程，设置项目，管理任务和资源，跟踪状态，报告项目信息。

使用 Excel 和 Visio 生成的基于 Project 数据的数据透视表视图、图表、图形和图示，可以很轻松地自定义报表模板，并与其他 Project 用户共享。通过“日历”界面的新增功能以及增加的三维甘特条形图，可以创建视觉效果更强的图标。

利用 Office Project 能够快速提高工作效率，更好地组织工作和人员，从而保证产品项目在预算内按时交付。

6.4.9 测试工具类

Firebug 集查看和编辑 HTML 文件、JavaScript 控制台、网络状况监视于一体，可以说是开发人员必备的扩展工具之一。Firebug 可以从各个不同的角度剖析 Web 页面内部的细节层面，给 Web 开发者带来很大的便利。

6.4.10 用户需求调研类

对于用户需求调研类工具，笔者推荐纷享销客 CRM。

产品经理在优化产品的每项功能时，必须了解用户的需求与产品使用反馈。用户需求调研工具能够帮助产品快速收集到大量用户的真实意见。纷享销客 CRM 是一款用来对企业客户信息进行收集、管理和维护的表单工具。产品经理可以用它在线设计信息收集表单，收集用户数据。

纷享销客 CRM 会利用收集到的数据自动生成数据报表。相较其他在线表单制作工具而言，纷享销客 CRM 能够将表单收集到的信息与客户的“联系人信息”打通，非常有利于沉淀有效数据。

6.4.11 产品灵感速记类

对于产品灵感速记类工具，笔者推荐印象笔记。

印象笔记可以创建文本和手写笔记，还支持拍照上传、剪辑网页上的文章，随时记录，随时搜索，随时保存。用户无需跳出应用，即可基于笔记展开讨论，共享工作笔记本，合作完成团队目标。目前，印象笔记已经覆盖各个平台，从 Web 端到移动端一应俱全。

产品经理日常工作过程中应用到的各类软件还有很多，上面只是罗列了一些重点软件。软件并不是越多越好，当你将一个软件使用到极致时，一个工具就能解决几乎 90%的问题。产品经理可以根据自己的工作需要选择最适合自己的工具，提高产品设计和开发的效率。

6.5　6 个提升产品差异化的方法

6.5.1　用产品经理的思维方式提需求

产品经理自身要学会提需求，只有提出了合适的需求，并满足用户的需求，产品才能创造出更好的创新性体验给用户。提出好的问题是产品经理的一项非常重要的技能。以下是一些笔者认为非常有用的经验！

1. 开始

首先不要担心自己会问出愚蠢的问题或者不好的问题，会提问的第一步是敢于提问，笔者实际上总是问出愚蠢的问题或不好的问题。

本节列举的各个策略不是关于“在提问之前你必须要做的所有事情”，而是“一些可以帮助你提出更好的问题并得到想要的答案的要点”。

2. 何为好问题

我们的目标是提出易于回答的关于产品创新性需求方面的问题。我们时常碰到知识渊博并且这些知识也是我们想知道的人，但他们并不知道如何向我们解释。如果有一系列好的问题，那么就可以帮助解答的人将他们所知道的内容有效地解释给我们听，并引导他们说出我们感兴趣的东西。我们上小学时就有这种感知，有的老师知识很渊博，但是就是讲不出来。产品经理一定要把这些好货挖掘出来。

3. 说明你所知道的

这是笔者最喜欢的挖掘需求的技巧之一。这种提问方式一般是抛出问题“说明到目前为止产品经理对这个需求的理解”，被提问者要阐明自己的理解并不容易（需要时间思考自己所知道的需求点，并澄清自己的诉求），但这种方式得到的结果非常有价值，被提问者可以有针对性地做出解答。

4. 问答案是事实的问题

笔者喜欢问那种答案是一个直截了当的事实的问题。例如，在产品用户调研中，可以问以下问题：每天打开某 App 多少次？分别是在什么时候打开的？当被提问者收到这样具体的问题时，并不总是乐意回答，但他们至少理解了提问者感兴趣的问题是什么。笔者并不想知道如何使用 App 跟人聊天，笔者就是想了解一些 App 的使用场景。

5. 真诚地说出自己不明白的地方

当用户向笔者解释某件事时，他们会说一些笔者不明白的诉求。例如，有人向我解释一些关于支付不成功的问题，并说“我在支付页面没有发现某项内容，因此无法实现某些目标。”笔者不知道 “某项内容”，所以需要提问了。

6. 提出问题以揭示不明显的内容

更高级的提问形式是提出问题以揭示不明显的假设需求或知识。这种问题实际上有两个目的：第一，得到答案（可能这个用户知道其他用户不知道的信息），但也要指出，这里有一些隐藏的需求信息，并且共享这些需求信息是有用的。第二，启发思路，由开放式问题启发新的思考点。

7. 问题也是巨大的贡献

产品经理必须明白，产品经理不仅仅是问题的回答者，更是问题的提出者，产品经理只有不断发现并提出有价值的问题，产品才会有更好的体验。

有价值的问题可以为产品做出巨大的贡献。笔者在知乎上提出过一些关于产品的问题，并在评论区进行讨论。很多人告诉我，他们真的很喜欢这些问题，笔者认为自己的问题不仅帮助了自己，也惠及了很多产品经理。

6.5.2 打造差异化功能

差异化功能是产品设计中应该首先考虑的一个切入点。每个产品经理都想挖掘出用户的一个新的痛点，设计出一个竞品没有的功能作为亮点，进而征服市场。但是在互联网发展成熟的今天，市面上琳琅满目的产品已经基本能满足了人们衣食住行的各个方面，就连很多小众场景的需求也都已经被满足。因此，想要挖掘出一个新需求，产生一个新功能并不太容易。

产品的差异化更多地体现在产品功能层面。例如，美图工具在滤镜功能和美化功能形成差异化；微信通过通讯录、QQ 好友导入熟人，形成即时互动来形成差异化，而陌陌则将“附近的人”功能放大，做成一个主功能来形成差异化。

6.5.3 产品运营的差异化

产品运营也能决定一个产品的差异化。例如，微信运营侧重的是熟人邀请，口口相传；陌陌运营侧重的是制造话题，吸引眼球。

如何做出差异化？其实最关键的是创造新概念。差异化运营，就是新概念运营。同样的产品，不同的运营概念会得到不同的运营结果。如何提出一个新概念呢？首先要考虑这样一个问题：现在什么东西会大卖？“现在”是指所处的时代；“什么东西”是指新价值概念；“会大卖”是指让人们感到开心的价值。这是分析一个概念的标准程序，要时刻问自己“在这个时代，这样的价值观念能成为卖点吗？”

新概念的提出，必须要先把老旧的概念换掉。历史上，就有很多成功的案例。

案例 1：拍立得相机。

旧概念：相机。

新概念：卖的是 10 秒就洗好的照片。我们卖的不是相机，而是 10 秒钟的时间。这就是一个新概念，也是一种新营销。

案例 2：艾维斯租车。

旧概念：老二没有老大厉害。

新概念：老二比老大更努力。因为我们是老二，所以我们会比第一名的赫兹租车更努力。通过新概念，赢得了大家的认可和赞誉。

现在这个时代，是一个创新的时代，产品策略要顺应时代。产品不再是改善（make better），而是要创造（make new），也就是从“这个”变成“这样”的过程。改变价值观念，就会有新事物产生。这里以王老吉为例进行说明。

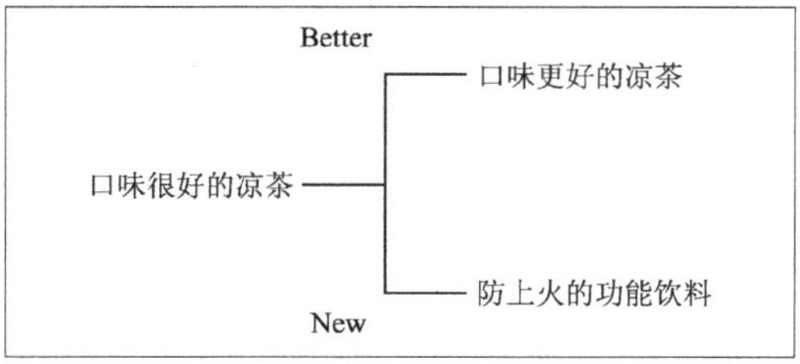

这个：口味更好的凉茶。

这样：防上火的功能饮料。

差异化自然而然就出来了。

6.5.4 产品使用场景的差异化

基本功能具备以后，由于目标用户的不同，可以从用户的使用场景出发，设计出与其他竞品不一样的操作流程。相比新功能，优化用户的使用流程，设计出让用户更舒服的使用方式，或许能让你的产品脱颖而出。

另外，从细分场景中切入也未尝不可。从用户的一个完整的体验流程中，瞄准其中的一个细分场景，将其作为产品的核心体验。再在这个细分场景中相比其他相关竞品，从更加细化的场景中切入，从而不断细化自己的竞争优势。

6.5.5 情感化设计差异化

加入情感化设计也能使产品形成一定的差异化。但是若把情感化设计作为产品的关键差异竞争，那可能就会有点危险了，毕竟情感化设计只是锦上添花。

6.5.6 产品战略定位差异化

如果能从大的方向解决产品差异化，那么很幸运，后续的一些细化产品工作会很好做，比如互联网的东西逐渐介入传统领域，弥补互联网的空白业务领域，代表性的案例有互联网+医疗，互联网+金融，互联网+法律等。

如果产品方向上差异化程度比较小，那么可以从定位上面考虑，比如都是互联网+汽车领域的产品，并且都做汽车服务市场，如果当前已经存在的定位是洗车、装饰方向的产品，自己的产品定位就可以设置为“维修保养+汽车金融”。

若想做到以上六点，产品经理还需要提高自身修养。

首先，产品经理要认清现状，要认识到现有商品滞销的原因，这个阶段的主要工作是收集信息。目的是为了掌握整体状况，然后了解问题的本质。可以从以下角度收集信息，如经济环境、市场、消费者、商品以及竞争对手等。其中消费者画像这项信息对改变概念的影响最大。

其次，产品经理要能够在“以大见小”的同时做到“以小见大”，洞察用户未来的需求。这时可以参考经典的冰山理论，分析“难见”部分包含的需求。

产品经理要从人性的层面观察消费者的意识、品味、兴趣爱好、购买动机和价值观念等内容，洞察用户内心的想法。从视觉、听觉、嗅觉、触觉和味觉，甚至是第六感中找到用户的感受。

产品经理要努力达到能够创造出新产品的境界，为了实现这个目标，产品经理要学会把旧元素、旧信息重新排列组合，发掘出新的意义和新的价值，创造出新的产品，新产品一定要让人们感到开心。产品经理应该不再是“卖东西”，而是“卖意义”，售卖一种“鼓舞人心的意义”。

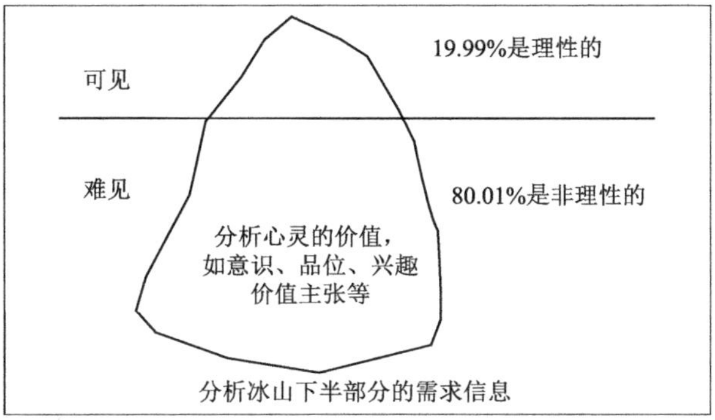

冰山理论

第 7 章　运营与产品需求管理技巧

7.1　轻松驾驭产品与运营的逻辑

互联网产品常常包含两种思维方式：产品思维与运营思维，这两种思维既有差异，也有共通的地方。

产品和运营，这两个词经常被放在一起，这是两种不同的职能，在产品的生命周期中都扮演着非常重要的角色，任何一个方面表现优异都有助于产品脱颖而出，但只有在这两方面都做到出色，才有可能使得产品获得长足的发展。

虽然是不同的角色，但产品经理和运营人员却不是各司其职那么简单，产品经理与运营人员的工作有许许多多的交集，产品经理的许多概念和想法需要运营人员去实现、去丰富，以吸引用户。运营为了完成自己的运营任务，也会需要产品经理做一些配合。

产品经理和运营人员协作是常态，对于不同的产品，产品经理与运营人员的地位往往并不对等；在产品的不同阶段，具体的产品策略和运营策略也会有所不同。当产品经理需要通过推广获得用户及流量，需要通过细致化的运营规范内容时，产品经理需要运营人员提供支持。而运营人员在产品数据逐步稳固，需要打造新的兴奋点刺激用户时，也会需要产品经理对产品的改版和调整提供支持。

产品经理往往更加聚焦于产品未来的形态，希望通过逐步调整，推动产品的整体改进，使得产品形态逐渐趋向预期。任何一个产品版本，都只是趋向这个最终预期的一个中间形态。当一款产品达到预期形态之后，就达到了其成熟期。在稳定一段时间之后，产品就会迎来其衰退期，这个时候，就需要有新的产品形态出现。

运营人员则更加聚焦于产品现有的形态，思考如何在现有形态的基础上实现有效的运营手段，提高用户黏性及活跃度。不可预期的产品形态的调整会给运营工作带来一定困难，因为相应的运营工作也需要进行调整，才能够满足新的产品形态的要求。所以在产品的改进上，往往需要产品经理和运营人员讨论，现有的产品形态是否已经够用，是否需要将更多的精力放在运营的优化上，给予运营人员更多可调控、可支配的东西。

“产品经理负责生孩子，运营人员负责养孩子”这个道理谁都懂，但具体规则要根据项目规模及团队人员情况而定。中小项目团队里，产品经理需要兼顾“生孩子”跟“养孩子”，这时候产品经理应该同时具备产品设计及产品运营的能力，以满足推进项目的需要。在大的项目中间，必须术业有专攻，产品经理应该专攻产品的功能规划及相关设计，对产品的整个生命周期负责，而运营应关注产品的数据分析及运营推广，持续提高产品后续运营阶段的留存率。

懂运营的产品经理绝对比不懂的强，不懂运营，做产品就会无的放矢。即使前期产品能起了个好头，在中后期，由于没有考虑运营过程或者运营人员不理解产品，产品注定会失败。举个例子，陌陌早期版本的产品定位是聊天工具，因此之后持续在产品层面渐渐把工具属性打磨透，但是只把工具属性做好就够了吗？显然不是。终于，在 6.0 版本里，陌陌“LBS+1 对 1 聊天”功能弱化，并把可以借助强运营手段提升用户活跃度的功能的优先级提高，以实现在“聊天工具”已无更大发展的背景下登上更高的门槛。在这一切背后，绝不是一个只考虑产品设计的产品经理所做出来的改变，运营人员的介入应该是产品经理在规划产品的生命周期的时候提早考虑好的节点，这再一次验证了“产品运营不分家”的内在含义。

产品经理与运营人员的关系应该如下图所示。

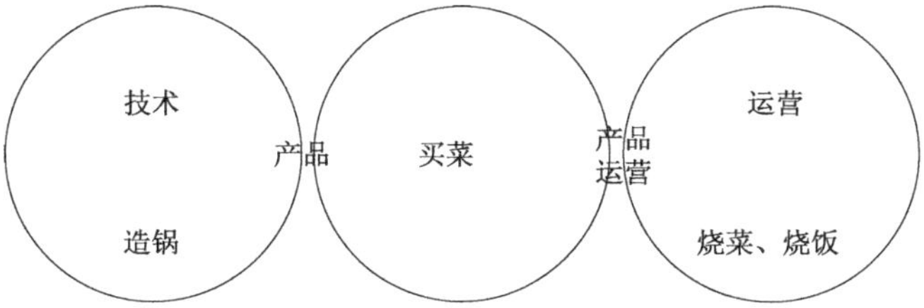

产品与运营的关系图

产品经理更像是为用户提供一种长期的价值，而运营人员负责创造用户短期的价值，并根据用户反馈和需求，来协助产品经理完善长期价值。

产品的长期价值明确以后，运营人员就应该通过包装、策划、营销等一系列手段去面向用户把这个价值传递出去。在早期阶段，产品不完善是一种正常的状态，此时运营人员要发挥的作用是维系好核心用户，并不断推动产品进行更新、迭代和打磨。运营人员天天与用户打交道，比产品经理离用户更近。所以，运营人员更有可能从用户层面感受到问题，这就要求运营人员需要有能力回归到具体真实的用户使用场景中去向大家说明某个需求和功能的问题。

产品经理和运营人员的具体工作一般以上线为区分点，分为上线前和上线后。

上线前

第一步：公司层面决策产品的功能规划以及发展方向。在决策完成之后，应该告知团队全员项目的背景、方向和规划，让大家充分了解，以帮助执行后续过程。

第二步：执行环节的规划。这是产品经理和运营人员协同工作的开始，这时要规划的内容包括：受众人群、功能特点、版本节奏、运营规划等，这一步双方应该一起参与讨论，得出一个大概的框架和计划。

第三步：按照框架计划，大家开始分头行动。产品经理制作产品原型，确定功能细节；运营人员准备内容、流量渠道和核心用户，以及策划上线后的爆点。在这个阶段，产品经理和运营人员可以暂时分开，不必有频繁的协作。但由于有了前两步的铺垫，在分头行动的过程中，双方也了解对方的计划和进展，所以信息是互通的。

第四步：上线前的准备阶段。之前分头行动的产品经理和运营人员，此时要再次坐到一起，交出之前的“作业”，即双方为产品上线所做的准备工作，说明自己工作的进展、遇到的问题和后续的计划，进行互通和讨论。问题都解决以后，产品就可以上线了。

上线后

进入到产品正式运转阶段，产品和运营再次结合在一起协同工作。在这个阶段需要高频次的沟通，以及互相推动彼此的工作。运营人员主要关注用户反馈，在做好内容、用户、活动、渠道等运营工作的同时，向产品经理及时、详尽地通报用户反馈，让团队了解用户对产品的反应。

运营人员还应该关注用户需求，并将其转化为产品需求，推进产品上线。

运营人员可以提出能够大幅提升运营效率的需求，推进产品经理用产品的方式解决。产品经理应该协助运营人员的规划和执行工作。

除了修复 bug 和完成产品需求，产品经理还要关注运营的反馈，因为这是印证之前决策的过程。

产品经理还要关注运营人员遇到的问题，思考问题是否可以通过产品的方式解决。主动与运营人员沟通，给出解决方案并推动研发完成。

产品经理还需要关注运营人员的措施是否合理，是否对产品的目标有推进作用。如果发现偏离目标，或者存在唯 KPI 的行为，要及时沟通并推动改进。

当然，在产品上线后可不只是做这些事，上面只是提到需要产品经理和运营人员配合的节点。由于每个项目的情况都很复杂，所以上述事项肯定也不全，只能是作为一个思路。

7.2　运营人员如何从新手到达人

近几年很多人都想进入互联网行业，但知名的互联网公司基本上不会招聘一个新手来当产品经理，因此，运营岗位成了大多数新手唯一的选择。因为运营岗位是一个比较容易上手的岗位，很多人在生活中都或多或少地接触过运营岗位的一些知识和工作。

很多同学通过互联网了解了一些产品运营工作的基本信息后，也希望今后可以从事产品运营这个岗位，但笔者从和他们接触的过程中发现，他们通常遇到了以下几个问题，笔者将逐一介绍新手如何熟悉产品运营工作。

7.2.1　开始学习运营

在正式走近运营岗位之前，应该从两方面开始学习运营的基础知识：①全面了解产品运营的职能与工作内容，运营工作的方向很多，有用户运营、内容运营、活动运营、商务拓展运营、数据运营等。如果仅仅了解其中一项，那么就不能把整个运营工作贯穿起来，时间长了以后，这样的运营人员将成为大公司的一枚“螺丝钉”，只能做一些执行性质的工作，而无法制定有效的运营策略，这将非常不利于个人的职业生涯发展。②选定一个适合自己的方向作为切入点，如果对于运营工作没有什么特别的要求与喜好，笔者推荐你从内容运营或者用户运营开始，因为用户运营与内容运营是所有运营工作的基础。所有的运营工作都要涉及这两点，如果可以把其中一点做到极致，那么对自己以后把握运营工作的整体流程会有非常大的帮助，也更容易做出一些成绩。

很多新手对于如何运营通常非常迷茫，这是因为一直没有找到好的方法，不知道如何学习运营。对于如何学习，笔者的经验是多看成功案例来积累知识，多看失败案例来总结教训，然后自己动手去做。运营是一项强调执行力的工作，每个顶级运营人员的工作能力都是从实践中锻炼出来的。实践是一件很累人的事情，但既然选择了这个岗位，就必须多实践，多思考，如果想成为优秀的运营人员，那就一直带着思考去执行。时刻问自己 WHAT（我做的事是什么）？HOW（我该如何做）？WHY（为什么这么做）？如何把这件事情做得更好？

很多人都忽略了“复盘”这一重要的环节，这是不正确的，如果不去总结，很难在之前的基础上有所提高。我们做完一件事情以后，要再现之前遇到的问题，这样在下次进行类似的工作时才能避免犯同样的错误，“复盘”是成长的必修课！

7.2.2 通过实践来成长

前文已经说过，运营是一个强调执行力的工作，如果要做好运营工作，必须有很强的执行力，把具体的事情做好。

运营新手进行实践的途径主要有两个：去大公司实习，运营自己的产品。去大公司实习可以让新手了解运营工作的具体工作内容，团队的岗位分工与职责。运营自己的产品可以全面掌控运营的各个环节，尽情实现自己的想法。

7.2.3 运营人员的职业规划

运营岗位是一个复合型的岗位，通过这个岗位可以全面了解产品的各种问题，因此，运营岗位非常适合作为新手切入互联网行业的起点。但是当工作一段时间后，运营人员需要考虑自己的职业发展。

运营作为很多新手加入互联网行业的入门岗位，可以转的方向很多，当对产品的研发、上线、运营等工作有了一定的了解以后，可以根据自己的特长和兴趣爱好，考虑转到产品经理、商务拓展等岗位。

这里笔者要强调一句话“选择大于努力”，选择一个适合自己的岗位才是最重要的。一份完美的职业履历应该是知名互联网公司的经历加上自己的案例，知名公司的工作经历和成功案例是很好的敲门砖，一般来讲，在著名互联网公司工作一段时间以后，个人的视野、能力和格局会比一般互联网公司的运营人员更高。在此基础上，如果能在面试中有不错的表现，并且拥有打动人的案例，基本上找到一份满意的工作并不困难。

7.2.4　运营达人

运营人员的价值体现在依托公司现有资源，做好内容运营、用户运营、活动运营等工作，并最终实现数据化运营。

运营数据化中数据是相当重要的，比如一个产品，创业者要用数据证明自己的模式，从而获得融资；如果是一个功能，则要用数据证明该功能的价值。

数据化运营的基础是数据分析。数据分析工作的内容包括：搭建数据框架，对关键路径进行埋点，持续关注并分析数据，根据分析结果调整运营策略、控制运营节奏、优化产品功能。

运营人员需要注意：应该以产品思维与产品团队及研发团队沟通，以用户的思维描述问题，用数据说话，要不断尝试设定运营策略、拆分路径，然后执行。

7.2.5　创造性地解决问题

运营新手和运营达人最大的一个区别是能否创造性地解决发展中的问题。

首先要解决运营中的沟通问题，一般来说，产品经理的思维更偏向逻辑性和严谨性。而运营人员的思维更偏向灵活性和商业性。产品经理需要运营人员从第一线收集用户的反馈和市场的回音，以便解决用户真正的痛点，设计出更受市场和用户欢迎的产品。但运营人员在看到产品经过市场和用户检验而暴露出的问题以后，通常希望能够尽快拿到解决方案或者新产品。在这一来一回的过程中，如果解决不好沟通的问题，轻则不能解决暴露出来的问题，重则可能直接影响到产品的生命周期，让产品、团队直接垮掉。

笔者认为运营人员做的工作就是将产品经理的思维、创意等内容放在实践中检验，如果说开发一个产品是一场战斗的话，那么产品设计方案就是这场战斗的“作战方案”，产品经理就是“指挥官”，运营人员则是在前方真正参与战斗的“战士”。战斗胜利与否直接反映了产品能否适应市场、用户的需求。一场战斗结束后，战斗中的“减员”、“损耗”就是 bug 和问题，最前方的战斗员应该指出作战方案的哪些地方存在问题，后方的指挥官应该适时做出调整，力求以后在遇到类似情况的时候能避免错误。如果不能及时改变作战方案，那么就等着战斗失利吧，而战斗失利的次数积少成多，最终会导致战役的失利、战争的失败。这个比喻比较激进，但是商场如战场，不管是做产品还是做运营，就是要有一股子冲劲，有一种血性，没有这股子劲头怎么在竞争中脱颖而出？怎么争取用户的青睐？怎么创造商业价值？

作为产品经理，不可以沉迷于空想，不可以盯着自己的产品多么华丽，交互多么出彩。华丽、出彩并没有用，产品只有在“实战”中能够经受住检验，能够存活下来，才能说明产品是可行的。做产品必须要踏实下来，一步一个脚印。产品经理要和运营人员多交流，多倾听运营人员反馈的最终结果及细节。从点滴之中获取修正 bug 的方向。

军人在设计作战方案时，有一种方法屡试不爽。那就是把自己假想成对手，如果自己是对手，那么自己会怎么办？产品经理也要学会这种换位思考，如果自己是用户，当面对这个产品时，自己会怎么做？虽然产品经理不可能和用户的思维完全一样，但这种方法通常能让产品经理有所收获。当产品经理真切感受到了用户的痛点之后，肯定就能理解运营想要反馈的问题了。运营人员的想法其实很简单，就是“我手里的东西怎么才能真正经得住市场的检验”。总结来说，做产品经理要有“换位思考”和“尊重”的思维，这是同理心的一部分。如果产品经理能透彻理解这些问题，那产品经理和运营人员的沟通就不会有太大的问题了。

产品经理手里的相当一部分需求是来自运营人员提交的，也就是说运营人员是产品经理的需求方。产品经理如果不能与运营人员进行良好的沟通，就无法获得需求的完整内容，肯定就无法明确需求。而运营人员作为需求方，如果不能够让产品经理明确自己的需求，肯定就无法让产品经理帮助自己解决问题，所以产品经理和运营人员要解决的第一个问题是沟通问题。

7.2.6 创造性地进行产品冷启动

新产品上线时，如何开始冷启动，获得优质的种子用户呢？

种子用户一定要有成长为参天大树的潜力，这样产品才可以通过他们影响到目标用户。所以种子用户最重要的是质量，而不是数量。运营人员不能等着种子用户主动出现，而是要主动去挖掘种子用户。例如陌生人交友类的应用，它的种子用户一般是单身美女，如车模、ShowGirl 等类型的人群，然后靠这些种子用户吸引第一批用户，进而发展壮大。运营时要注意给种子用户一些梦想，一些成长空间。比如让种子用户成为某个区域的热门人物，这样种子用户会自发地让自己的粉丝使用产品。

至于要满足种子用户的哪些需求，要根据产品的特性来安排。如 YY 或者其他直播平台是通过给主播金钱来鼓励主播；快手是通过给草根成名的机会来鼓励主播等。总之，吸引用户、留住用户是最终目标，其他一切都是手段。手段可以是多样化的、灵活的。

产品上线后，增加注册用户数等指标成为运营的工作重心，这种情况下如何获得真实用户的青睐呢?不同特性的产品，不同阶段的产品，衡量的指标是不一样的。注册用户数对有些应用很重要，但对于某些产品并不重要。运营人员要学会分析运营数据，学会为数据“降噪”，明白并不是所有数据都有用。例如一个付费的手电筒 App，因为某个地区经常停电，MAU（Monthly Active Users，月活跃用户）非常高。但是 MAU 和产品核心有关联吗?没有。这类产品应该关注的是装机量和盈利能力。先想清楚产品的初衷是什么，也就是想要什么样的结果，是挣钱？还是装机量?然后按照结果来逆推想要的运营数据指标，如果是挣钱，那么相关的指标应该是每个用户的平均缴费金额、缴费频率、利润率等；如果是安装量，那关注的指标应该是活跃度、留存率、流失率等。数据指标是目的，运营只是手段，目的是固定的，手段是千变万化的，不同的产品，不一样的市场，各种因素的交织形成了产品运营的各种不同。

7.3　运营获取用户需求的技巧

曾经有人说过“用户不是一个具体的人，是需求的集合，永远不要以为自己的需求就是用户的需求。”笔者非常认同上述内容。那么在运营过程中如何获取用户的需求呢？一般来说有如下几种方案。

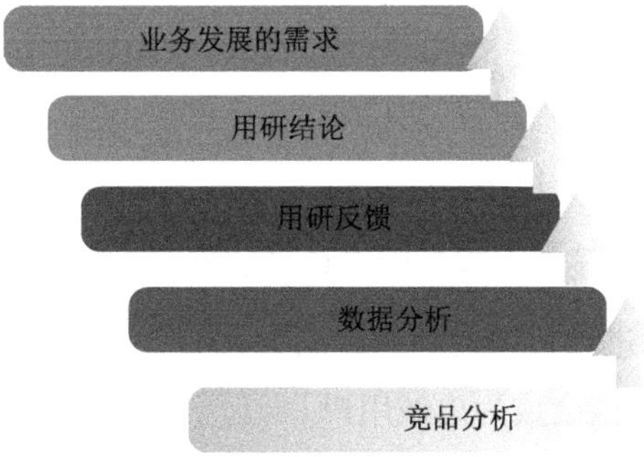

运营获取用户需求的方案

7.3.1 技巧一：竞品分析

竞品分析是指研究同类产品，从中找出与自己产品类别相同的产品的优势和劣势，发现自己产品的突破口，争取做到人无我有，人有我优，人优我精。

竞品分析过程中，竞品分析报告尤为重要，撰写竞品分析报告也是运营人员必备的能力之一。竞品分析不光要分析竞品的主体功能点，还要分析细节，如每个页面、每个按钮、每个操作，发现不同产品在设计上的细微差别，了解竞争对手是如何优化用户体验，如何处理交互逻辑，如何搭配界面布局等。竞品分析要像剥洋葱一样一层一层地剥开产品。

7.3.2 技巧二：数据分析

一些客观数据，如流量、检索量等，能很好地说明问题；数据分析依赖分析人员，同样的数据被不同的人解读得出来的结果会完全不同；运营人员应主导解读数据的过程并得出结论，用数据说话是运营人员的基本素质之一；运营人员要通过结合业务场景主导数据分析，通过数据分析得出来的结论往往是最具说服力也是最可信、最可靠的结论。

7.3.3 技巧三：用户研究

邀请用户进行访谈，观察或者让用户说出自己的需求与偏好。用户研究的方法可以是与用户面对面进行交流，也可以是在旁边静静地观察用户的操作习惯。需要注意的是，如果用户是明确知道了访谈的目的，用户在思考问题和进行操作时可能会受到影响，导致结果的不可信。此外，很多产品在进行用户研究时邀请的用户往往不是产品的核心用户，这也会导致研究结果存在偏差。

7.3.4 技巧四：收集反馈

通过反馈获得用户需求有以下几个点：

① 在产品里面提供明显的、收集用户意见的链接或邮箱。

② 认真对待每一位进行反馈的用户，因为大部分情况下，进行反馈的用户（也就是会抱怨的用户）很可能会成为忠诚用户。

③ 从用户反馈中发现产品的不足、挖掘用户的需求。

对用户反馈的需求要经过分析以后确定优先级。

7.3.5　技巧五：搜索

搜索是运营人员一种主动收集信息的方式，运营人员可以通过搜索引擎、朋友圈、社区、网页、博客等渠道获得用户的评论。运营人员要能够自主地区分何为“普通用户”的反馈、何为“评测人员”的试用报告；相比数据，搜索出来的原始内容更加依赖人的分析与理解。通过搜索得出需求依赖长期的观察和收集，短期的内容没有足够的说服力。

7.3.6　技巧六：过滤需求

获取需求的方法很多，笔者对运营人员获取需求的技巧进行了优先级排序，结果如下：竞品分析、研究资料、用户研究、用户访谈、观察用户、开会、问卷调查。当然这个顺序不是绝对的。即使是针对同一个部门的用户获取需求，也要根据用户的区别采用不同的方式，比如，对于使用过旧版产品的用户，可以直接询问旧版产品的操作有哪些不方便的地方，需要有哪些功能；对于没有接触过任何产品的用户，可以先让用户自己思考一段时间，然后再询问用户的想法，最后整理出需求。对于解决不了的疑问，可以开会讨论解决。

软件产品最终是给用户使用的，而用户之间的差别是非常大的。造成差异的原因包括用户对计算机的认知程度的不同、使用习惯的不同、在组织中所处的地位不同、地理位置的不同，业务熟练程度的不同等。

产品经理不要完全听从用户的意见，因为有的用户根本不知道自己想要什么。产品经理要学会引导用户。例如，有一家公司，以前的情况是员工的身份证号保存了很多份，其中负责人事基本信息的人员保存了一份，负责薪资的人员保存了一份，负责保险的人员保存了一份，这导致同一名员工在不同的系统里的身份证号码不一样，引发了各种问题。笔者经过调查发现，其实各个负责人的需求就是需要存在一个界面来输入员工的身份证号或者相应信息，因此，新设计的系统将身份证号放在一个地方维护，大家都可以使用，这就保证了一个身份证号对应的真实员工是唯一的。

面对同样一个需求，有经验的产品经理能看到 20 多个可能出问题的点，而没经验的产品经理可能只看到几个点。产品经理要迅速做出一个简单的系统，然后迅速迭代。

产品经理要确保和用户直接进行沟通。不知道各位读者有没有玩过“传话”游戏，一群人排成一列，一句话从排头挨个向后传，到最后，那句话已经面目全非了。所以，一定要保证需求获取人员能够直接和用户接触。

以上就是一些常见的产品经理获取需求的渠道，可能渠道并不只有这些，但限于篇幅，不再做过多的介绍。获取需求是产品开发的第一步，有了需求才可以进行分析需求、定义需求，因此做好需求获取至关重要。

第 8 章　补位方法

8.1　救火理论

产品经理常常满怀雄心壮志，但最终的产品往往并不是产品经理想象的样子。正如麦克·泰森所言“每个人都有一个计划，直到他们被人在脸上猛击了一拳。”

作为一名长期身处一线的产品经理，笔者认为产品经理是一个非常专业的岗位，除一般的需求分析和推进研发外，产品经理还有很多需要考虑的内容，从需求分析到需求落实，再到具体的界面设计等内容。以下是笔者根据自身经验举的几个例子来示范产品经理日常工作的细节。

8.1.1　产品整体

一个产品或者说一个功能，从抽象到具体，经过了产品目标→内容需求→信息架构→交互设计→界面设计→感知设计等一系列过程。

比如，美团作为一个生活信息及交易平台，主要包含用户与商户之间的关系，资金流入与流出的关系，其中用户与商户的关系又可以细分为 Online（线上）和 Offline（线下）。了解了产品目标和用户需求以后，就可以确定需求的大概流程：①用户在线上寻找商品→②付款→③用户在线下获取服务。

用户在线上寻找商品时可能会有三种特征：

A. 用户知道自己想要什么，目标很明确；

B. 用户对选择哪个商户比较模糊；

C. 用户完全不知道自己想要什么。

针对这三种特征，平台有曝光、分类、搜索、推荐四种形式可以满足用户的需求。确定了流程①用户在线上寻找商品的四种形式以后，可以根据确定的形式再形成表现层。

比如，假设用户存在下载歌曲的需求，那么，产品经理需要考虑以下场景。

① 下载的几种状态：下载中、下载成功、下载失败、暂停。

② 下载队列是一个还是多个。

③ 列表的排序规则是按添加时间倒序排列的，还是正序排列的。

④ 用户从 WiFi 切换到手机网络时是给予消耗流量提示还是直接暂停。

⑤ 用户断网后是否设定断点续传，以便用户下次连接网络时继续下载，还是直接停止。

把逻辑和功能点理清以后，还需要考虑如下内容。

① 如何让用户的操作连贯顺畅，提供具有明确引导性的启示来指导用户正确操作。

② 如何及时有效地给予用户反馈。

③ 如何避免用户犯错，保证用户犯错后可以重新开始。

④ 错误时的报错提示文字是什么。

⑤ 用户单击“注册”按钮以后，页面如何响应，是否显示提示语。

⑥ 如何提示异常提示。

8.1.2 产品前端技术

案例：前端写死与可配置

可配置的程序设计是为了解决面向对象的程序设计接口存在局限性而提出来的一种程序设计方法，其优势体现在开发人员可以使用配置文件来更改设置，而不必重新编译应用程序，使得业务逻辑分离出来。

其优点是灵活可变通，比如下图中的滚动 banner 图，在运营管理后台随时可以修改活动图片及跳转页面，如果该模块是写死的话，每次变动都必须修改代码，并且重新提交 AppStore 审核通过，而用户只有在更新 App 后才可以看得到。其缺点是图片是由服务器下发的，网络状态差的话加载会比较慢。可配置的模块需要后台程序进行开发，写死的程序只需要前端工程师就可以完成修复。

滚动 banner 图

程序写死，是把程序中的变量变成“不依赖于外部传过来的数据”的常量。其优点是加载速度快，且开发速度快，无需后台 API 接口即可完成。产品规划过程中需要考虑哪些模块后期可能会有变化及哪些模块需要随时编辑，这样后期就不会有大的改动。

产品经理在设计产品需求的时候要了解以上写死与可配置的内容。

8.1.3　API

API（Application Programming Interface，应用程序编程接口，后文简称 API）是系统所提供的功能接口，应用程序通过此接口来调用系统提供的功能。

一般接口包含以下四项内容：

① 接口 URL 地址；

② 请求参数说明；

③ 返回参数说明；

④ 返回代码说明。

接口与需求息息相关，比如“添加银行卡”的功能，产品经理需要告诉开发工程师这个功能的如下内容：

① “添加银行卡”需要填写几个字段，每个字段分别代表什么；

② 字段长度是否做限制，是否有默认值；

③ 数据类型是什么；

④ 该字段是否是必填项写；

⑤ 异常情况的提示语是什么。

添加银行卡

8.1.4 测试

确定需求以后，产品经理需要进行功能测试，验证开发提测的功能与逻辑是否与需求一致，这是非常重要的一点，能避免上线后出现问题。

除了功能测试，测试工程师收到提测版本以后，一般会进行以下几种测试。

① UI 测试：确保产品 UI 符合产品经理制定的原型图与效果图。

② 功能测试：对产品的各功能进行验证，根据功能测试案例，逐项测试，检查产品是否达到用户要求的功能。

③ 兼容测试：确保软件在主流机型上都能正常使用（用户使用率已经低于 5%的可以不考虑）。

④ 性能测试：性能测试方面必须满足硬件压力条件下的测试需要。

⑤ 用户行为统计测试：核对统计日志，确保各项操作所对应的页面 ID 以及操作 ID 都是正确的。

产品上线以后，产品经理需要通过日常的指标数据及埋点来了解用户的行为是否符合产品设计的预想，后期如何改进设计。

埋点统计指的是植入代码追踪用户行为，统计关键功能的使用次数以及建立模型来量化用户操作行为的日常指标数据等，这里不详细说明。

可以看出，产品经理是一个公司里极其重要的轮子。并且产品经理不得不时常参与"救火"。

互联网公司资深的产品经理或者产品总监的主要工作是搞定产品需求、分析需求、挖掘需求、打磨需求，但是产品经理需要花很多的精力在"产品需求不确定"到"确定一稿产品"的阶段，这个时候产品经理往往扮演着市场调研人员的角色，策划市场调研方法、撰写调研报告、分析调研结果。当产品需求确定一稿后，产品经理往往又扮演着交互设计师的角色，甚至直接使用 Axure 设计 PC 端的原型，用 Sketch 设计 App 端的原型及用户项目交流演示，同时产品经理在某种时刻又扮演着 UX/UI 设计师的角色，因为产品经理更懂这一稿确定下来的产品需求的特点是什么，可以指引 UI 设计师。当产品设计稿出图，产品经理在某种时刻又扮演着前端的角色，协助切图，确定圆角还是方角，讨论前端的技术，在产品角度给前端建议，也可能需要和后端同时协调数据业务逻辑，更可能协同测试，验证产品的功能，以及对 UI、bug 进行修改等。

当产品上线了，产品经理要时刻准备接受用户反馈的杂七杂八的声音，并一一协助运营人员说服用户和讨论新的声音是否是真实的需求。

所以产品经理岗位极为重要，同时扮演着"救火"的角色，或者说正是因为重要才有资格扮演"救火"的角色。

8.2 补位思维

8.2.1 补位思维的重要性

"网红"是一个近年来很火爆的名词，在各类网红和操盘手的营运下，网红已经不仅仅是一种吸引流量的手段，而是成为一门很大的生意。产品经理要学习剖析网红，学会补位运营，以期望在用户注意力稀缺的背景下，采用“网红化”运营来增加产品的曝光度，吸引用户。

网络中各种运营活动数不胜数，如果想让产品成功地在用户的心里进行补位，应该将产品融入到用户喜闻乐见的情境里，具体方法为通过定义“网红因子”（具有网红属性的元素、内容称为网红因子）来吸引用户眼球，借助网红自身的传播力，采用轻松娱乐的方式潜移默化地引导用户消费。补位不仅是借助网红吸引用户的注意力，更是通过网红的一举一动、衣食住行、生活情境、消费习惯等内容来让用户真实感知其品味而后自发传播。

8.2.2 补位思维对产品运营的 4 大影响

笔者通过观察曾经就职的淘宝、艺龙、微鲸等公司，发现运营成功的基础是过硬的产品和技术，重要的手段是以补位思维在用户心里埋下种子，笔者认为“补位”运营是今天最炙手可热的运营手段，原因有以下四个方面。

① 产品运营投入成本低。以社交化推广传播产品，可以用网红之势对用户心理进行补位，增强产品的推广效果。产品运营以硬广告推广时，投入成本高、花费时间长，且效果不可控，产品运营花了重金，用户不买账的例子屡见不鲜。而“网红补位”运营自带吸引力，产品及相关内容一旦暴露在用户面前，便会成为用户热议的话题，用户会不自觉地参与其中，进而从“路人”转化为“粉丝”，并主动口口相传。产品运营若是搭上这班车，恰到好处地运用网红来补位，会增加品牌曝光度，提升品牌关注度，实现口碑传播。

② 切合用户心理。为了实现“路转粉”，很多传统企业转型加入互联网，但是这些传统企业原本的形象、促销信息等内容在新的运营时代很难吸引受众的注意力。“网红补位”能够契合用户心理，引起用户共鸣，并让用户记住产品，认可产品。杜蕾斯就经常运营自己或其他的网红进行补位运营，激发粉丝的参与热情，同时也让用户感受到这是一个有趣又有“内涵”的产品，产品知名度节节攀升。

③ 优质的“网红因子”能传达产品个性，并增强产品联想。根据自身产品个性，自己运营真实网红或者虚拟网红因子进行表达产品的不同形式，是补位思维的关键。好的补位运营具有运营美感，在表达产品个性的同时，还能提高目标用户对产品的鉴赏力，悉心培养用户的需求和欲望，增强用后联想。

④ 信息传播渠道多样化、引爆速度快。网红相关信息的传播渠道多样化，在各种平台上都能寻找到相关内容的身影，因此在网络上传播的速度非常快，覆盖的范围非常广，网红一个不经意的行为可能会引发网民很大的反应。若运营时以趣味性、生动性的内容针对目标用户补位，也会引发大规模的转发、分享、点赞等行为。从而实现在短时间内迅速增加产品曝光率，进而提高订单转化率。

8.2.3　网红化补位运营时应该注意的 3 点

在具体的网红化补位运营中，掌握四类网红的特点与产品完美契合不是易事，稍有不慎，还有可能补位失利。运用网红及网红因子进行补位时需要注意以下三点。

① 运营的策略性和目标性。产品在每个版本内是相对稳定的，同时随着迭代而不断发展。每个版本的产品都具有一定的产品生命周期，运营人员要根据产品的发展现状来制定阶段性的目标和具体执行策略。只为了网红化补位而运营，发布后短时间内能引起关注，却不利于产品长远的发展，不仅不能带来订单转化率的提升，还打乱了补位运营的计划。

② 网红本身的生命周期对运营补位来说非常重要。笔者在拙作《不想当网红的产品不是好运营——4 类网红和 3 大运营分享》中进行过分析，各类网红是有“保质期”的，运营中要避免“过气”网红，而优先考虑当下热门的网红，以抢占补位先机。第一时间发布带有产品形象的关联内容，并立即与粉丝互动，这样既有敏感性又能产生流量。另外，运营的诉求与网红因素要有关联性，最好是我中有你，你中有我般的融合，生搬硬套的补位只能引起用户的漠视。

③ 运营的一致性和稳定性。网红可以换，而产品的企业形象和产品传达的个性是稳定的，运营时必须形散而神不散，否则易使用户感知不统一。另外每次活动运营补位均能维系在一个较高的频率和水准，同时与用户进行游戏互动和奖品奖励，进行个性化的补位，那么产品会在半年到一年的塑造过程中，潜移默化地被用户接受。

8.2.4　网红补位运营的简单示范——某运动网红补位电商平台

1．目标

活动目标是一天流量 5 万人，转化率 2%，销售额 20 万元。

2. 网红化运营的核心任务

组织微信跑团/意见领袖的流量渠道+会员营销+网站品牌营销+爆款打造。

规划各阶段的运营计划，磨合并稳定运营团队，把任务落实到人。

运用产品补位、风格补位的思路，制作宣传图片、详情页、策划文案等内容，并关联搭配、组成套餐。

进行微信、微博等新媒体的日常维护与推广，监控、分析数据来调整运营方向。

3. 地域细分

运动户外行业消费者主要集中在东部沿海城市，主要原因是东部地区较发达。

4. 运营策略

定位两类消费人群：一类消费人群是 36 岁 ~ 50 岁的白领精英，另一类消费人群是大学生群体。

视觉策略：整体页面保持运动休闲的风格，突出运动活力的精神，活动页面、推广页面保持整体风格一致。

5. 活动试营运目标

1 天运营目标	流量	转化率	客单价	销售额
	5 万人	2%	200 元	20 万元

6. 具体执行方案

① 产品规划。确定本次活动的运动户外品类的结构、上新 SKU 数量、上新频率，分解销售目标，确定主推款和活动款及引流款、利润款、常规款的数量占比，根据市场合理制定价格体系和活动折扣体系。

② 视觉优化。确定主推新品，提炼产品核心卖点，制作促销页面。

③ 在微信跑团群、网红群里做活动页推广，前期积累的会员也做定向活动推广。做好无线端页面优化工作，针对爆款进行推广，进一步扩大销量和网站曝光度。

④ 活动策划。日常活动围绕单品爆款策划满减、满就送、包邮等活动，提升客单价，通过与单品爆款关联搭配，培养更多爆款。

⑤ 会员营销。找准重点会员运营渠道，衡量微博、微信渠道价值，最终选择重点主推渠道，如微信平台的运营推广工作，在每次大促活动前给会员发送优惠短信和优惠券。

7. 网红补位运营的步骤

① 可以在微信跑团群、马拉松群、驴友团等社群加入一定数量的运动网红、户外网红、意见领袖。

② 在 App 首页创建咨询板块。发布运动户外专业知识文章、赛事活动、户外保险等，在页面抓取专业关联文章，根据用户喜好进行数据化推送，目标为“做中国最专业的运动户外综合咨询平台”，提高用户浏览网站的频率，增加网站用户黏性。由信息源开始，依靠用户在微信朋友圈、微博等平台自动转发宣传，以达到一种快速滚雪球式的传播效果。利用快速复制的方式将信息传向数以千计、数以万计的受众。也就是说，通过提供有价值的产品或服务，让大家告诉身边有共同爱好的朋友、团体和社群，通过别人自动为你宣传，实现“营销杠杆”。方式是：分享链接、拉新用户可以领红包或返现，A 在某网站购买一件商品是 10 元，如果他能找到另外一个或几个人购买，则可以以 5 元的价格购买该产品。

③ 社交文章关联产品活动营销。转发专业文章的同时关联商品页面，放在微信跑团、意见领袖群里进行自动转发，同时带动关联商品销售，增加整个商城的访问量。

在社会化媒体、新媒体流行的今天，产品经理掌握补位运营网红的能力的必要性不言而喻。进行网红化运营需要明白“花无百日红”，重点关注各个网红因子的生命周期，同时保持产品的形象统一，寻找巧妙而匹配的补位点，并进行及时而稳定的运营，这才是网红补位运营思维的精髓。

第 9 章　产品上线反馈的系统化操作

9.1　一款垂直产品上线到底有多少路要走

笔者经历过如下真实案例，某一年集团所属公司要研发一款潮人社区 App，领导希望 App 可以从线下 5000 家门店获取流量，同时给线下门店带来复购用户。确定目标以后，产品经理开始做市场调研、用户访谈、竞品分析、大数据分析，同时讨论、修改原型，形成研发文档。当距离原计划的上线时间还有一个月的时候，笔者发现当时的 UI、前端、后台、测试、运营、用户反馈等各项工作的进度还差很多，一个月之内根本无法上线，原因有如下几点。

1．功能及 UI 验证

当距离原定的产品上线时间还有一个月的时候，应该开始进行功能验证。在开发潮人社区 App 的时候，计划设计用户编辑内容、文案、图片的功能，但是在功能验证时，发现图片编辑功能还有问题，对此，产品经理召集了研发、运营、市场等人员协商讨论图片功能中哪些内容可以重构，哪些可以简化，以按期交付用户一个体验完整的产品。

2．前端后台协调

一个有前后端的产品，研发人员最重视的是前端调用后端数据时响应是否及时，后端能否按逻辑处理前端传过来的请求。对此，需要两个测试步骤，一是后台测试，二是前端测试。要想完成这些测试，需要产品经理在产品上线前与测试技术人员一起评审需求文档之后，立刻将测试的准备工作提上日程，后端技术人员负责输出一份所有接口的列表及每个接口的基本字段，即接口文档，将接口文档一并给到后台及客户端的开发工程师，以方便前后端技术人员在这份文档的基础上更为快速地完成正式测试接口需求的对接，并在双方对接的过程中提供产品方面的支持。

产品经理应该提供合格的前台、后台需求文档，思考产品上线时需要哪些维护、哪些更新，以及具体的更新频率，即如何以最有效率的方式在客户端后台更新显示数据。对于后台需求文档，UI 不重要，逻辑很重要，产品经理需要对整个产品的架构烂熟于心，清楚模块需要以什么样的方式进行更新，以及如何在网站后台组织这些所需要的数据。“一位优秀的产品经理顶半个架构师”，这不仅仅体现在产品本身的某些重大的逻辑上，也体现在撰写后台需求文档上。

3. 测试回滚

测试回滚主要测试产品的以下特性。

可用性：召集 5～6 名内测人员，同时为内测人员准备内测文档，也就是任务说明。观察内测人员能否完成目标，完成任务的效率如何，还要调查内测人员在使用产品过程中所感受到的主观满意度和接受程度。

稳定性：访问量大的产品要做各种压力测试，保证各种情况下页面访问流畅稳定。

安全性：包括用户安全、网络安全、数据库安全。

兼容性：要测试产品在不同设备、不同操作系统、不同浏览器中的表现。

4. 运营准备

产品在临近上线时，最应该关注的点是运营事宜。产品在不同的阶段的关注点应该有所不同，前期的关注点应该侧重于产品本身，后期的关注点要侧重于运营。

从一个产品的生命周期来看，运营过程可以细分为产品运营、内容运营、活动运营、品牌运营、用户运营。产品经理所做的产品迭代、需求更新等工作属于产品运营。

从 0 到 1 的过程，即产品刚刚上线的过程，产品经理应该更侧重于打磨产品，琢磨产品的细节，做好产品的功能规范。

从 1 到 100 的过程，产品经理应该更注重运营工作，根据运营需要进行产品迭代，规划 SEO 方案，进行数据分析、用户调研，思考如何引来流量，提升指标。

根据 2016 年的统计数据显示，每天有上千款 App 诞生，并且大部分 App 的生命周期未超过三个月。相信很多产品经理都有同感，App 的推广越来越难了。究其原因是 App 同质化太严重了，提供同样功能、同种服务的 App 不胜枚举，比如相机类应用就有 Faceu、美颜相机、相机 360、天天 P 图、玩图、美人相机、美妆相机等数个 App，而且好多 App 的名字都相似。

9.2 运营人员在产品上线时该做什么

9.2.1 产品上线前

一个新 App 上线前，运营人员应该做些什么呢？笔者总结了以下几点。

① 归零自己对自家产品的每一个功能特点的理解，试着问自己该如何向其他人解释自己的产品。

② 梳理产品定位，明确自家产品的核心商业点是什么？核心功能是什么？产品受众有哪些、在哪里？产品可以解决用户的哪些问题？能为用户提供哪些服务？弄明白以上几个问题以后，也就发现了产品的宣传推广点在哪里，后期推广的方向也就有了。

③ 调研、分析竞品，运营人员应该了解市场上的同类 App 有哪些？了解竞品 iOS 客户端和 Android 客户端的下载情况。了解竞品做了哪些热词？可以搜索竞品自身品牌词的热度，以及这些词是否上过热搜榜。看看竞争对手在推广上有什么值得借鉴的地方。

④ 做好产品的详细描述图文，包括产品描述文案、产品界面截图，产品关键词，最好准备一些数据分析模板，包括 App 的留存率、用户活跃度、日\月新增用户、各渠道推广效果等。

⑤ 临近上线时开通 App 的官方微博和微信公众号，这个很重要，微博和微信是大众化的产品，开通这两个大流量 App 的官方宣传渠道至少有两个好处：第一，当产品上线后，用户可以更快速地了解到产品信息，并与客服人员进行互动，反馈信息。而且优质微博或公众号的内容还容易引起用户转发，扩大产品宣传。第二，这两个官方媒体会成为后期做活动营销推广的重要渠道，因为这里能培养一批忠实用户，而且往往是种子用户的来源。

⑥ 建立百度、搜狗等百科词条，知识问答。这个也非常重要，因为在 App 上线初期，网络中关于新 App 的描述基本没有，百科词条将会成为用户了解产品的一个重要渠道，同时，后期做品牌营销时，百科词条能为你引来更多的潜在用户。建立百科

词条时要注意描述条理清晰、语言通俗易懂，同时应该配上 App 清晰的截图。百科词条最核心的价值就是图文并茂地告诉用户，产品有什么功能，可以满足哪些用户在什么场景下的需求。

⑦ 申请各大应用市场的开发者账号，整理各大应用市场要求的文件。许多应用商店都设有新品推荐栏目对新上线的 App 进行推广，非常有必要去了解推荐的规则。

⑧ 根据以上的准备制定一个推广计划，最好是先策划好几个活动，因为后期宣传推广会比较忙，很难抽出时间进行活动设计。

产品上线之前的准备工作纷繁复杂，这里也只是列举了其中比较重要的一部分，不同行业的 App 上线时的准备工作各不相同，运营人员可以根据自己产品的定位做相应的调整。

9.2.2　产品上线后

App 上线以后，需要进行如下推广工作，这里把推广技巧分为四大类：Online、Offline、自媒体和综合渠道。

1．Online

① 上线各大 Android 市场和 AppStore，各大 Android 市场经常会有免费的活动，可以尝试去申请。豌豆荚、联想、小米、华为、机锋、搜狗平台每周都有专题。如果产品打磨得非常好，还可以免费获得腾讯应用宝、360 手机助手、小米应用商店等平台的新品推荐。

② 刷榜、冲榜。刷榜的价格比较高，2016 年的数据显示，国内榜 TOP25 的价格在每天 1 万元左右，但即使这样，刷榜在国内还是非常受欢迎的，尤其是刷 AppStore 的排名，毕竟绝大多数的 iPhone 用户都会去 AppStore 下载 App，而一般 App 除了花钱冲榜，很难上 AppStore 的排行榜。

这里简单介绍一下现在比较火的微信积分墙，“微信积分墙”相对于传统积分墙最大的区别是载体不同，它是以微信公众号为载体，在公众号内嵌入积分墙代码，微信用户通过完成积分墙的各种广告任务获得奖励。“微信积分墙”的基本流程可以总结为：关注公众号→完成新手任务（绑定微信号、苹果账号和手机 ID 等信息）→进行下载→获得奖励，这一系列的操作并不复杂，基本上在三分钟内就可以完成一个游戏或应用的下载并拿到相应的积分或奖励，这无疑降低了用户的时间成本。用户不需要再单独下载一个 App，在微信里面就可以完成任务并兑换奖励。从广告层面看，微信积分墙可以减少刷量行为的产生，提高数据的真实性。微信在注册的时候就严格限定要与手机号绑定，增加了“刷客”的成本，而且之后的一系列的关注公众号等人工操作，更是在很大程度上屏蔽了恶意刷量，从而保证了数据的真实性。

③ 新闻推广。新闻推广是一种效果不错的推广手段，其能在极短的时间内使产品获得大量曝光。新闻推广需要撰写新闻稿，这里要注意，文章的标题一定要够吸引眼球（不得不写成“标题党”形式），同时发布到多个主流新闻门户网站上，给读者一种产品很火爆的感觉。

④ 换量。换量一般是指 App 之间的流量置换，换量的具体形式有内容合作、开屏广告、弹窗、焦点图、应用内推荐等形式。对于换量，笔者有以下几点建议：第一，在评估要不要换量时，需要考虑换量双方的用户群体是否一致，是否存在竞争关系，对方的品牌形象等。第二，在换量时不要拘泥于等量或同时换量，而应注重双方的资源价值是否基本对等。第三，资源好点的产品运营多帮助资源有限的小伙伴，要相信，最终双方会达到互利双赢的效果。

2．Offline

① 地推。地推最大的优势就是让潜在客户遇到自家的 App。当地推人员将产品信息亲自送到用户手里的时候，用户会更加容易记住产品的信息。很多人觉得地推费时、费力、费钱，没有必要，其实不然，地推对产品前期的口碑打造非常重要。地推是与精准用户直接沟通的最有效的推广方式之一，地推能让潜在用户对产品产生信任。此外，在地推的过程中很容易就能发现产品在哪些方面需要改进，需要提升用户体验。

地推的方法一般包含以下几种：第一，在派送的小礼物上印上产品的 Logo 或产品介绍的二维码，地推人员穿着印有产品 Logo 的 T 恤等；第二，老用户推荐新用户时，给双方奖励；第三，进行口碑营销等。

注意事项：地推时需要注意场景，最好能在用户最需要自家产品的场景下推广。举个例子，某一天用户下班准备回家时，发现外面下着大雨，打不到出租车，这时如果有人开着车来到用户公司门口，对用户说“我是 XX 公司专车的司机，愿意送您回家，而且比出租车便宜。”用户是不是非常愿意坐呢？

② 手机厂商预装。大品牌厂商预装量越大，谈判难度也就更大，用户量提升的周期也越长。刚开始最好在大厂商非旗舰机型的手机上进行合作，在合作过程中建立关系，进而逐步覆盖厂商的各条产品线。

③ 刷机。与手机专卖店合作等。

3．新媒体推广

① 微博推广。微博是很重要的渠道，根据微博 2017 年第二季度财报显示，微博日活跃用户 1.59 亿人，如果用户在微博中发现一个好玩的 App，很可能顺手就下载了，因此，如果微博宣传推广做得好，会获得不错的效果。微博宣传推广的关键点在于文案内容撰写。

微博推广有以下几种方法：一，将产品拟人化，以讲故事的形式介绍产品，构建产品的使用场景，展现产品的功能（如杜蕾斯）。二，推广的载体形式可以是图片，也可以是视频，图片或视频下面附上下载链接（可以设置自动跳转到下载商店）。

提升微博推广效果的方法一般有以下几种：一，关注业内相关微博账号，保持互动，提高曝光度；二，借助热点事件、热点人物，借势营销；三，策划有奖转发等活动，联系大号转发；四、配合其他渠道进行推广。

② 贴吧、论坛推广。找 20 ~ 30 个热门论坛发帖，做好帖子的维护并及时回答用户提问，定期收集用户反馈的建议。

用贴吧、论坛进行营销可以采用以下方法：一，打造精华帖，帖子不在多，而在精，精华帖能长期出现在社区的首页，能获得最理想的效果；二，帖子不要以广告的形式发布，“硬广”没人愿意看，也没人愿意跟帖；三，努力联系论坛或贴吧管理员做相关活动推广。

③ 微信、QQ 公众号推广。微信、QQ 公众号推广特别适合做冷启动，其特点是“前期耕耘，后期收获”。如果能在前期积累相当数量的粉丝，产品上线后发文很容易引爆网络。

④ PR 推广（Public Relations，公共关系，以下简称 PR）。互联网时代人人都是信息的传播者、导流者，无论是微博的意见领袖、微信公众号，还是媒体网站、社交网站，都是内容传播的优质渠道，可以利用这些平台来讲述品牌的故事，为品牌带来曝光。

PR 推广有以下两种常见方法：一，讲述创始人背后不为人知的心酸故事、产品的故事，品牌的故事等；二，反复打磨，抓住用户痛点，引起用户共鸣。

4．综合渠道

综合渠道能使产品快速获得曝光，占领市场，有利于品牌的建立，特别适合拿到风投的产品。综合渠道有以下几种。

① 电视广告与网络广告配合。具体形式如下：一，明星代言与网络广告配合（搜索引擎、广告联盟、导航广告、超级广告平台等）；二，综艺节目赞助或电视节目植入与网络广告配合（搜索引擎、广告联盟、导航广告、超级广告平台等）。

② 户外广告与网络广告配合。具体形式如下：一，楼宇电梯广告与网络广告配合；二，公交车站广告与网络广告配合；三，公交车身广告与网络广告配合。

③ 社会化广告与 BD 联盟广告配合。具体形式如下：微信、微信公众号、微博及社群与 BD 联盟配合（协会联盟、校园联盟、同业联盟、异业联盟、媒体联盟、社群联盟等）。

④ 多个（超过五个）渠道配合。

在推广过程中，笔者建议运营人员对推广目标按照各个渠道进行拆解，比如将 1000 个目标下载量分解为 QQ 群 150 个、论坛 150 个、互推 300 个、创业媒体 300 个、其他渠道 100 个等。每一个渠道的目标都有人对结果负责。

一款产品的成功上线并不容易，一个产品的成功不仅有产品或者运营人员的功劳，更有技术、测试人员的辛苦付出。因为这背后经过了无数次的调查、制作、反馈、测试、调优。

9.3 处理用户反馈数据的方法

笔者在职业生涯中接触过市场部、运营部、客服部等各个部门提出的各类用户反馈，这些反馈有的因为产品经理不够重视而没能得到很好的解决，有的因为处理环节不完善而没有得到很好的解决，有的因为产品经理对需求的理解不够深刻而没有得到很好的解决，这都是很可惜的。因此笔者总结了当产品经理、运营人员遇到用户反馈时应该如何收集数据并进行处理。

9.3.1　收集用户反馈数据

产品经理应该在三个阶段收集用户的反馈，分别是上线前、研发中、上线后。上线前可以通过搜索引擎等渠道收集用户反馈，研发中可以通过邀请用户体验研发的产品来收集用户的反馈。上线后通过客户端预留的用户反馈邮箱收集用户的反馈数据。

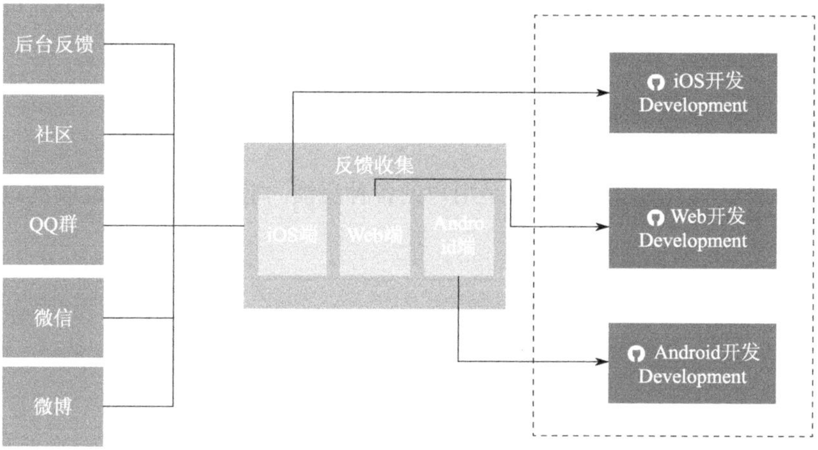

收集用户反馈数据的渠道

在互联网时代，搜集用户反馈数据相当于建立一套情报侦查系统。在产品上线前，除了利用搜索引擎收集用户反馈数据，产品团队还可以考虑建立自己的反馈渠道。如：第一，官方的微信、微博账号等，让大家知道有这样一个地方可以吐槽和反馈；第二，产品内置的反馈入口，例如收集反馈的邮箱、网站等；第三，设立产品化的数据上报模版，了解一些用户没有上报的信息。

腾讯的 QQ 团队就有一个名为“用户之声”的平台，它集成了大部分的用户反馈渠道。产品经理可以很方便地查看和搜索用户反馈的内容。这种集成平台非常适合较大的团队，借助集成平台，产品经理可以省时省力地处理用户反馈数据，并且为产品优化找到基本的数据。

产品除了要提供反馈渠道，还需要对用户反馈进行管理。没有进行管理的信息毫无价值，如果把用户的反馈进行分类和统计，沉淀下来的这些反馈数据可以提供非常有价值的信息，方便产品经理观察产品周期内用户和市场的态度。例如发现在一个月内，用户对于某功能的反馈比较多，则可以查看早期的版本是否存在类似的问题，然后再判断这个问题的性质是属于“需要适应，暂时不接受”还是“体验不通过，完全不接受”，进而对产品进行相应的调整。

在搜集用户日常反馈的过程中，产品经理应该更多地借助数据的力量，同时与用户保持积极地沟通，确认问题的根源。用户的反馈一般可以分为以下三种：建议 、咨询、投诉。大部分时候，投诉是比较值得关注的，并且需要快速反馈给用户。许多产品经理会在微博等地方搜索用户反馈，这其实也是一种运营方式，这种方式可以快速地响应用户的问题，让用户获得反馈，引发用户对于产品的好感。

9.3.2 处理用户反馈数据的步骤

产品上线以后，随之而来的就是用户的各种反馈。笔者团队就曾经收到过用户反馈的如下问题。

运营&测试&MOC反馈时间&问题描述
运营反馈问题：搜狐出现小狐狸
2016-03-09测试反馈分类-新闻资讯-今日焦点-今日八卦，播放视频时，会有闪退到列表页现象，其他的短视频也会概率性出现不能播放，闪退现象。
运营反馈问题：搜狐出现小狐狸
2016-03-09测试反馈分类-新闻资讯-今日焦点-今日八卦，播放视频时，会有闪退到列表页现象，其他的短视频也会概率性出现不能播放，闪退现象。

用户反馈的问题

当时总共收到二十多条反馈，加上公司之前测试时发现的一系列问题，合计有近四十条问题，面对各式各样的问题，笔者组织团队采用了以下方法进行解决。

1．降噪

用户反馈的问题千奇百怪，首先要做的就是过滤掉明显无法实现的、价值不大的、没有合适场景的功能。有些用户不是产品的目标用户，他们对产品的质疑或对功能的不满无法解决，对于此类用户能做的就是耐心回复。照顾主场景，服务目标用户才是产品的关键。

2．分析

过滤掉一批无用的信息之后，接下来就是分析用户反馈的功能，考虑反馈背后的用意是什么，然后把真实的用意记录下来。例如，在收集的反馈中，有用户提出，希望在观看电视的过程中，遥控器能够听懂四川方言的换台指令，而语音交互功能正好是产品经理正在加强的人机交互体验的一部分，所以，产品经理决定满足用户“用四川方言控制电视机”的需求。经过研究后，产品经理把语音分析的供应商换成了一家国内的公司，成功满足了用户的需求。用户不是专业的，所以想到的方法不一定合适，产品经理要做的就是透过需求看到问题背后的真实意图，再予以优化。

3．归类

归类比较简单，用户的反馈一般比较繁复，为了突出重点需求并方便后续与产品人员对接，需要把分析后的需求按照内容进行归类。归类的目的是明确需求的优先级。

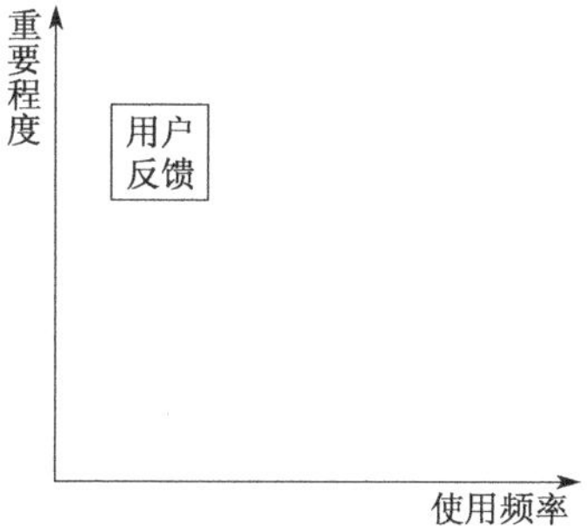

反馈优先级

归类的同时，要做好对问题反馈频率的统计，这样做便于产品经理总结目标用户对于产品内容的重视范围，及产品团队需要强化的重点区域。

4．直观化

可以使用 Excel 参考下面的表格制作一个表格，这样在后期就能把用户的反馈持续地收录进去，再利用 Excel 自带的筛选、排序、查找等功能，很快就能定位相应问题。最后还能输出图表，直观展示用户对于功能、设计的侧重点，同时有利于产品的维护和后期的总结。内容填充进去后，就可以开始和开发人员分析对应的反馈处理机制，思考如何平衡用户体验和商业目标。

A	B	C	D	E	F	G	H
反馈日期	版本	收录问题	问题归类	频率	分析改进	开发意见	备注
		XX视频断	源		多源		
		XX不能播放	源				
		回退卡必现	前端	必现	改BUG		

用户反馈表

5. 开发排期

对用户反馈的问题进行深度拆解和紧急度/重要度排序。

A	B	C	D	E
分析改进	开发意见	备注	难度/人天：H3>H2>H1	紧急度：A1>A2>A3

优先级排序

一方面与开发人员处理反馈问题，做出调整的难度/耗时评估（H3>H2>H1），另一方面同运营和其他产品人员就客户反馈的问题和实际情况做紧急度/重要度评估（A1>A2>A3），以实现产品的商业目的。然后建立开发矩阵，把相应要做的功能都补充进去。最后，按照综合情况、开发资源和产品反馈进行开发排期。

A	B	C	D
	H1	H2	H3
A1	最重要、最紧急且最容易开发		
A2		次重要，开发难度一般	
A3			不重要，开发耗时长

反馈填充

用户反馈看似是整个产品中一个不太起眼的环节，但却非常考验产品经理的能力，从用户反馈的处理流程中可以看出产品团队对信息等级的架构能力，设计团队对细节的掌控能力，以及开发团队、运营团队与前两者的协作能力。只有产品的相关利益方共同努力协作，才能把每一个用户反馈都尽可能完善地解决，给用户带来一流的体验。

第 10 章　潜在需求的挖掘方法

10.1　如何挖掘潜在需求

用户的需求一般分为具体需求和潜在需求。

用户的具体需求是指用户明确知道自己想要什么，希望要什么。用户的具体需求看上去似乎很难挖掘，其实并不是，需求也是有机会开拓和创造的。比如，如果你的产品在功能上更胜一筹，你可以引导用户，让用户知道随着科技的迅速发展，产品的淘汰是很快的。经过比较，用户一定不想今天买的产品，明天就被淘汰，所以用户的具体需求是可以继续挖掘的。

用户的潜在需求比较抽象，它可能只是用户的一种意识，也可能是用户需要解决某一问题想到的方法，这种意识很抽象、很模糊，却是产品人员挖掘需求的好时机。

解决一个用户需求有许多种方法，而用户想到的方法往往不是最好的，因此，产品经理需要提出产品设计方案以更好地解决用户的难题。为了获取用户，运营人员需要把用户的关注点引导到自己的产品优势上来，让用户发现你的产品完全可以满足需求。下面讲一个经典案例。

李老太太拎着篮子去集贸市场买水果。她来到第一家水果店里，问：“有李子吗？”店主见有生意，忙迎上去问：“老太太，买李子啊？您看我这李子又大又甜，刚进的货，新鲜得很呢！”没想到老太太一听，摇摇头，转头走了。店主觉得奇怪：怎么回事？难道我说错话得罪老太太了吗？李老太太接着来到第二家水果店，又问：“有李子卖吗？”第二位店主也马上迎上去说：“老太太，您要买李子？”“嗯。”李老太太应道。“我这的李子有酸的，也有甜的，您是想买酸的还是想买甜的？”店主试探着问，“给我来一斤酸李子吧。”店主很高兴地给李老太太称了一斤酸李子，李老太太就回去了。

第二天，李老太太来到第三家水果店，同样问："有李子吗？"第三位店主马上迎上前同样问："老太太，您要买李子啊？""嗯。"李老太太应道。"我这里是李子专卖，各种各样的李子都有，酸的、甜的都有，您要哪种啊？""给我来一斤酸李子吧。"老太太回答道。于是，第三位店主准备给李老太太称李子，店主很好奇，于是问老太太："一般人在我这儿买李子都喜欢要甜的，可您为什么要买酸的呢？"李老太太说："哦，最近我儿媳妇怀上孩子啦，特别喜欢吃酸李子。""哎呀！那要特别恭喜您老人家快要抱孙子了！您儿媳妇有您这样的婆婆真是天大的福气啊！"第三位店主忙说。老太太听他这么一说也很开心，忙说："哪里哪里，怀孕期间最要紧的当然是吃好，胃口好，营养好啊！""是啊，这怀孕期间的营养是非常关键的，不仅要多补充些高蛋白的食物，听说多吃些维生素丰富的水果，生下的宝宝会更聪明！""是啊！那你知道哪种水果含的维生素更丰富一些吗？"老太太问道。"我从书上看到，猕猴桃含有很丰富的维生素！""是吗，那你这有猕猴桃吗？"老太太忙问。店主笑呵呵地说："有啊，您看我这进口的猕猴桃个大、汁多、含维生素多，您要不先买一斤回去给您儿媳妇尝尝！"这样，老太太不仅买了一斤李子，还买了一斤进口的猕猴桃，而且以后几乎每隔一两天就要来这家店里买各种水果了。

很显然，同样是三家水果店，却取得了不同的业绩，这与运营人员有着直接的关系。第一位店主是一名不合格的运营人员，他存在强烈的思维定势，按照自己的思维，假设了所有客户都喜欢吃甜李子，还一味地宣传自己的李子甜，但"甜李子"并不是所有客户的需求，这个店主的宣传正好与老太太的需求背道而驰，因此他进行了一次失败的营销；第二位店主比第一个店主做得好，因为他首先站在了客户的角度上分析问题，通过简单的提问了解了客户的基本需求，而不是盲目地按照自己的思维，宣传自己的产品如何的好，因此，老太太买了他的李子。但是这个店主没有开拓和创新的能力，他只局限地满足了客户的已知需求，没有更进一步地挖掘客户的潜在需求，因此他的成功也是被动的、局限的；第三位店主是一名聪明的、优秀的营销人员，他首先询问了客户的基本需求，然后又在聊天当中认识到客户的潜在需求，并成功开拓了客户的潜在需求，所以，老太太买了李子后，又买了猕猴桃，最后还成为了常客，这样的运营才是真正成功的。

第三位店主营销成功的要点，也是运营人员需要学习的重点。总结起来包含以下几个部分。

首先，要了解客户的需求。可以通过提问等方式，准确了解用户对产品的需求，然后再围绕用户所需要的产品展开介绍和宣传。了解用户基本需求是运营人员与用户第一次接触时要明确的问题。

其次，要获取用户信息，深入挖掘潜在需求。在聊天中，店主获悉老太太表面是要买酸李子，其实她的潜在需求是要一个健康的大胖孙子，她的潜在需求与表现出的需求的连接理由是“最近我儿媳妇怀上孩子啦，特别喜欢吃酸李子”，为了达到潜在需求而对儿媳妇的要求百依百顺。

再次，要引导用户的需求到自己的产品优势上来。在营销当中，运营人员应该是产品专家，运营人员每天都在接触产品，他们对于自家产品的优缺点的了解远胜于用户，要充分发挥这种优势。

用户对于如何实现自己的潜在需求，并不一定能够做出正确的选择，这就需要运营人员挖掘问题的原因，通过外在表象找出内在需求，然后引导客户使用自家的产品。上述案例中的营销人员利用提问的方式了解到了老太太的内在需求后，便进行引导，这种引导的目的是介绍新产品——猕猴桃，引导的利益点是“怀孕期间的营养是非常关键的，不仅要多补充些高蛋白的食物，听说多吃些维生素丰富的水果，生下的宝宝会更聪明些”，这个引导顺理成章，自然达到了扩大市场的目的。

何谓潜在需求？目标用户有时候并不明确他们的需求是什么，这种需求称之为潜在需求，即目标用户具有的，但是用户自身还没有认识到的要求，由于这些需求出于潜意识层次，所以目标用户无法清晰地表达出这些需求。

对潜在需求的挖掘往往不能运用通常的定量用户研究法，而要结合产品经理的发散思维和对产品业务的理解，通过定性的研究方法进行挖掘。

本节将介绍四种有效的挖掘用户潜在需求的方法。

10.1.1　意象尺度分析法

思维科学把人的思维分为三个层次：抽象思维、形象思维、意象思维。抽象思维是理性的线性思维，形象思维是感性的面形思维，意象思维是悟性的网络思维。

产品的体验在某种情境中体现出独特的气氛，形成猜想、联想等思维活动，就称为意象。意象尺度的意义在于将人们对色彩、设计等内容的意象用一种模拟人认知心理变化的尺度方法进行直观的表达。

意象尺度分析法的方法是：借助实验、统计、计算等方法，通过对人们评价某一事物的心理进行测量、计算、分析，降低用户的认知维度，并得到意象尺度图，比较并分析规律。意象尺度分析法在设计学方面的应用非常普遍，应用过程是通过对意象进行分析，对用户的色彩心理进行深入而细致的研究。研究成果对于产品设计有很强的应用价值，下面的意象尺度是二维的象限图，以正交的纵横数轴为框架，每根轴的走向表示受访者对一对意义相反的形容词组的心理感知程度的区别。受分析图在象限中的坐标点代表用户对该图的心理感知量的值。

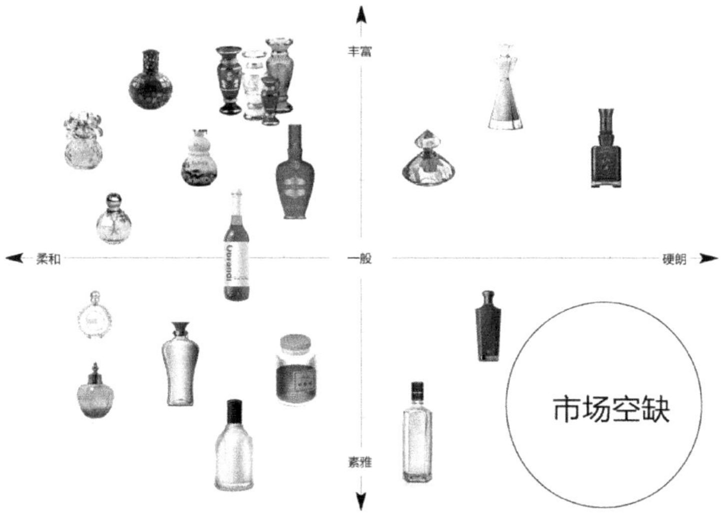

意象尺度图示例

意象尺度分析法的优点是：在产品设计上，意象尺度分析法与认知心理有关，能够将模糊、感性的问题量化。意象尺度分析法可以用来在产品设计初期对产品的设计趋势进行分析，发现市场空缺。产品设计师使用意向尺度分析法研究市面产品的市场环境，从而对产品的当前设计趋势有初步的了解，为产品设计提供借鉴。

意象尺幅分析法的缺点是：研究结果主观性较高，与研究者本身对产品的理解有很大关系。而 IP 网红电商的用户的潜在需求都是围绕感性购物这个显性需求而产生的，关注的是更加细分的层面。在这个层面上用意象尺度分析法对研究者本身的要求会更高，把握不好时很容易偏离客观条件。

10.1.2 隐喻抽取技术

隐喻抽取技术是近几年伴随着移动互联网的爆发才出现的研究方法。隐喻抽取技术的应用较为广泛，在企业形象、广告策划、产品的情感体验等诸多方面均有应用。隐喻抽取技术最初由哈佛商学院的教授扎尔特曼在其著作《看见消费者的声音——以隐喻为基础的研究方法》中提出。

隐喻抽取技术是一种将人的隐喻进行诱引和抽取的方法，它以图形图像和语言交流为媒介进行表达，可以探究受访者个体的心理特征，为难以准确把握的受访者的深层心理和感受提供显现而开放的刺激环境。例如，提供一张内容抽象的图画，一个没有结局的故事，让用户随心理任意想象和解释。这些想象和解释的个体差异性较大，分别反映受访者的主观感受，如体验、情感、动机、需求、价值观等。研究者将受访者共通的解释和感受进行连接组合，这个结果能反映所有受访者的客观共识，相较其他用户需求调研方法更有现实意义。

隐喻抽取技术操作方法如下。

① 征集受访者。一次完整的调研过程需要征集 8 ~ 20 名受访者。产品调研者需要向受访者讲明本次研究的主题，并给予受访者 7 ~ 10 天的时间通过各种途径收集图片，同时独自理解和感受收集到的图片。

② 引导式访谈。相对于普通的开放性问题，引导式访谈更能深入探究受访者真实的想法。对每名受访者的引导式访谈大约需要两个小时的时间，研究者在访谈过程中需要全程录音，以备后续整理。该步骤是隐喻抽取技术的核心部分，分以下几个步骤进行：一、阐述故事，人的记忆和沟通都是以故事为基础的，研究者应要求受访谈者展示若干图片并且解释每张图片与目标产品有何联系。二、补充遗漏图片，访谈者询问受访者是否希望继续找到能够代表自己理解的图片，请受访者描述图片的内容，并同样按照阐述故事的方法对图片加以解释。三、图片分组，研究者让受访者依从自己的标准将收集得来的所有图片分为几组，然后为每组取一个代表性的组名。四、抽取概念，运用凯利方格技术和攀梯法来抽取概念。凯利方格技术是引导受访者展示概念的重要手段。产品研究者或受访者可以在所有收集来的图片中随机抽出三张，甄别出其中有共同点的两张，按自己的理解阐明其相同之处，并阐明有共同点的图片与另外一张图片有哪些不同之处。攀梯法即是通过连续追问的方式，展现态度、结果和有价值的手段工具链

中的变量，据此抽取概念之间的因果模式。两种手段可以相互补充，凯利方格技术能够显现受访者更多的概念，攀梯法则能够凸显各个概念之间的联系。五、选取最有代表意义的图片，受访者被要求选取出一张与研究主题和内容最有关联性的图片，并对其进行释义。产品经理通过攀梯法抽取概念。六、选取相反意义的图片，要求受访者选取一张与研究主题和内容的意义相反的图片，并同样进行释义。七、阐述感官影像，受访者阐述其他各种感官知觉（如嗅觉、触觉、味觉等）对研究主题和内容代表的意义。八、绘制用户心智图，通过访谈过程已经得到了相当数量的用户概念，将概念列举出来，用户通过分类和连线的方式表示在自己的理解下这些概念的相互关系，产生心智图。也可以由研究者根据访谈记录自行绘制，并由用户确认。九、制作总结图像，受访者被要求制作一幅具有总结性质的图像来代表自己的概念。这个过程可以用剪刀将图片进行剪贴，也可以借助计算机辅助设计技术对电子图像进行处理拼接。

③ 确立关键主题。在访谈过程完成之后，研究者根据从所有受访者得到的概念确立关于研究对象的关键主题。

④ 数据编码。在确立了关键主题之后，研究者就会将具有因果联系的成对概念进行数据编码。

⑤ 构建共识图。为使结果具有普遍意义，将 1/3 的受访者提及的概念以及超过 1/4 受访者提及的成对概念进行连接，构建共识图，如下图所示。

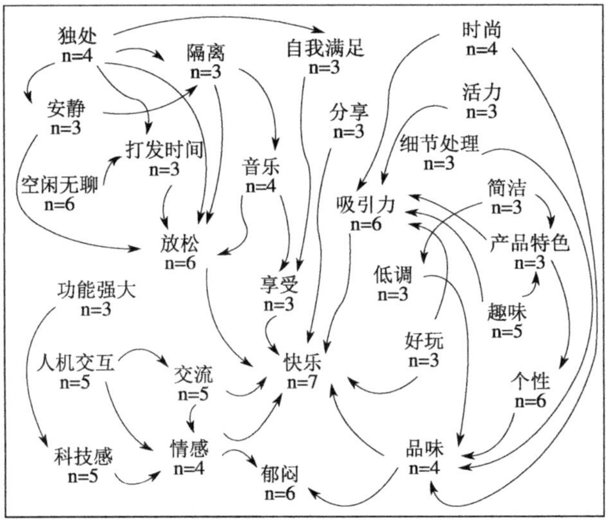

心智共识图

⑥ 观察共识图。研究人员将会抽取访谈记录和共识图进行查看，了解共识图中概念的覆盖率。

⑦ 描述重要概念和共识关系。通过视觉、数码影像、视频等描述重要概念和共识关系，以此抽取受访者的隐喻。

隐喻抽取技术最初应用在广告研究领域，后被其他多个行业所借鉴。产品设计行业也将其应用到挖掘用户需求、探索用户心理模式、情感体验等方面的研究之中。隐喻抽取技术可深入用户内心，挖掘用户真实的想法和意图。

10.1.3 KJ 法

KJ 法又叫亲和力图法、卡片法，主要是从产品本身出发的一种分析方法。KJ 法是日本川喜田二郎博士在尼泊尔处理野外调查的数据时研究开发出来的方法，KJ 法是发现问题、解决问题的有效方法之一。根据 KJ 法的理论，许多新思维、新理论、新观点，往往是在灵光一闪的瞬间得到的。KJ 法可以对研究对象盘根错节的问题进行梳理，探析问题的本质，寻找解决思路。

KJ 法可应用于多个领域，可以用来确定根本问题所在，归纳各种想法，预测将来的情况，确定解决问题的方向等。

产品经理在挖掘用户潜在需求时，使用 KJ 法的步骤如下。

① 确定主题。确定产品要挖掘的需求方向。

② 汇集信息资料。要从不同的角度广泛地收集资料，不只是与主题密切相关的资料，可能有关的资料都要收集。在时间、人力、资金许可的范围内，要尽可能全面。

③ 填制卡片。这是 KJ 法的重要步骤，实际应与收集信息资料同步进行，即在获取信息时，马上以最简洁的文字逐项写在卡片上。

④ 编组卡片。卡片填写完成后，需要对卡片进行编组。首先，展开纸片。将卡片排列在桌面上。排列方式不限，以容易阅读为宜。然后，抽出那些读起来觉得彼此亲近的卡片，排放成一堆。持续进行抽取，直到约三分之二的卡片被抽出。不可太勉强，要依照读起来有亲和感的顺序来收集归类。无法归类的，就单独放在一边。对归类完成的小组进行命名以标记。小组编成后，继续编成中组，继而编成大组，持续到组数少于 10 组为止。同时制成大牌，用大牌概括此大组的组意。

⑤ 绘制 KJ 图。KJ 图又称 A 型图解，即把编组完成的卡片整理成“一见即能了解”的图形。首先，进行空间配置，将各大组进行移动，在空间上做适当的配置。然后将大、中、小各组的卡片进行展开，并将各组的关系用记号表示。最后，添加标题，标记作图日期、场所、资料来源及参加者姓名等。A 型图解完成。

⑥ 以叙述或解释的方式，把 KJ 图写成文章，或是以口头形式发表出来。这种叙述或解释即是用户的潜在需求。

KJ 法的优点是：在产品研究中，KJ 法可以应用在产品迭代方面。KJ 法可以对市面上已有商品的形态、外观、色彩等方面存在的缺陷进行探讨，总结出产品设计有待改进的方面。从问题中寻找解决思路，找到产品设计点来满足用户需求。

KJ 法的缺点是：该方法是建立在原有市场基础上的，若在产品设计初期、产品成型之前对用户的潜在需求进行研究，则有存在一定的局限性，可以与竞品分析法等其他调研方法同时使用。

10.1.4 领先用户技术法

领先用户技术法（Lead User Method）是一种主要由领先用户参与的产品开发研究方法，其对新功能拓展和新产品开发具有显著的价值。

① 领先用户的概念。熟知产品的用户对改进产品设计的重要性是显而易见的。麻省理工大学的埃里克・冯・希贝尔提出了领先用户的概念。领先用户是指对产品或服务有强烈需求的用户，这类用户在产品或服务在市场推广之前就已经使用，是前沿技术的早期体验者。领先用户对自己需求的新解决方案的嗅觉很灵敏，他们不会等待新解决方案在市场上普及推广，而常常选择自行开拓新产品。相关研究表明，期望收益与创新行为之间存在正向关系，即领先用户是希望通过创新来获得大量收益的那部分用户。因此如果某个产品的功能或服务需求目前在市场上还未流行却即将普及推广，那么当前就对其表现出较强需求的用户即称为该新产品或服务的领先用户。

领先用户并非仅仅在产品功能或服务需求出现初期就产生购买行为，他们需要的解决方案当前并未具体出来。领先用户会在市场上推广某个产品或服务之前，自行开拓出解决方案。领先用户在产品和商品市场化的过程中与其他各种用户的位置关系如下图所示。

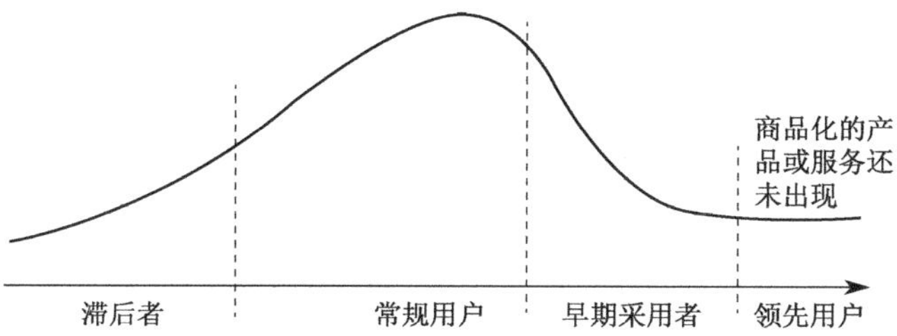

产品技术创新中的领先用户

产品技术创新早期的开发活动如下图所示。

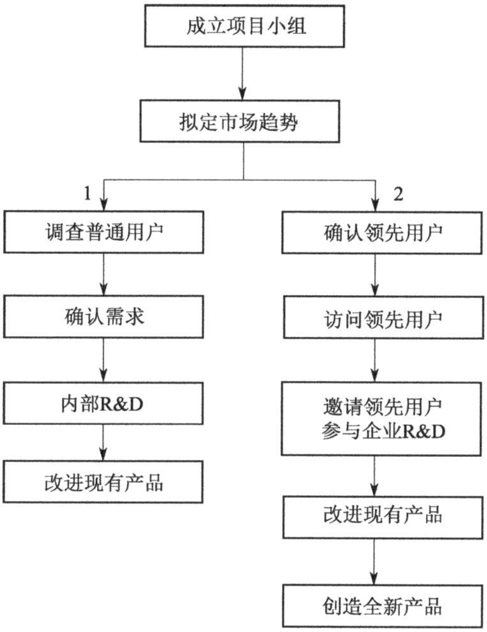

领先用户操作路径

目前多数用户研究方法是按照路径 1 的思路，这可以调查出用户的潜在需求，确定产品的设计方向。路径 2 是领先用户技术的研究方法，其充分利用领先用户的优势，能够分析挖掘用户的潜在需求，促进全新的产品和服务的诞生。领先用户研究通常在一个创新项目的初期进行，用来形成新产品或服务的概念。

综上所述，无论是意象尺度分析法得到的意象，还是隐喻抽取技术得到的概念，或者是 KJ 法得到的问题点，最终目的都是归纳出对应用户的潜在需求，给产品界面设计提供指导。对潜在需求的科学研究，有助于分清用户真实需求的强弱度。

10.2 获取需求的理论

10.2.1 理念一：创新需求理论

不论获取多少需求，唯有创新需求才能使得产品在市场中胜出。而获取创新需求的诀窍是：对企业的产品和服务采取各种运营手段，包括宣传、营销等，来使人们的潜在需求得到激发，并最终得到满足。创新需求让用户在经济条件允许的情况下有能力、有意愿为产品和服务付费。

10.2.2 理念二：心理学理论

美国心理学家马斯洛把人的需求从低级到高级归纳为五个层次，即：生理需求——吃、穿、住、行的需求；安全需求——保险保障的需求；爱和归属感——友谊、情感、归属、亲切感的需求；尊重——自尊和受到别人尊重的心理需求；自我实现。

马斯洛需求层次

这一理念的基本原则是：当某一层次的需求得到满足后，该需求便不再有促进行为的作用。高层次的动机产生以后，低层次的动机便不再起刺激作用。也就是说，人们的需求规律是必须满足较低层次的需求以后，才能再向高一层次的需求提升，当较低层次的需求尚未满足之前，更高层次的需求便受到限制。

从每一个需求层次本身来看，传统的适应市场、适应需求的理念似乎更适用于较低的需求层次，即生理需求和安全需求。因为在较低层次上的需求往往是同质的、单一的简单需求。一旦需求层次得到提升，需求的内容将会朝着个性化、多元化的方向发展。于是，就要求一种更好的理念与之相匹配，即创造新需求的理念，它可以引导并满足人们日益丰富的需求，也和中国人均收入突破 8000 美元，人民需要更好的产品，需要更好的服务有关。

10.2.3　理念三：经济理论

经典的经济学理论认为，需求是指在某一时期内和一定市场上按照某一价格愿意并且能够购买的该商品或服务的用户数量。与人类的欲望不同，需求受到购买力的限制，它反映了人们关于有限的资源满足哪些欲望的决策。随着人们购买力的提升，消费需求的广度和深度都将发生变化，即原本仅具有货币支付能力的潜在需求，会随着购买力的提升和消费意愿的加强，逐步转变为现实的消费需求。

例如，以前淘宝网上便宜货畅销，不论什么产品，只要价格便宜，总会获得销量。而随着消费升级，便宜是唯一优点的商品越来越难取得销量，用户的需求变为有品质的产品和服务。

购买力的提升是社会经济发展到一定阶段的客观产物，但消费意愿的加强需要有一个催生的过程，在传统的适应市场的理念下，消费意愿的加强要经过较长时间的催化。但是，在互联网时代，如果产品经理能够主动地创新需求，将会加速消费升级这一过程。这对于企业而言是把握了潜在市场，而对于消费者而言则是潜在需求的满足和生活质量的提高。

10.2.4　理念四：引导理念

用户想要的未必是需求。例如设计一部手机时，产品经理跑去做用户调研，询问用户要不要某个功能，用户一般都会说要，于是产品经理很开心，以为抓住了市场，可是等产品发布出去以后才发现，说好的功能用户怎么都不用了？这是因为用户都喜欢锦上添花，如果没有提供一个能让用户基本满意的产品，那是不会吸引到用户的。

比如双卡双待功能是一个十分明确的需求，但苹果手机至今都没有引入，如果其他手机引入双卡双待是不是就可以超越苹果手机了呢，事实证明并不是，如果产品做不到苹果手机那样完善，即使有双卡双待功能，甚至更多功能，也没什么用。

10.2.5　理念五：痛点理论

用户的痛点往往是需求点，用户在日常生活或流行产品的使用中存在不爽、不愉快、烦恼，这往往意味着需求，也就是所谓的痛点。手机太卡、太慢导致了优化大师、清理大师的出现；用户记不住那么多网址导致了网址导航的出现；聊天打字很慢、很吃力，导致语音录入、视频聊天的出现……

10.2.6 理念六：刚需理念

产品经理不能盲目地满足所有需求，要学会甄别出伪需求。

用户常常说，我不想花钱；我想要享受最好的服务；我讨厌各种各样的推销和宣传；我不想辛苦地跑来跑去……以上这些都是需求，但商业社会存在的基础是等价交换，用户想要产品提供各种功能，又不肯出钱、不肯出力，这种不等价交换是违反商业本质的，这些需求就是伪需求。

但这里存在一个问题，就是所谓的“伪需求”并不是那么容易判断的。例如，比尔·盖茨曾经说过：“用户想不花钱就获得免费的软件是一种偷窃行为。”对微软来说，这句话是对的，免费就是伪需求。后来瑞星也这么说“免费的杀毒软件都是要流氓。”结果瑞星衰落了，免费不再是伪需求。这是为什么呢？因为成本转嫁了，杀毒软件的用户虽然没有直接对杀毒软件付费，但是用户在上网过程中会产生持续的消费行为，而且这个消费行为会随着时间的延伸而增强，谁通过免费的产品和服务掌握了入口位置，谁就可以在这个消费过程中获得为不同品牌和产品进行推荐宣传的机会，从而分到一杯羹。

10.2.7 理念七：引领需求

笔者看到过这样一个故事。

在一个山里有一个村庄，村民们过着与世无争的生活。后来村里缺水，需要打井，有一个老师傅人特别好，能探测到哪里有水，并且打井又快又好，深得村民信任。然而村里的人越来越多，水越来越少，导致井越挖越深，大家还是很辛苦。山上住着一个和尚，平时不和村民来往，忽然有一天跑来对村民说，你们别在这里瞎忙了，跟我出去吧。村民问：“出去有啥啊？”这个人告诉村民，外面有大片的鲜花、高耸的大树、奔跑的动物，简直太美了，不去看看太可惜了。村民听了一愣，美不美关我什么事，然后继续挖井。和尚愤愤地离开了，一边走一边抱怨村民愚蠢。村里有一个年轻人，也天天跟着老师傅辛苦地打井，大家都很喜欢他。有一天年轻人跑到山顶看了一眼，然后立即跑下山，对着村民们喊，大家不要打井了，跟我出去吧，去山的外面！

村民说，不去不去，忙着呢。这个年轻人喊道，我们再也不用打井了，外面有条大河！

笔者是这么看待这个故事的。村民是用户，老师傅是传统的产品经理，他们深知用户的痛点是什么，并基于用户的需求提供产品。和尚就是常见的评论家，站得高看得远，然而并不理解用户痛点，只看到了需求的表面，却没有看到需求的本质，凭借表象来确定方向，自然吸引不到用户。而年轻人是能够引领用户的产品经理，要想引领用户，首先要知道用户需求什么，知道用户需求的本质是什么，更深的井只是一个描述，更好的答案是超出用户描述的水。确实，很多时候，用户并不会正确地表述自己的需求，也看不清未来在哪里。

需求获取的理念与生活中的哲学逻辑一致，要从简单到复杂，从表象到本质！

为了保证能全面地获取用户、市场的信息，以更好地服务于产品设计和迭代，产品经理必须在坚持获取需求理念的基础上利用内、外部多种渠道来获取用户需求。因为渠道差异，产品经理所采取的方式与方法也会有所差异，产品经理必须根据不同的渠道来选择获取需求的方式，并对获取的这些需求做理念分析。这样做出来的产品的需求就不是某个人的个人需求，而是一个真需求。

第 11 章　推荐算法

11.1　从 0 到 1 迅速做出内容推荐系统

这里以今日头条为例来说明内容推荐系统。

今日头条的文章个性化推荐机制主要通过获取用户阅读过的文章来推荐相似的文章。

如下图所示，假如有四篇文章，让四位用户投票（注：这四位用户是一类人，有相同的喜好和偏好），那第五位用户应该被系统推荐的文章是哪篇呢？第五位用户与前四位用户都是一类人，答案显而易见是第一篇文章。

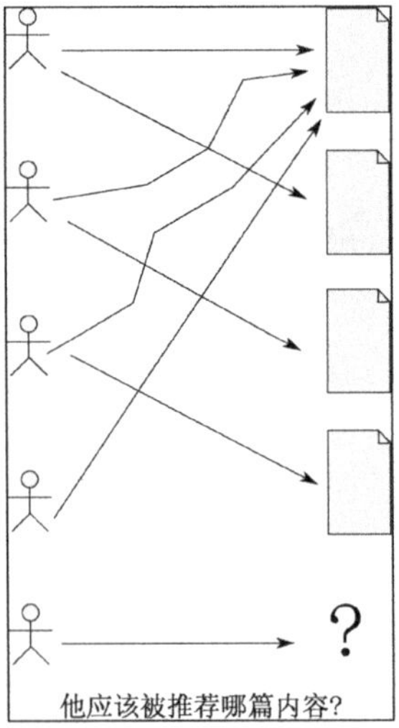

文章推荐机制

今日头条的个性化推荐算法的原理就是基于投票的方法，其核心理念就是以其他用户的阅读为参照对内容进行投票，每位用户一票，用户喜欢哪一篇文章就把票投给这篇文章，经过统计，最后得到的结果很可能是这个人群最喜欢的文章，之后可以把这篇文章推荐给同类用户，这个过程就是个性化推荐，实际上个性化推荐并不是机器给用户推荐，而是用户之间互相推荐，原理看起来似乎很简单，但实际操作时需要对海量的用户行为进行数据挖掘与分析。

技术出身的产品经理尤其是算法出身的产品经理都知道，内容推荐必须基于受众人群，只有在确定受众人群之后才能确定推荐内容，有的放矢才叫精准推荐。上面的例子中的用户只是很小的人群，现实生活中不会有这样小的人群，而且太小的人群通过推荐投票的方式也很难推荐出很精细的内容，只能推荐出一些热门内容，那么今日头条是如何划分人群的呢？通常来说有以下几种方法。

① 基于城市的推荐：对于拥有相同地理信息的用户，会推荐与之相匹配的城市的热门文章。

假定上图这个人群有 8 万人，只有两类人群：喜欢互联网的人群，喜欢段子的人群。因此先把人群分成两类，每类 4 万人。接着找到另一个维度——地域，把人群分为上海和深圳，喜欢互联网的人有来自上海的，也有来自深圳的，喜欢段子的人也有来自深圳和上海的，这时 8 万人就分成了 4 组，每组 2 万人。再根据年龄把人群分为 28 岁以上和 28 岁以下两类，这时就分成了 8 个人群，每个人群 1 万人。第 1 类人群是喜好互联网，位置在深圳，年龄在 28 岁以上的，这类人有 1 万人；第 2 类人群是喜好互联网，位置在深圳，年龄在 28 岁以下的，这类人也有 1 万人……

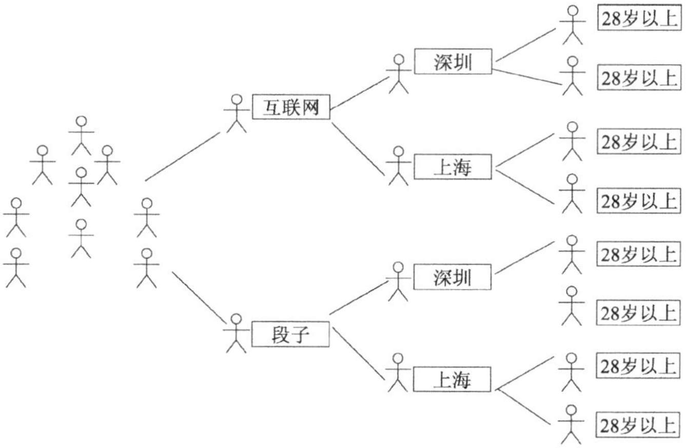

方法①

根据人群的不同维度，可以把人群细分到一个合理的程序。特别需要注意的是：在细分的领域里面的投票数（用户浏览过的内容类似用户为这篇内容投票）既不要太多，但也不要太少，因为太多没有个性化，仅是一个大众关心的话题而已，而投票数太少又没有统计意义，支持度太低。

② 基于文章关键词的推荐：对每篇文章提取关键词，作为描述文章内容的一种特征，然后与用户阅读的历史文章的关键词进行匹配、推荐。

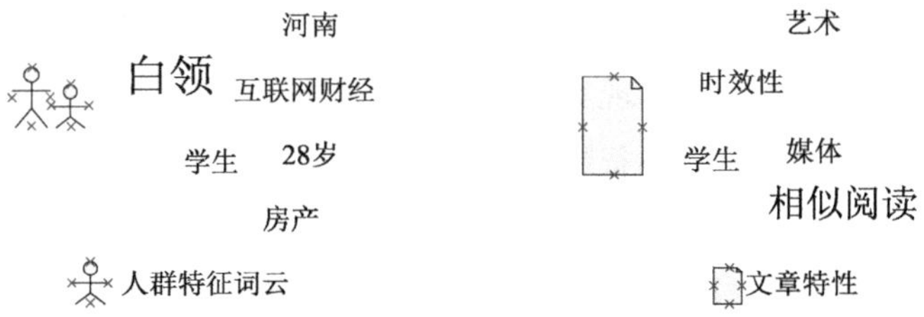

方法②

人群特征可以是阅读者的姓名、年龄、地域、职业等。文章特征也是类似的，文章特征可以是提到的名人、发布的时间等，这些都是可以组合起来的。

今日头条是怎样判断一个人属于怎样的人群呢？

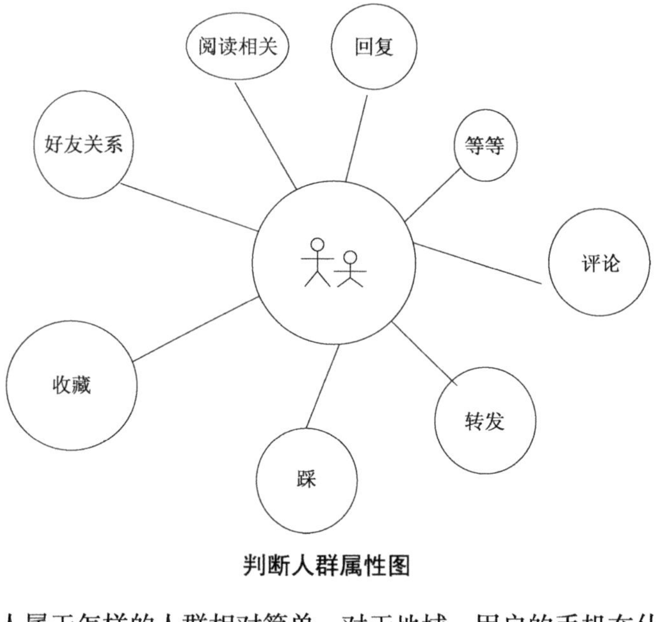

判断人群属性图

判断一个人属于怎样的人群相对简单。对于地域，用户的手机在什么区域，就可以认为用户是什么地域的；对于用户兴趣，可以根据用户的阅读习惯去判断，如果用户会经常阅读科技类的文章，那就可以判断用户属于科技类的人群；对于用户的好友关系，可以看用户的好友都是哪些人，比如好友都是娱乐圈的人，则该用户很可能也是娱乐圈的人……通过用户在今日头条上的行为，结合用户的地理位置信息、阅读兴趣、社交关系就能判断用户到底属于一个什么样的人群。

③ 基于站内热门文章的普适性推荐：根据站内用户的阅读习惯，找出热门文章，对所有没有阅读过该文章的用户进行推荐。

④ 基于社交好友关系的阅读习惯推荐：根据用户的站外好友，获取用户站外好友转发、评论或发表过的文章进行推荐。

⑤ 基于用户长期兴趣的关键词的推荐：通过比较用户短期和长期的阅读兴趣的主题和关键词进行推荐。

⑥ 基于相似用户阅读习惯的列表推荐：计算一定时期内的用户动作相似性，进行阅读内容的交叉性推荐。

⑦ 基于站点分布来源的内容推荐：通过用户阅读的文章来源分布为用户计算出20 个用户喜欢的新闻来源进行推荐。

当然，个性化推荐算法肯定不只有这么多，但是总的来说，审核通过的文章，今日头条的智能推荐引擎会根据内容质量、内容特征、首发情况、互动情况、媒体的历史表现、媒体订阅情况等，为文章找到感兴趣的读者并推荐给他们。

所以，今日头条宣称每一篇文章都有可能"上头条"，可以出现在推荐信息流里，而优质的文章甚至能获得百万级别的送达量。

1. 从 0 到 1 搭建内容推荐系统

今日头条的内容推荐系统让人们最顺畅地获取想看到的内容，从而形成核心竞争力。常规推荐系统一共分为两条线：用户、项目。计算两者之间的相关近似值，即可完成推荐。计算近似值一定要有媒介，这个媒介就是标签（Tag）系统，所以在建设整个推荐体系之前，最先需要建设的是标签系统；其次是用户体系，也就是用户模型，产品经理感知用户的唯一途径就是通过用户操作，即获取用户行为。为了掌握用户行为微妙的变化，产品的用户体系必须是十分敏感的；最后是项目体系，此处项目是指媒体内容。

从用户的角度来看，搭建一套内容推荐系统只需要做三件事情：第一，确定要推荐给用户的内容是什么；第二，收集要推荐给用户的内容的反馈；第三，让机器学习解决。

下面将从产品层面描述搭建推荐体系的相关流程及细节，整体搭建思路如下图所示。

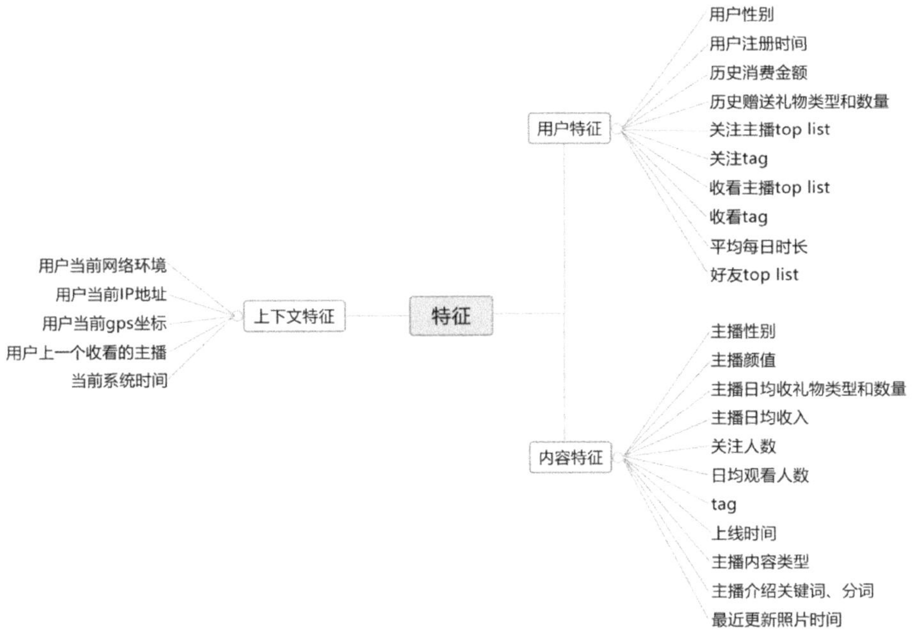

推荐体系搭建思路

2. 搭建关节

要做标签体系，需要先确定系统结构，一般的系统结构都是将标签随内容或用户建设而变化，使标签具有动态的有效性。

在确定系统结构之后，需要选择相关的算法，并且大致选定学习的范围和地点，以供机器进行学习。至此，整个标签的关节性体系的搭建流程就完毕了。随着内容不断地填充进来，要有相应的标签不断补充进来。这是一个长期的过程，并且需要及时依据用户反馈修正算法，实时调整，持续优化。

搭建一个信息推荐模型，需要收集用户的特征信息、内容特征信息、上下文特征；通过收集样本结果（是否点击）让机器学习产生一定的联系，这就制作出了一个推荐模型，比如用户在使用什么品牌的手机、每天哪个时间段使用、关注哪些关键字、有哪些购买行为等特征的情况下点击了哪条拥有哪些特征的新闻。当给定了新的信息特征，模型计算出所有候选信息的点击率，把预测点击率最高的信息推荐上去，这就是信息流推荐服务的机器学习模式。搭建标签关节的流程图如下。

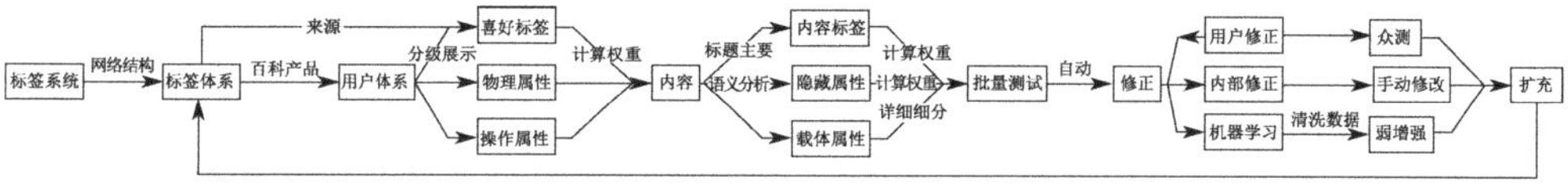

搭建标签关节的流程图

3. 机器学习

一般的机器训练流程是：先确定方法→训练目标集→特征选取→训练→分类器；分类：新样本→特征选取→分类→判决。所以一开始就要确定机器学习的方法。方法有许多种，具体使用哪种需要根据情况来具体确定。下面仅从产品角度罗列常见的经典的机器学习方法的特点、利弊等概况，以供数据工程师进行选择、对比，做出最优选择。

机器学习的方法首先可以分为两个大类：监督学习和非监督学习。监督学习又称为分类学习或者归纳学习。几乎适用于所有领域，包括内容处理。监督学习常见算法有决策树、贝叶斯模型、KNN、SVM 等。与监督学习相对应的是非监督学习，也称机器自动学习，在这种方式中，所有的类属性都是未知的，从零开始摸索，算法需要根据数据集的特征自动产生类属性。算法中用于进行学习的数据集叫做训练数据集，当使用学习算法训练数据集得到一个模型以后，我们使用测试数据集来评测这个模型的精准度。常见的测试数据集有聚类、特征矩阵。下图为常规推荐算法的分类，一共是三类：分类算法、关联规则算法和聚类算法，依据不同场景选择不同算法进行调整即可。

分类算法	关联规则算法	聚类算法
决策树	Apriori	K-means
关联规则分类	FP-Growth	DBSCAN
神经网络		Cobveb
贝叶斯		BIRCH
遗传算法		CURE
支持向量机		CLIQUE
最近临算法		

常规推荐算法

4．输出展示

这里的展示更多的是指相应的后台页面，展示要满足几个条件，其中最基本的条件是要满足可视化的要求，即点击标签以后相应的关联标签可形成关联展示。展示可以选择展示两级或者三级，以便清晰、直观地看到关联情况。更进一步的是点击后，每个标签里面的详细情况也会展示出来。比如说标签的历史类型情况、载体情况、分别的打开情况、受众用户群体，所以这需要与用户体系的相关标签相结合。

结合基本数据维度，比如昨日新增多少标签、内容类型走向什么样、受众走向什么样等基础数据，可以达到实时监控、定位报警的作用。

5．用户体系

用户体系，首先应该确定用户动机，因为知道动机才好采取相应的推荐处理。获取用户动机只有一种方法——通过用户行为。所以产品经理应该优先建立用户行为分析体系，依据用户行为，分析用户动机；之后提取这些动机特征，结合用户物理属性，再进行处理。要将特征值加以过滤，分配权重，结合衰减因子进行最终输出。最终输出的结果应该分为基本属性、用户兴趣、用户关系及用户行为，结合所有因素综合分析用户动机，在适时的时候推荐合适的内容从而形成推荐最佳化的最终目的，让用户最小成本地获取信息。

6．内容特征

内容特征是构建用户体系模型的关键点，内容向量通常存在维数大的问题，即使去掉低频词、高频词等停用词后，仍然会有数万维的特征。为了提高机器学习的效率和精度，有必要降低文本向量的维数。特征选择是内容降维的有效方法。

具体做法是：构造一个评估函数，对特征向量中的所有特征逐一评分，选取分值高于设定阀值的特征。常用的评估函数有：文档频数、词频函数、TIFDF、期望交叉摘、CHI、信息增益、互信息等。虽然实验表明 IG 和 CHI 等基于信息熵的方法可以取得较好的特征选择效果，但是计算费用高，系统开销大，使用起来浪费时间和资源。因此在实际应用中，计算量较小、评估效果较好的 TIFDF 方法是非常可取的。内容不仅是文字，还有图片、视频、语音等，对于这三者，因为维度完全不同，所以使用手段与方法也完全不同。

7．模型输出

对于内容标签，有许多种方法进行确定，除了内容标签，还有一条标签是载体标签。所谓载体，包括纯文字、纯视频、纯图片等。主流常见的载体只有文字、图片、视频。例如，文字以 1000 字为一档进行划分，分为 1000 字以下、1001~2000 字等，图片以 10 张图为一档，视频以 1 分钟为一档，这三种载体形式可以辅助进行内容效果评估。并且进一步结合用户实际场景，用实际情况来进行推荐又提供了一个维度。所以最终输出应为内容类型、内容载体、内容分类以及内容适配场景，通过计算内容的核心亮点，贴合用户群，结合用户行为动机，可以实现“用户这次想看什么内容”的需求供给，达到转化率最大化的目的。

8. 推荐体系

推荐方法和推荐算法是整个推荐系统中最核心、最关键的部分，很大程度上决定了推荐系统性能的优劣。目前，主要的推荐方法包括：基于内容推荐、协同过滤推荐、基于关联规则推荐、基于效用推荐、基于知识推荐和组合推荐。本文仅从产品经理的角度介绍推荐体系，下表列出了各个方法的优劣。

推荐方法对比

推荐方法	优点	缺点
基于内容推荐	推荐结果直观，容易解释 不需要领域知识	稀疏问题 新用户问题 复杂属性不好处理 需要足够的数据构造分类器
协同过滤推荐	能发现新兴趣点、不需要领域知识 随着时间推移，性能逐步提高 推荐个性化、自动化程度高 能处理复杂的非结构化对象	稀疏问题 可扩展性问题 新用户问题 质量取决于历史数据集 系统开始时推荐质量差
基于规则推荐	能发现新兴趣点 不要领域知识	规则抽取难、耗时长 产品名同义性问题 个性化程度低
基于效用推荐	无冷开始和稀疏问题 对用户偏好变化敏感 能考虑非产品特性	用户必须输入效用函数 推荐是静态的，灵活性差 属性重叠问题
基于知识推荐	能把用户需求映射到产品上 能考虑非产品属性	知识难获得 推荐是静态的

除场景外，也要结合性能因素进行考量，不同数据量级的情况下用不同方法配合不同算法产生的性能压力也是不同的，产品经理需要结合产品自身承受情况选择推荐体系。可

以看出，以上方法均有不同程度的优势和劣势，所以目前主流推荐方法是采用混合推荐的方法，利用两种或多种方法的优势，规避相应的劣势，从而达成尽量完美的方法。

9. 推荐算法

推荐算法是整个推荐系统的核心内容，之前做的许多的工作其实都是在给推荐算法提供相关系数条件，系数越多，计算出的结果越准确。

从数学角度来说，推荐算法是计算用户与内容之间的相似度和距离，相似度越高的，距离越近的，自然越容易达成转化，所以常见算法就是向量里面的夹角余弦算法（用余弦定理计算向量的夹角，是一种计算方法）。从距离角度来说，有欧几里得空间距离算法、曼哈顿距离算法等，还有许多新近研究的算法，例如基于图摘要和内容相似混合聚类的推荐算法 GCCR。这里简单介绍一下 GCCR，该算法可以在极端稀疏的数据集上具有较高的准确度，因此在冷启动的场景下能够提供多样性的推荐结果，从而避免推荐结果收敛过快的问题，使用 GCCR 的方法如下。

首先，选取用户节点中关注数量较多的节点，从而抽取出稀疏数据中的一个密集子集，利用图摘要的方法，对此密集子集形成关注兴趣相似的核心聚类。

然后，提取种子聚类的内容特征和整个数据集中其他用户的内容特征，基于内容相似度对整个用户群进行聚类，最后将聚类结果用于主题推荐。通过对密集数据子集和全数据集的两阶段聚类过程，提高对极端稀疏数据集的聚类效果。同时，由于图摘要聚类中的类模糊性，可以在对用户兴趣聚类的过程中保留一定的多样性，从而避免冷启动时收敛过快。

算法的种类非常多，结合不同场景和产品选择最优算法才是最好的。当运用于实际情况时，一定要结合产品自身情况考量，例如产品冷启动期间数据过少，应该用哪种方法；在数据量级充分上来的时候，减轻计算压力应该用哪种方法；长期需要修正的时候应该用哪种方法；这些都是需要产品经理和算法工程师综合考量的。

10. 解决从 0 到 1 的启动问题

根据从 0 到 1 搭建推荐系统的分析可以知道，内容推荐平台不得不解决从 0 到 1 的冷启动问题。推荐系统里面的冷启动一直是一个很大的问题。当新用户加入时，该怎样操作呢？一般需要给用户一个初始兴趣值。比较常见的一种做法是让用户手工选择感兴趣的话题，这种方式需要的算法是基于效用推荐类的算法；另外一种做法是给一些初始图片或者电影，让人选喜欢或者不喜欢，然后生成一个初始值。无论哪一个做法，用户的行为数据都不足以产生高质量的推荐。以 Instagram 为例，因为主要内容是海外用户上传的滤镜图片，所以初始推荐的大部分内容都是针对海外用户的图片。笔者认真玩了大约两个月，推荐内容才变为中国风格的图片。而今日头条将微博账户和兴趣绑定在一起，当用户使用微博账号登录的时候，一开始的初始兴趣分布就和微博上的用户行为匹配上了。

今日头条的解决方案是通过对用户微博账号的分析建立一个“兴趣图谱”，即根据用户在微博上发布的内容及其所属类别、用户标签、社交关系、社交行为、参与的群组、机型、使用时间等数据源来推断出用户的兴趣点有哪些。社交关系、社交行为即用户和用户之间的交流状况，是根据用户间的共同好友数、相互评论数、@数等内容进行度量。

开始阶段，算法采集了用户的行为标签，但是内容少仍是产品从 0 到 1 的障碍，今日头条本身并没有产生新闻的媒体部门，所以将整个互联网的新闻都纳入了自己的信息源。虽然这一行为惹来很多版权纠纷，但是笔者认为并不是所有的网站都排斥被抓取内容，因为这给很多网站带去了流量。值得商榷的是网页重构的做法，虽说提高了用户体验，但是侵犯了媒体公司的利益。

从 0 到 1 构建一套内容推荐系统时，站在产品经理的角度还要关注产品的商业价值，例如，今日头条的商业价值已经得到了充分的显现，需要指出的是，今日头条的产品生态系统正在日益完善，未来其营业收入会更加多元化，其商业价值也必将会更大。所以算法再难掌握，数据再难调优，产品经理也应该深入研究。

11.2　什么是算法——从产品经理的角度了解算法

11.2.1　算法的地位

在介绍什么是算法之前，先介绍算法在程序界的地位，一个程序应包括以下几部分：①对数据的描述，即在程序中要指定数据的类型和数据的组织形式，即数据结构（data structure）。②对操作的描述，即操作步骤，也就是算法（algorithm）。Nikiklaus Wirth 提出的公式是“程序=数据结构+算法”。

笔者认为：程序=算法+数据结构+程序设计方法+语言工具和环境。一位程序设计人员应该具备这四个方面的知识。

算法是计算机科学领域最重要的基石之一。一些人看到某些公司在招聘时都是要求具体的编程语言工具和开发环境，因此产生了一种误解，认为学计算机就是学各种编程语言，或者学习最新的技术、标准。其实不然，编程语言确实应该学，但是学习计算机算法和理论更重要，因为虽然计算机语言和开发框架日新月异，但万变不离其宗，语言和框架背后的那些经典算法和基本理论是很少变化的，例如数据结构、算法、编译原理、计算机体系结构、关系型数据库原理等。

1．什么是算法

产品经理最重要的是要具有对用户需求进行创造性解决的思维方式，而有利于训练产品经理思维的工具就是算法思维，因为做任何事情都有一定的步骤。为解决一个问题而采取的方法和步骤，就称为算法。这种思维方式有利于培养产品经理挖掘需求的能力。

什么是算法呢？算法（algorithm）是定义良好的计算过程，算法取一个或一组值作为输入，产生一个或一组值作为输出。简单说，算法就是一系列的计算步骤，用来将输入数据转化成输出结果。

2．算法的意义

假设计算机无限快，并且计算机存储容器是免费的，我们还需要各种各样的算法吗？如果真是如此，那么对于某一个问题来说，任何一个可以解决问题的正确方法都是可以的！当然，计算机可以做到很快，但是不能做到无限快，存储也可以很便宜，但是不能做到免费。而解决同一个问题的各种不同算法的效率差距往往非常大，算法效率对解决问题所需时间的影响往往比硬件和软件方面的影响更大。

3．如何选择算法

① 要保证算法的正确性。如果一个算法对每一项输入都能输出正确的结果并正常停止，则称算法是正确的，一个正确的算法可以解决给定的计算问题。不正确的算法对于某些输入可能根本不会停止，或者停止时给出的不是预期的结果。不过，不正确的算法的错误率可以得到控制的话，它们有时候也是有用的。

② 分析算法的时间复杂度。算法的时间复杂度反映了程序执行时间随输入规模增长而增长的量级，时间复杂度在很大程度上能很好地反映出算法的好坏。

一个算法执行所耗费的时间，从理论上是不能算出来的，必须上机运行测试才能知道。但我们不可能也没有必要对每个算法都上机测试，而且想要对设计的算法的运行性能进行测评，必须先依据算法编写相应的程序并实际运行，这样所得时间的统计结果还依赖于程序的编写、计算机的硬件、软件等环境因素，有时候容易掩盖算法本身的优势。

评价算法只需要知道哪个算法花费的时间多，哪个算法花费的时间少就可以了。而一个算法花费的时间与算法中语句的执行次数成正比例，哪个算法中语句执行次数多，它花费时间就多。

一个算法中语句执行次数又称为语句频度或时间频度，一般情况下算法中语句重复执行的次数是问题规模 *n* 的某个函数，用 *T(n)*表示。

若有某个辅助函数 *f(n)*，使得当 *n* 趋近于无穷大时，*T(n)*/*f(n)*的极限值为不等于零的常数，则称 *f(n)*是 *T(n)*的同数量级函数。记作 *T(n)=O(f(n))*，称 *O(f(n))* 为算法的渐进时间复杂度，简称为时间复杂度。随着模块 *n* 的增大，算法执行的时间的增长率和 *f(n)*的增长率成正比，所以 *f(n)*越小，算法的时间复杂度越低，算法的效率越高。

按数量级递增排列，常见的时间复杂度由小到大依次为：

O(1) < O(log2n) < O(n) < O(nlog2n) < O(n2) < O(n3) < … < O(2n) < O(n!)

求解算法的时间复杂度的具体步骤如下。

① 找出算法中的基本语句。算法中执行最多的那条语句是基本语句，通常是最内层循环的循环体。

② 计算基本语句的执行次数的数量级。只需计算基本语句执行次数的数量级，这就意味着只要保证基本语句执行次数的函数中的最高次幂正确即可，可以忽略所有低次幂和最高次幂的系数。

③ 用大 O 记号表示算法的时间性能。将基本语句执行次数的数量级放入大 O 记号中。

如果算法中包含嵌套的循环，则基本语句通常是最内层的循环体；如果算法中包含并列的循环，则基本语句通常是并列的循环体，其时间复杂度需要相加。

11.2.2　算法的特征

一个算法应该具有以下五个重要的特征。

有穷性（Finiteness）：算法的有穷性是指算法必须能在执行有限个步骤之后终止。

确切性（Definiteness）：算法的每一个步骤必须有确切的定义。

输入项（Input）：一个算法有 0 个或多个输入，以刻画运算对象的初始情况，所谓0个输入是指算法本身定出了初始条件。

输出项(Output):一个算法有一个或多个输出,以反映对输入数据加工后的结果。没有输出的算法是毫无意义的。

可行性（Effectiveness）：算法中执行的任何计算步骤都是可以被分解为基本的可执行的操作步骤，即每个计算步骤都可以在有限时间内完成（也称之为有效性）。

11.2.3 算法的要素

（1)数据对象的运算和操作:计算机可以执行的基本操作是以指令的形式描述的。一个计算机系统能执行的所有指令的集合，成为该计算机系统的指令系统。一个计算机的基本运算和操作有如下四类。

① 算术运算：加减乘除等运算。

② 逻辑运算：或、且、非等运算。

③ 关系运算：大于、小于、等于、不等于等运算。

④ 数据传输：输入、输出、赋值等运算。

（2）算法的控制结构：一个算法的功能结构不仅取决于所选用的操作，而且还与各操作之间的执行顺序有关。

11.2.4 算法的方法

1．递推法

递推法是序列计算机中的一种常用算法。它是按照一定的规律来计算序列中的每个项，通常是通过计算机前面的一些项来得出序列中的指定项的值。其思想是把一个复杂的庞大的计算过程转化为简单的计算过程的多次重复，该算法利用了计算机速度快和不知疲倦的特点。

2．递归法

程序调用自身的编程技巧称为递归法，它是指一个过程或函数在其定义或说明中有直接或间接调用自身的一种方法，递归法通常把一个大型且复杂的问题层层转化为一个与原问题相似的规模较小的问题来求解，递归策略只需少量的程序就可描述出解题过程所需要的多次重复计算，大大地减少了程序的代码量。递归的能力在于用有限的语句来定义对象的无限集合。一般来说，递归需要有边界条件、递归前进段和递归返回段。当边界条件不满足时，递归前进；当边界条件满足时，递归返回。注意：递归就是在过程或函数里调用自身；在使用递归策略时，必须有一个明确的递归结束条件，称为递归出口。

3. 穷举法

穷举法，或称为暴力破解法，其基本思路是：对于要解决的问题，列举出它的所有可能的情况，逐个判断有哪些是符合问题所要求的条件，从而得到问题的解。它常用于对于密码的破译，即将密码进行逐个推算直到找出真正的密码为止。例如一个已知是四位并且全部由数字组成的密码，其可能共有 10000 种组合，因此最多尝试 10000 次就能找到正确的密码。理论上利用这种方法可以破解任何一种密码，问题只在于如何缩短试错时间。有些人运用计算机来增加效率，有些人辅以字典来缩小密码组合的范围。

4. 贪心算法

贪心算法是一种对某些求最优解问题的更简单、更迅速的设计技术。

贪心算法的特点是一步一步地进行，常以当前情况为基础，根据某个优化测度作为最优选择，而不考虑各种可能的整体情况，它省去了为找最优解要穷尽所有可能而必须耗费的大量时间，它采用自上向下，以迭代的方法做出相继的贪心选择，每做一次贪心选择就将所求问题简化为一个规模更小的子问题，通过每一步贪心选择，可得到问题的一个最优解，虽然每一步都要保证能获得局部最优解，但由此产生的全局解有时不一定是最优的，所以贪心算法不要回溯。

贪心算法是一种改进了的分级处理方法，其核心是根据题意选取一种量度标准，然后将这些输入排成这种量度标准所要求的顺序，按这种顺序一次输入一个量，如果这个输入和当前已构成在这种量度意义下的部分最佳解加在一起不能产生一个可行解，则不把此输入加到这部分解中。这种能够得到某种量度意义下最优解的分级处理方法称为贪心算法。

对于一个给定的问题，往往可能有好几种量度标准。初看起来，这些量度标准似乎都是可取的，但实际上，用其中的大多数量度标准做贪心处理所得到该量度意义下的最优解并不是问题的最优解，而是次优解。因此，选择能产生问题最优解的最优量度标准是使用贪心算法的核心。

一般情况下，要选出最优量度标准并不是一件容易的事，但对某问题能选择出最优量度标准后，用贪心算法求解则特别有效。

5．分治法

分治法是把一个复杂的问题分成两个或更多个相同或相似的子问题，再把子问题分成更小的子问题……直到最后子问题可以简单地直接求解，原问题的解即子问题的解的合并。

分治法所能解决的问题一般具有以下几个特征：

① 该问题的规模缩小到一定的程度就可以容易地解决；

② 该问题可以分解为若干个规模较小的相同问题，即该问题具有最优子结构性质；

③ 利用该问题分解出的子问题的解可以合并为该问题的解；

④ 该问题所分解出的各个子问题是相互独立的，即子问题之间不包含公共的子问题。

6．动态规划算法

动态规划算法是一种在数学和计算机科学中使用的，用于求解包含重叠子问题的最优化问题的方法。其基本思想是，将原问题分解为相似的子问题，在求解的过程中通过子问题的解求出原问题的解。动态规划算法的思想是多种算法的基础，被广泛应用于计算机科学和工程领域。

动态规划算法是对最优化问题的一种途径、一种方法，而不是一种特殊算法。不像前面所述的那些搜索或数值计算那样，具有一个标准的数学表达式和明确清晰的解题方法。动态规划算法往往是针对一种最优化问题，由于各种问题的性质不同，确定最优解的条件也互不相同，因而动态规划算法对不同的问题，有各具特色的解题方法。不存在一种万能的，可以解决各类最优化问题的动态规划算法。因此读者在学习时，除了要对基本概念和方法有正确的理解，还必须具体问题具体分析，以丰富的想象力去建立模型，用创造性的技巧去求解。

7．迭代算法

迭代算法也称为辗转算法，是一种不断用变量的旧值递推新值的过程，与迭代算法相对应的是直接算法（或者称为一次解算法），即一次性解决问题。迭代算法又分为精确迭代和近似迭代。“二分法”和“牛顿迭代法”属于近似迭代算法。迭代算法是用计算机解决问题的一种基本方法。它利用计算机运算速度快、适合做重复性操作的特点，让计算机对一组指令（或一定步骤）进行重复执行，在每次执行这组指令（或这些步骤）时，都从变量的原值推出它的一个新值。

8. 分支界限算法

分支界限算法是一个用途十分广泛的算法，这种算法的技巧性很强，不同类型的问题解法也各不相同。

分支界限算法的基本思想是对有约束条件的最优化问题的所有可行解（数目有限）空间进行搜索。该算法在具体执行时，把全部可行的解空间不断分割为越来越小的子集（称为分支），并为每个子集内的解的值计算一个下界或上界（称为界限）。在每次分支后，对凡是界限超出已知可行解值的那些子集不再做进一步分支，这样，解的许多子集（即搜索树上的许多结点）就可以不予考虑了，从而缩小了搜索范围。这一过程一直进行到找出可行解为止，该可行解的值不大于任何子集的界限。因此这种算法一般可以求得最优解。

与贪心算法一样，这种算法也是用来为组合优化问题而设计的求解算法，所不同的是，分支界限算法在问题的整个可能解空间搜索，所设计出来的算法虽然其时间复杂度比贪心算法高，但它的优点与穷举法类似，都能保证求出问题的最优解，而且这种算法不是盲目地穷举搜索，而是在搜索过程中通过限界，可以中途停止对某些不可能得到最优解的子空间进一步搜索（类似于人工智能中的剪枝），故它比穷举算法效率更高。

9. 回溯算法

回溯算法（探索与回溯法）是一种选优搜索法，按选优条件向前搜索，以达到目标。但当探索到某一步时，发现原先选择并不优或达不到目标，就退回一步重新选择，这种走不通就退回再走的技术为回溯算法，而满足回溯条件的某个状态的点称为“回溯点”。

其基本思想是，在包含问题的所有解的解空间树中，按照深度优先搜索的策略，从根结点出发深度探索解空间树。当探索到某一结点时，要先判断该结点是否包含问题的解，如果包含，就从该结点出发继续探索下去，如果该结点不包含问题的解，则逐层向其祖先结点回溯（其实回溯算法就是对隐式图的深度优先搜索算法）。若用回溯算法求问题的所有解时，要回溯到根结点，且根结点的所有可行的子树都要被搜索一遍才结束。而若使用回溯算法求任一个解时，只要搜索到问题的一个解就可以结束。

10. 算法分类

综上所述，算法可大致分为基本算法、数据结构的算法、数论与代数算法、计算几何的算法、图论的算法、动态规划以及数值分析、加密算法、排序算法、检索算法、随机化算法、并行算法、厄米变形模型、随机森林算法。

算法可以宏泛地分为三类：

① 有限的、确定性算法。这类算法会在有限的一段时间内终止。它们可能要花很长时间来执行指定的任务，但仍将在一定的时间内终止。这类算法得出的结果常取决于输入值。

② 有限的、非确定算法。这类算法在有限的时间内终止。然而，对于一个（或一些）给定的数值，算法的结果并不是唯一的或确定的。

③ 无限的算法。是那些由于没有定义终止条件，或定义的条件无法由输入的数据满足而不终止运行的算法。通常，无限算法的产生是由于未能确定定义终止条件。

产品经理学算法不是为了写算法实现程序执行的过程，而是为了丰富产品经理的思维方式，为了提出符合当下经济环境下的恰当的刚性需求。

例如：许多产品中有“猜你喜欢”的功能，其实“猜你喜欢”是一个专业性和经验性很强的功能。做出来和做好的效果是截然不同的，要求也不一样，做出来是 60 分的水平，用于保住基本工资；做好是 99 分的水平，是赚年终奖用的，多出来的每 1 分要靠自己用经验去堆。产品经理想做好这个功能，需要深入了解很多专业知识，同时要有追求卓越和探索的心态。更贴切地讲，做这事的人应该是数据、算法和人工智能方面的专业人员。一个推荐排名后面由 n 个推荐算法组合而成，各个推荐算法的场景、依据、效果又是不相同的，但是又是有联系的，进行联系时需要给出它们的关联依据。

多个推荐算法打包成一个混合推荐，又要设置若干个比例参数，20%用这个推荐算法，25%用那个推荐算法，这个百分数是用公式计算还是拍脑门呢？就算是拍脑门，也要有足够多的数据积累和试验效果，才有胆量拍。没公式，没经验，谁敢定这些参数，有案例和论文可以套吗？就算套论文，也要读得懂论文，没这个领域的论文，产品经理自己敢不敢率队去攻坚？在大数据时代，提需求讲究的是数据可验证性，不大致了解一下算法背后的原理、逻辑和术语，不了解现有团队的实现能力，可能连一个基本的需求都提不出来。太先进，做不出来；太落后，还不如不做。所以，相较于程序语言，时下的产品经理更应该了解算法。

第三部分

产品经理运营技能篇

第 12 章　定位运营

12.1　用户运营

12.1.1　用户运营前期的思维准备

笔者参加活动时常常听到这样的内容：阿里巴巴擅长运营，你看淘宝的运营多么厉害；腾讯不擅长运营，腾讯靠的是定位准确的社交产品和厉害的游戏产品。笔者在职业生涯中有幸对这两家公司都有深入的了解，在此分别进行说明。

先来看看阿里巴巴。阿里巴巴发起一个产品的方式一般有两种：一种是常规产品的流程，另一种是全新产品的流程。常规产品就是在商家平台、2C 平台等产品的后台收集需求，设计产品，然后推进开发，组织上线运营。全新产品的研发一般由项目经理带领运营、市场、产品、技术、HR 等人员一起研究新的课题，然后形成一个产品小组，负责从需求收集到产品设计，再到研发上线、运营的全过程。与那些知名度高的产品相比，阿里巴巴其实也研发了很多不那么出名的产品。

再来看腾讯。从最初的 QQ 到现今如日中天的微信，腾讯的产品经理一直都是驱动产品进程的角色，即产品经理是产品的所有者。从 QQ 时代开始，腾讯的产品经理就习惯于在产品研发之初即考虑产品的运营策略，随着腾讯的营收逐渐转向以游戏为主，腾讯的产品经理更是强化了不仅要考虑产品定位、产品设计等内容，更要考虑产品运营策略、产品生命周期等内容的理念。

就阿里与腾讯来说，产品经理工作的侧重点不同，这种差别没有对错之分，只有适合与否。本节将从几个方面说明用户运营工作应该注意的事项。

用户运营是指通过运营手段提升用户的贡献量、活跃度和忠诚度，一般针对用户类产品或综合类产品。用户运营有两种模式，一种是针对核心用户的集中运营，另一种是针对所有用户的策略运营。

1．需求阶段

第一：做用户运营之前，需要知道用户运营是一个很庞杂的系统工程，运营人员需要有足够的耐心和细心去整理用户资料、分析用户信息，从而了解用户需求。了解用户需求不仅是用户运营的一个重点，同时也是产品的核心问题，因为一切产品活动都是围绕用户进行的，只有了解了用户的需求，产品才能更加完善，才能更好地服务于用户，才能更好地进入市场。

第二：做用户运营一定要知道用户是从哪里来的，是通过什么渠道过来的。这样方便更好地选择用户标签、制作用户画像，从而了解用户需求，进行精准营销。

第三：在执行阶段要有计划性、组织性，从而更好地实施和控制活动的发展情况。

第四：要具有指导性意义的数据分析。不管是活动开始之前还是之后，数据分析都是必需的，这样可以方便以后的活动。

第五：不定期地复盘，分析用户的心理。

运营人员要以用户为中心，以用户增长量及活跃度为目标导向，遵循用户需求设计运营方案、制定运营战略，做好从无到有积累用户的心理准备，并能清晰规划出用户的增长路径及活跃模型。

2．用户运营中的思维、策略

用户运营思维、策略较用户运营前期的思想准备更为重要，这里笔者以某一类产品为例讲解用户运营策略。游戏类产品核心运营分为两个阶段，一是上线最初的三个月怎么运营，二是上线三个月以后的产品生命周期怎么运营。比如，《刀塔传奇》这款游戏，多维系一个月的生命周期就会多 1 亿元的收入，所以产品策略对于游戏类产品尤为重要，也非常值得其他产品线进行参考。

（1）运营早期的运营策略。

在产品运营的早期，产品一般是公开测试版本，其用户运营的核心目标是发掘和维系种子用户，并在最小用户规模下最大限度地修正产品，快速迭代。这个阶段，创业团队的产品往往会缺乏营销费用，此时，在策略和技巧上更要突出运营的概念——用最小的成本实现最大的效能。强化创意策划并整合有效资源，围绕核心种子用户进行一对一的发展。在成本投入方面采用精益的方法，利用用户口碑吸纳新用户，真正做到产品体验制胜前提下的用户自然吸聚。

（2）产品中期的运营策略。

在产品运营的中期，也就是产品拥有了种子用户和早期用户的增长期，用户运营的核心目标是发掘和吸聚弱关系用户。此时，团队的核心竞争力在于产品的品牌。因此，用户运营在此阶段的第一要务是实现产品品牌的传播和营销，以实现“弱关系+品牌”信任之上的自然吸引。

此时，创业团队如果资金充裕，可以动一下“有钱任性”的念头，提升自己的档次。但是，依然需要明确，此阶段的核心目标是打造产品品牌。

（3）产品后期的运营策略。

产品的后期也是用户的爆发期，经过早期和中期的沉淀，种子用户的数量、忠诚度和产品品牌的确立等工作都取得了一定的成效。此时，用户运营的核心目标是以最快的速度覆盖全体目标用户，并进行大规模转化。要高举高打，以钱换钱，全覆盖、全到达，在短时间内高效实现目标。

钉钉的运营就具有产品后期用户运营的典型特征。其首先是拥有了一定的用户基数；其次是拥有资金来支撑用户运营；最后是在选择媒体渠道、营销形式、操作手法方面都具有独有的特征。

① 选择与其目标用户群体有高度契合度的媒体渠道。钉钉定位职场内部沟通和商务沟通，其目标群体（职场人士）与分众传媒的广告投放渠道的契合度十分高；职场群体也是电影消费的主体，电影放映前的广告投放也十分合适。此外，地铁是另一个聚集目标受众群体的场景，车厢内的电视以及平面广告位也都是很合适的渠道。

② 一次性全覆盖，以达到裂变式的爆发效果。在早期，由于资源限制，用户运营需要选择精益的方法，以滚动投入的方式进行运营，收效较慢。而在爆发期，要努力实现一次性的全面覆盖，并在短时间成为绝对的新闻话题热点。因此，需要在短时间内集中所有资源一次性投入，实现“钱到用户到”的直接转化。

③ 爆发期打动用户的一定是产品的内涵，而非简单的产品功能和体验。因为一个产品要在同类产品中具备决定性的竞争优势，并最终取得商业上的成功，仅在器物式的技术层面上具有优势是远远不够的。因此，在产品后期的用户运营中，产品核心

理念和精神内核的传播应该成为用户爆发式增长的基本配备。

做运营不能只停留在最终的执行环节，还必须要明白为什么这么做，整体的策略思路是什么，具体来说如有下几个方向。

- 目的：一般指产品的最终极目标。如用户产品就是 DAU，交易类产品就是销售额等。
- 衡量指标：是对最终目的的指标拆解。如 DAU 提升就拆解为新增和留存的提升，新增提升还可拆为各渠道的提升等。
- 运营策略：设计产品的运营模式来完成拆解的各项目标。如通过引入并激励优质的原创内容产出，从而提升浏览 UV 等。
- 具体措施：针对运营策略提出的具体解决办法。如为激励用户贡献，而策划某些有趣的活动。
- 效果评估：检验产品运营策略及具体措施是否有效，是否能达成衡量指标，进而做出优化调整。

其中，运营策略是最核心、最关键的环节。只有运营策略正确，才能使产品发展，因此，运营人员应该成为运营的主导角色，团队的其他角色都应该是这个策略的资源和支持者。

对于运营策略，笔者在这里举几个例子。

知乎的运营策略是运营人员按照细分领域，从站外引入权威人士或高质内容生产者到知乎回答并推广，然后通过产品的评论、赞、感谢、关注等机制留存，如此往返滚大雪球。

百度贴吧的用户运营策略是通过管理吧主和运用平台资源，管好贴吧的内容引导，培养“中生代吧”往“大吧”方向发展，扶植有潜力的新吧，这是一个完整的生态循环。

想要掌握规划运营策略的能力，最重要的是学会产品运营思维和运营策略，并能对不同的产品进行独立分析、拆解和规划。哪怕是在规划一个方向的时候，也运用这种思维，渐渐形成习惯，我们相信这会对规划运营起到很大帮助。

创业产品的用户运营策略和操作手法在选择上的差异性往往决定了一个产品的最终成败。其中最重要的核心要义便是在不同发展阶段采用不同的运营策略和操作手法。

在早期项目中，发展的方向和前景都不确定，加上资源匮乏，直接决定了其运营的核心策略必须是滚动投入的精益化方法，以最小化的成本实现周期性的快速迭代。

若此时错误地大规模投入资本，则往往会因为产品用户体验的缺失，或产品的反馈负载过多而使得产品运营无法供给，容易造成早期用户的流失，无法实现很高的产品活跃度和用户留存度。

中后期的项目，其发展方向和前景已经基本确定，得到了投资人的青睐，这就意味着其需要追求“资源换资源（金钱换用户）”的运营逻辑。此时项目运营资源的投放务必放弃早期滚动投入的精益化方法，需要高举高打，在最短的时间内实现目标用户的全范围立体式的深度覆盖传播，一次性爆发。只有这样，资源才不会受时间延迟、多平台承载分散的影响。

用户运营在不同阶段的策略方法的选择要做到博弈论中所说的最优选择。在合适的时间选择合适的方法，或许能实现效能的最大化；否则，一切都可能化为乌有。选择时，需要明确自己的核心目标及适合手段，成败或许只在一念之间。

12.1.2 运营人员的综合素质

成为一名优秀运营人员的决定性因素是良好的综合素质，当然其他方面的工作能力也有一定影响，但是相比较来说，运营人员的综合素质对于用户运营的成败起到决定性作用。工作能力是指工作所需的技能，如拉新、激励、留存。个人素质是指精神或性格方面的素质，如幽默开朗、勤奋好学等。笔者认为，一名优秀的运营人员需要具备如下素质。

1．广泛的兴趣

运营人员应该是一群有趣的、对生活充满热情的、对世界充满好奇心的人，只有这样，他们才能向用户传递有趣、正能量、大视野的信息，从而吸引用户更好地与产品连接。这其实是从更高的视角对用户运营的解读。要做到这点，需要运营人员具备丰富的知识储备作为工作中的“弹药库”，随时按需索取。“弹药库”并非是目标明确地逐一攻破，而是对平时接触的信息日积月累组成的知识体系。用户运营的对象是人，而各领域的人都有相通之处。比如做电影类 App，不能只关注电影领域，因为电影属于泛娱乐领域，娱乐和明星相关，最热门的明星又和粉丝群体有关，群体量级大、战斗力强的粉丝人群是“90 后”，所以做电影 App 要关注“90 后”的兴趣与爱好。

用户运营就是让自己成为用户，做自己喜欢的事。做到这点其实非常难，所以网络中充斥着反人类、无趣的活动设计和产品功能。换位思考是做好运营所需的个人素质。

2. 人群特征的洞察

用户类产品的核心问题是：用户是谁？他们是一群什么样的人？用户是谁，是指性别、年龄、所在地、收入等属性，但知道这些是不够的，还需要洞察人群特征。人群特征的标准很难明确地列出来，但通过一些明确区别于其他群体的行为描述出来。例如：喜欢听李志的用户；疯狂找人拼单的海淘用户；女权主义用户；喜欢逛知乎的用户；全职妈妈用户；锤子用户；每周去电影院看两场电影的用户等。

这几条只是例子，也是分析得出的结果。获得这个结果的过程需要研究目标用户的群体特征，这也是运营人员应该具备的素质。

例如，笔者有一次去 IC 咖啡做分享，观众是“互联网+医疗社交”的产品经理。凭借对医疗领域的粗浅了解，笔者想到的是医生人群不能全部放在一起，部分三甲医院的部分医生也许会瞧不起非三甲医院的医生，更鄙视民营医院的医生。但笔者没想到的是，三甲医院的医生也会从学术领域分派系。产品经理据此推出有针对性的运营手段，这些就属于对人群特征的洞察。

再如，运营电视猫的电影频道时，笔者希望引入影评人，于是就去微博和豆瓣上挖人。结果发现微博上一部分认证为“影评人”的用户分两类，一类人是不要稿费也会来，另一类人是没有稿费就不参与。而豆瓣上的人很难挖来，有时还会把你给他发的豆邮截图并公开，以此来鄙视你。

经过调查发现这三类人都不是我们想要的用户，原因有三点：①微博上不给稿费也来的认证影评人，他们的影评大多是与电影有利益关系的，这类人写出的影评通常质量不高，用户不喜欢看；②微博上要稿费的认证影评人，属于圈子里混出来的那一批人，一般是出席活动、参与项目、应邀撰稿，不适合“野路子”长大的平台；③豆瓣的资深影评用户，对豆瓣平台的忠诚度很高，相对更文艺一些，甚至对稿费不屑一顾，挖过来的成功率非常低。

踩完上面几个坑，我们也拜访了其他类型的影评 UGC 用户，分析了他们的人群特征，提出了新的、更适用于我们的人群特征：①热爱电影，且与电影没有利益关系；

②文学爱好者，喜欢文字表达；③更理想化，厌恶利益掺杂进电影的行为；④作品优秀，但在其他平台的知名度不高。

这部分人群适合电视猫，原因是：①满足我们对优秀作品的要求；②由于圈子不同，避免了其中的利益关系；③热爱电影，与运营团队“臭味相投”；④更愿意和电视猫平台共同成长。

这个结论是走访了多种类型的用户后，分析得出的主观判断。详细地说，就是穷尽所有类型的影评人群，交流后分析各类人群的特征，如性别、年龄、家乡、性格、三观、对电影的偏好、对电影大事件的解读、对影评平台的看法等内容，综合这些复杂的特征，总结经验，圈定了上述特定人群。

洞察人群特征，主要靠运营人员的主观素质。为提高该素质，首先应学习一些理论知识，其次可以经常试着分析事件背后有关人性的深层次的原因。

3．落地执行的能力

从理论到成果只有一步，却有很多人迈不过去。因为掌握理论和具体执行是完全不同的两件事。不能寄希望于只是通过理论分析就能解决工作难题，因为即便理论再详尽，案例再丰富，也只是停留在纸面上。看文章、听分享也只是起到开阔视野、启发思路、储备知识的作用，问题的解决还是要靠执行来完成的。

相信很多人见过这种情况，一屋子运营人员在做头脑风暴，有的人滔滔不绝，有的人低头沉思。假设他们都在认真参与，那么前者就属于创意型运营，后者属于执行型运营。头脑风暴结束后达成共识，创意型运营人员走了，执行型运营人员留下继续思考，第一步该从哪儿开始，预先应做什么准备。这是两种类型不同的人才，团队需要这两类人同时存在，以进行优势互补、互相促进。他们各自的思维方式和特长不同，如果互换两者的角色，只会让他们都很痛苦。如果从上述两类人里只能选出一名用户运营人员，我选执行型运营人员。执行是从理论到结果的最后一步，理论是很容易理解的，而执行却不是那么简单。执行型运营人才一般有如下特点：①逻辑性强，习惯分步规划；②思维缜密周全；③勤奋，有韧性；④关注和追求细节质量。

最后，一名优秀的用户运营人员需要记住的是，要把自己当做品牌来经营，你的每一次亮相、说过的每一句话、做过的每一件事，上面都有你的印记。要不断地提高自己，才可能拥有更好的未来。

12.2　活动运营

活动运营是指针对不同目标、不同性质的活动进行运营，包含活动策划、活动实施以及嫁接相关产业打造产品来实现既定目标。活动运营的目标是让用户对产品采取行动，而不是运营人员的自我满足、自我欺骗。

12.2.1　活动运营的任务

（1）一切活动运营都应该是围绕内容和用户进行的。首先确定活动目的是为了增加下载量、平台活跃度、品牌宣传度，还是为了用户调研。

（2）整个活动运营过程中，运营人员要知道需要参与和重点负责的工作有哪些。例如，是参与确定文案、活动推广的时间，还是充当客服和用户互动等。

（3）沟通是活动运营中最重要的一项内容，为了保证活动的完美执行，需要与公司的各部门进行有效的沟通。例如，技术部门是否保证满足活动的技术需求？市场部门是否有足够的渠道进行活动推广？财务部门的预算能否到位等。只有高效的沟通才能够产生高效的执行力。

（4）活动运营结束后，活动用户的反馈如何？有没有及时和用户进行沟通？有没有对参与活动的用户进行追踪，分析用户数据？有没有总结活动有哪些不足之处，需要进行怎么样的优化和调整……这些都是一个活动运营人员应该考虑的事情。

12.2.2　活动运营的分类

1．营销主导型活动

营销主导型活动是指活动以销售为主、品牌宣传为辅而展开的主题运营活动。如 2015 年年底在上海梅赛德斯·奔驰中心举行的王菲最后一场演唱会；2016 年年初的滴水湖某开发商举办的最后一波获得上海房产的机会等。主办方以活动为引爆点，吸引目标消费者购买门票，吸纳企业客户投放广告，如王菲演唱会的门票被炒到 10000 多元一张，营销业绩令同行叹服。此类型活动的主要特点是活动本身就是一块“磁场”，具有足够吸引用户热情和消费者眼球的魅力。

2．传播主导型活动

传播主导型活动是指以品牌宣传普及为主，以营销、销售为辅的策划。如比基尼外模闪过北京国贸地铁站的出入口、诺贝尔经济学奖得主公司行、小区电影巡回展、概念时装秀暨客户联谊会、华语电影传媒大奖等活动。这类活动注重产品形象的传播，品牌 Logo 通常以背景板、单册（页）、海报、白皮书、礼品等形式出现，并结合 H5 页面在朋友圈分享传播。举办这类活动时，如果公司高层或者媒体相关领导参与活动开幕、颁奖、抽奖或闭幕仪式，效果往往更令人震撼。

3．娱乐主导型活动

随着“互联网+”的发展深入，“互联网+健身”、“互联网+舞蹈”、“互联网+减肥”、“互联网+娱乐”等形式得到充分发展，鉴于此，运营人员开始组织各类活动，如广场健美操、商场走秀，2015 年 7 月，“大姨妈”更是在张江高科的长泰广场举行百人 DJ 狂欢劲舞活动。一般来说，这类活动的规模不是很大，参加人员常常以场地周边的用户为主，所以盈利性和宣传性不强。这类活动的主要目的一般是满足用户参与活动的欲望，增强人与人之间的感情。这类活动形式比较丰富，例如，唱歌、跳舞、诗歌朗诵、现场作诗、问题抢答、做游戏等。

4．混合型活动

混合型活动兼具了以上两种活动的特点，既做营销，又搞传播，属于“鱼和熊掌兼得”型的活动，如京东的“618 购物节”，淘宝的“双 11 狂欢节”等。这些活动往往以客户下单参与定额广告投放、消费者掏钱购买产品等内容为前提条件，然后客户和消费者获得参与活动的资格，活动本身也将伴随着声势浩大的品牌推广行为。

在新媒体市场竞争日益白热化的形势下，活动运营人员将越来越频繁地扮演复合型人才的角色，也将越来越倚重营销主导型和混合型的活动策划，混合型活动也将成为国内科技、互联网等各大产品运营人员的未来主战场。

12.2.3 做好活动运营的方法

很多人以为做活动只要把活动发出来就万事大吉了，例如，很多人以为运营公众号，把文章发布出来就交差了。笔者认为这是不对的，运营人员应该把每一项工作当成一件作品来对待。如果决定做，那就要花心思，考虑清楚每一个细节，做到问心无愧，要么就别做。

关于线上活动时如何向公司申请资源、推荐位，这里不详细介绍。本节主要介绍活动运营的关键环节，这些环节是活动运营思维的具体表现。

活动主干线

汪某的咖啡厅开业了，虽然他在店面装修上费尽心思，但门口人来人往的上班族还是没注意到这间咖啡厅。他很着急，想不通为什么传说中的“口碑效应”还没出现。汪某坚信自己的咖啡比对面的 COSTA 好很多，只要来尝试一次就会爱上这里。汪某越想越气，于是他走到店里仅有的一位年轻女顾客面前，征求她的意见。女顾客抬起头，慢慢说道：“咖啡味道很好，环境也不错。”听到这个评价，汪某激动地坐下来，上身向前探着追问：“那为啥人这么少？”女客想了想说：“没发现这里啊，而且人们不知道你的咖啡不错，没理由从 COSTA 换到这儿。”汪某恍然大悟，因为没理由来尝试，所以不知道咖啡好不好喝，口碑传播就没有源头。开咖啡厅不是只做好咖啡就行了，咖啡厅只是安静地躺在路边，人们是注意不到的，需要伸出“一只手”把顾客拉进来。“这只手”就是活动，如爆款半价、办卡减免、买一赠一等，引来顾客以后再凭借美味的咖啡让顾客爱上这里，带动后续的消费和口碑传播。

做互联网产品和开咖啡厅有相通之处：即使产品的功能和体验都非常好，也可能没人访问。没用户就没价值，不能形成口碑，用户雪球就滚不起来。如果运营人员想要让用户关注自己的产品，给用户一个访问的理由，加深用户对产品定位的认知。同样也要伸出“活动”这只手，有策略地吸引用户访问、参与和购买。再凭借优质的产品，不断加深用户对产品的好感，促成留存和口碑传播。

做好活动运营的步骤一般如下。

第一步：想明白为什么要做活动，活动的目的是什么，这是最重要的。然后再根据目的思考活动的后续事宜。最理想的状况是把“目的”转化成一项“数据”，比如目的是“提升用户规模”，转化为数据就是提升 DAU。活动目的是策划活动的起点，是思考的源头。只有把握好这点，我们在后续的步骤中才不会偏离初衷。

第二步：确定目标和时间，目的是方向，目标是把这个方向具体化。接上文的例子，比如活动目标就是把 DAU 提升 60%或提升到 100 万。在这一步就要确定这个目标预期，哪怕没有很具体的数字，大概的量级也要有。因为预期的量级会影响到下一步的活动形式。如果预期是把 DAU 从 500 万提升到 600 万，可用的活动形式有很多，难度并没那么大。但如果期望是从 500 万提升至 1000 万，那可能就要绞尽脑汁了，很多活动形式是不可行的，因为效果达不到预期。另外，活动的起止时间也要有大概的范围。急于获得活动效果的时候，活动必须尽快上线；如果不是急于获得效果，那么可以考虑借势，以实现事半功倍的成效，这个“势”就是时间点。

第三步：策划活动形式。目标和时间就像划了框框，这一步就是在框内策划活动形式。通俗地说，就是做什么样的活动，这是活动运营的核心步骤。活动运营的本质是找到活动目标、用户需求和产品形态的最佳结合点。这就好比射箭，活动目标是靶心，不管用什么姿势射箭，都要瞄准靶心；用户需求如同风向，掌握好风向就容易准确射中靶心；产品是弓弩，活动要落地，根本在产品上，就像要拿着弓弩射出箭。

做好活动运营需要运营人员每天花时间积累优质用户资源，运营人员的能力就体现在所能服务的有效用户的数量和质量上，运营工作说到底是运营用户。任正非所说的“让听到炮声的人呼唤炮火”是非常正确的，产品经理要带着呼唤炮火的热情参与到一线，融入到用户的需求之中。积累用户是一件非常耗时、耗力的事情，大部分人都容易浅尝辄止，因为用户越多，事情就越多。

做活动之前，要先找好“烘托”，例如，京东众筹上很多智能硬件的销量一两天就能到达数万的销量，这些订单很多来自线下“倒量”，例如，请某大型企业在线下单采购，这就需要和 BD 人员结合来做活动。如果活动发出很久以后都没有几个靠谱的用户来参与，那说明最开始参与活动的作品的质量必然不好，这个头儿开不好，整个活动的质量都会大打折扣。这时需要做活动的引导工作，首先找一些最适合参与活动的种子用户，然后让种子用户提前准备好一些作品，等活动一发出来，立刻让种子用户参与进来，这样，活动便可以从一开始就引人关注了。为什么要做引导工作？因为如果开始参与的人很多，跟着参与的人自然就多，用户会变得活跃起来，而且大家也会很快了解活动的基本尺度和标准。

活动中，运营人员要做好活动梳理、调优等工作，不能把活动发出去以后就等着用户来，然后偶尔数数来了多少用户，等着下一场活动。活动人员要思考这场活动中自己做了什么增加活动运营效果的工作。例如，是否认真阅读了每一项反馈的数据，做到了心中有数？对于社区里的“盖楼”活动，有没有把 1 楼先占下来，然后每天把最新参赛的作品按顺序在 1 楼进行更新？笔者曾经统计用户查看淘宝评价的翻页数量，结果发现绝大多数用户最多翻到第 5 页，为了方便用户阅读，笔者把一些违规、质量非常差的内容筛选出来摈弃掉了，把一些高质量内容排在了前列。做活动时要把“质”放在第一位，“量”放在第二位。即要努力吸引高质量的新用户，不要为了 KPI 而对数字作弊。

活动运营也遵守“二八原则”，要保证让 19%的最好的作品拿到名次、奖品。比赛中设置的各种规则、规范，要保证优秀的作品、人才能崭露头角，否则，活动就是失败的，这是基本原则。活动是“做”出来的，所以，拉新是每天必须要做的一项工作。

做活动也要考虑用户的感受，首先，要尽量有趣，让用户在“玩”的过程中达到运营的目的。其次，要操作便捷，从用户看到活动，到操作环节结束，每增加一步操作都会带来很大的转化损失。第三，规则要简单易懂，使用户一眼就能看出“去做什么，就能得到什么”。

运营活动要想做得好，一定要明白做这个活动的意义、最大的亮点是什么。如果没想清楚，那就不要做。“用户为王，考虑用户感受”不是口头上说说而已，许多人每天都在强迫用户抱着“用户必须按照我的想法玩”的幻想，这是很危险的。原因如下：其一，做活动的目的不仅仅是为了发奖品，如果不能给用户提供其他实惠，活动不如不做。活动的评委里面要加入版主、资深用户，以激发他们的荣誉感；要对每个优秀作品进行点评，以体现运营者对优质作品、优秀用户的渴求，甚至文案里都要体现出对用户的感激，文案不能写得毫无感情色彩，生硬如 PR 稿。这些都能体现出你对用户的态度。其二，活动的创意阶段有没有跟一些核心用户商量？闭门造车是做活动的大忌。有时候找几个用户聊聊，创意的火花就有了。当然，靠谱的“小白”用户是前提。其三，奖品的设置不要总是一成不变。再好吃的东西，成天吃也会腻。奖品需要变换花样，只有奖品丰富，才能激发用户的猎奇心理。其四，做好传播，分享入口能加上就尽量加上，用户想去朋友圈展示是好事。每次活动后，要做好用户沉淀，活动的完结点不是颁奖环节，而是用户沉淀环节。

活动的最终目的在于积累高质量的用户，让用户形成习惯，为下一次活动做好铺垫、埋好引线。所以，但凡大型活动，甚至可以建一些 QQ 群，把每次参与过的用户积累起来。活动中产生的那些优质作品、优质用户一定要善待，要把他们变成未来运营工作中的主力军，对于这些用户的日常维护是必不可少的。这样坚持下来，每次活动便都能有所收获，下一次参与你活动的人会越来越多，质量也会越来越高。

12.2.4 总结一套活动运营的策略

活动方法是指活动运营的实施，策略是做好活动运营的思维组织方式。笔者在和运营人员聊天的过程中，对于运营和产品的关系做过这样的比喻：产品好比歌手，运营好比经纪公司，运营的目的就好比是让一个有潜质的歌手（产品）进入市场。经纪公司要不断地安排歌手出唱片（输出内容），吸引更多的人关注。通常，经纪公司还会不定期安排歌手出席一些活动，如粉丝见面会、演唱会、新闻发布会、慈善活动等，这些活动就好比运营中的活动运营。不管是为了和用户增进互动，还是为了吸引更多的关注，给产品发布造势，活动运营都是一个非常常见的手段。对于新手而言，活动运营这个看起来非常复杂的事情让人伤透了脑筋。接下来笔者就和大家聊一聊完整的活动运营策略思路究竟是什么样的，希望对读者有所帮助。

首先请大家思考以下 3 个问题。

第一：为什么要做活动？或者说活动到底有什么好处？上文说过，活动运营可以贯穿整个运营过程，可以帮助我们拉新、留存、做转化、优化策略，但是不同的活动的目标是不一样的，所以知道活动自身的好处，对确定活动目标会有帮助。

第二：活动策划之前问一问自己，自己要什么，即确定活动目标，这是策划每一次活动时应该最先做的事情。具体目标要根据运营中的实际情况来确定。比如，App 刚开始上线，目标肯定是要更多地增加曝光量，吸引新客户；App 的用户数量上来以后，活动的侧重点就应该放在怎么和用户互动，以保持用户活跃度，然后让用户留下来；时机成熟以后，运营人员可以针对老用户做一些优惠活动，刺激老用户更好地转化；想知道自己的网站体验好不好，可以通过活动的形式和用户互动，收集反馈等。以上是不同阶段的不同运营目标，而不同阶段的活动都是用来服务于这些运营目标的，所以运营人员的目的是达成运营目标，活动仅仅是一种手段而已。

第三：思考活动的一些常见类型。确定了活动目标以后，运营人员要确定一种合适的活动形式来完成整个过程，这也是很多运营新人容易卡壳的地方。笔者之前和很多新手朋友聊天的时候，关于活动策划的相关问题中，收到最多的问题就是“我现在要 XXX（活动目标），应该怎么做活动？”。造成这种现象的根本原因是对整个活动流程不熟悉，脑海中根本不知道常见的活动形式（玩法）。其实笔者想说的是，活动的玩法千变万化，每个人都有可能想出很多种玩法，但是不管是什么玩法，一定要引起用户的兴趣。常见的活动形式有：小测试、投票、评选、征集、抽奖、游戏（大转盘，刮刮卡等）、兴趣互动（如新浪微博的#帮助汪峰上头条#话题互动）、在线交流（如直播活动）等。除了平时要多看，运营人员还要关注竞争对手，看看竞争对手都策划了哪些不错的活动，这些可以作为策划活动时的素材。想好了前面几个问题，然后带着自己的目标，从目标出发，先确定自己的活动类型，然后逆向思考整理活动执行思路，大致的思考流程如下。

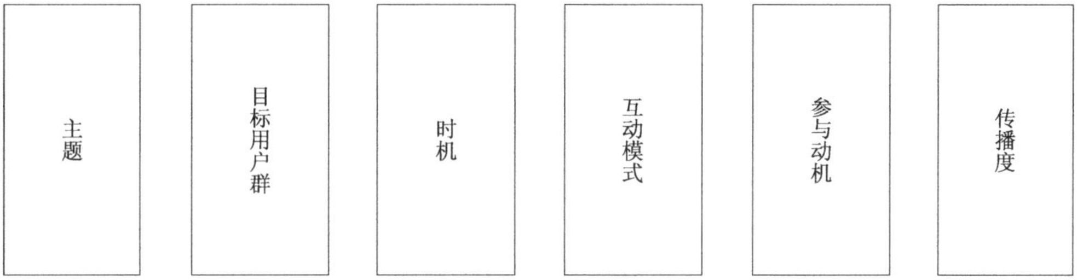

运营策略方法论图

第一步：确定活动主题。活动一定要有一个主题（也叫噱头），主题是围绕活动目标制定的。主题定好以后，在宣传的时候就有了着力点，用户也能第一时间对活动建立初步印象。例如，这样一句活动推广词大家肯定不陌生，“做中国新媒体世界的第一次广告拍卖”，这是罗振宇为 Papi 酱贴片广告拍卖活动确定的主题，擅长营销之道的罗振宇再次在“第一”上做文章，毕竟中国各种“第一”的文化早已深入人心，“新媒体第一个标王”很容易制造噱头。再如，滴滴在 2015 年春运期间推出的“滴滴春运回家”活动，“打开车门，就是家门”的活动主题非常契合外部大环境，能够引起用户的情感共鸣，主题非常明确，能非常成功地让用户了解自己的产品（顺风车），并且完成体验需求。

第二步：明确参与的用户群体。先确定活动的目标用户，就是哪些人有可能参与到活动中来，这跟定位网站目标用户相似。为什么要确定用户群体组成？因为要针对目标用户进行活动预热宣传，这其实和前文提到的“找目标鱼塘”是一个道理。比如，小米的活动一般喜欢在微信、微博、论坛中造势传播，这是因为它的活动对象一般都是“为发烧而生”的年轻人，微信、微博、论坛是这类人群的集聚地。

第三步：确定活动时间。活动的时间安排非常讲究，传统店铺的活动一般都会安排在店庆、大型节假日的时候，互联网给了运营活动更多的玩法和选择。除了上面说的日期，只要你能想到的日期都可以作为活动日期。但是有一点：时间的选择最好契合主题，同样的活动在不同时间点得到的效果差别会很大。大多数节日都有各自的标签，运营人员可以根据标签和活动主题相关的节日作为活动日期，如红包就是春节的标签，团圆是中秋节的标签，劳动节的标签是购物、旅游等，情人节的标签是浪漫、玫瑰花等。

第四步：采用什么样的互动模式（规则）。这个问题最关键，总结来说就是怎么和用户互动，或者说用户如何参与活动。其实当活动的主题和玩法都确定下来之后，规则设置就是水到渠成的事情，在笔者看来，规则的设置最主要的应该满足简单、有趣。简单就是以最直接的方式让用户参与到活动中来，能扫码搞定的，决不让用户微信搜索公众号；能填写电话号码就解决的问题，决不让用户多填写其他任何附加信息，为了避免用户流失，活动步骤要尽可能简化。"有趣"是吸引用户参与的一个刺激因素，其本质是抓住用户的兴趣点，给用户一个参与活动的理由。

第五步：如何吸引用户主动参与？用户主动参与是因为活动组织者提供了一个用户喜欢的活动场景，不管是场景本身的趣味性，还是场景背后的诱惑，都有可能成为用户参与活动的最初动机。引起用户感兴趣的点有很多，运营人员要做的就是构建一个场景，来满足用户的兴趣点。

第六步：活动有没有传播性？传播性是活动策划过程中非常重要的一个组成部分，运营人员通过上面一系列的运作策略，最终让用户参与了活动，但是活动到此远没有结束，接下来还有一个更重要的点——活动的传播性，这一点在拉新活动中尤为重要。用户为什么要分享活动来帮助运营人员进行传播？这里不说答案，先看两个例子。①支付宝集五福活动，这可能是 2016 年春节最火爆的一个活动，这个活动中用户主动分享、传播的动机就是利用一切关系，集齐五福兑换红包。②饿了么的分享红包，用户通过饿了么点餐以后，可以在朋友圈中分享优惠券，朋友圈的朋友领取之后，用户及朋友都可以享受点餐优惠，这里的分享、传播动机就是帮助自己和朋友享受优惠。看出来规律了吗？想要用户帮助分享、传播，活动要满足三个特点：对用户自己有好处（金钱、礼品、抽奖、情感需求等）；对用户身边的人有好处；满足用户"秀"的需要。只要满足这三点的其中一点或多点，那么传播机制就建立起来了。不要以为按照这个思路走完就完事了，到这一步只是活动本身的策略告一段落，还有一些事情也是需运营人员考虑的，千万不要忘记活动运营“扫尾”的流程，如下图所示。

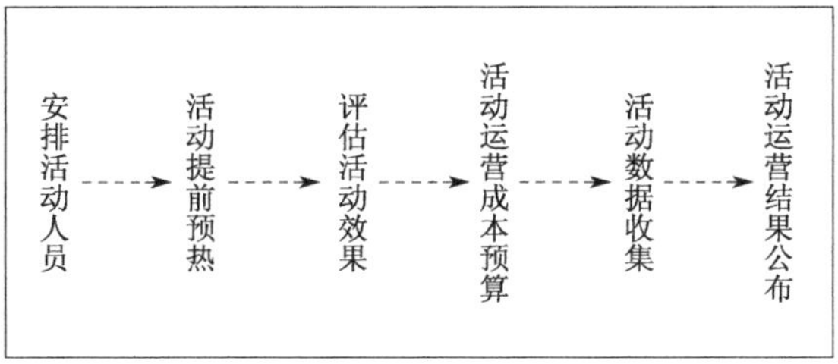

活动运营“扫尾”

组织活动的运营新人在初期可以参考以下案例，把每场活动运营归纳总结为下图所示的四项内容。

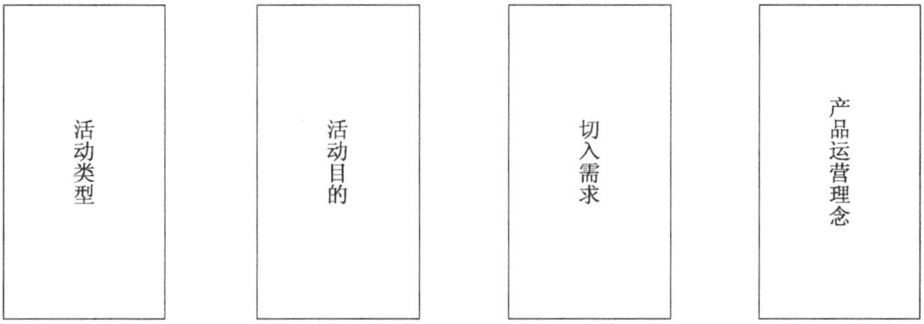

活动运营训练模型

1. 第一个案例：支付宝集福

① 活动类型：游戏。

② 活动目的：建立用户关系，为后续社交化做准备。

③ 切入需求：逐利、有趣。

④ 产品运营理念：用户自传播的理念，以构建社交化运营。

2. 第二个案例：微博的#帮汪峰上头条#

① 活动类型：话题。

② 活动目的：商业目的，当时汪峰新歌在微博音乐首发，运营策划话题引爆，话题量过亿。

③ 切入需求：有趣。

④ 产品运营理念：爆品带动理念，借势做得很好，四两拨千斤。

3．第三个案例：Same 的“你发自拍，我来画”

① 活动类型：游戏、话题。

② 活动目的：提升互动量，间接提升 DAU。

③ 切入需求：有趣。

④ 产品运营理念：有趣味的形式，成就感激励。

关于活动运营的内容基本就是这些，很多细节问题需要运营人员在实践中慢慢发现，然后调整。运营新人在组织活动之前最好制作一个详细的活动运营方案，这样在操作的过程中就有了方向。

12.3 大数据环境下的数据运营方法

方法论是看不见、摸不着的东西，在互联网时代，环境和行业是快速变化的，解决方案变得不再重要，真正有用的方法论更重要。

本节分两大部分，第一部分主要讲数据运营方法论，数据运营的技术、团队、框架的搭建，不涉及具体的结论，只讲方法论，第二部分讲一个数据运营的真实例子。

无论是拥有数百项产品和服务的大型互联网公司，还是悉心经营一款产品的小型互联网公司，都有必要针对自己的产品或服务建立一套数据运营体系。大型公司通过多年的运营积累，数据运营体系大多已经完备且仍在不断优化。而小型公司，特别是初创的公司则只能“在行进中开火”，不断探索和建立适合自己的数据运营体系。

1．数据运营的要素

数据运营作为互联网行业的一项日常事务，其性质与产品研发类似，其主要配置包括专门的团队、高效的平台以及过硬的技术支撑。从数据被存储到被挖掘，再到被分析和产生价值这整个过程来看，数据的运营过程与产品的研发过程有很多相似的地方，下表列出了数据运营的主要过程及其与产品研发过程的对比。

数据运营的主要过程与产品研发过程的对比

序号	数据运营过程	产品研发过程
1	数据采集与存储	市场分析与数据采集
2	数据需求分析	产品需求分析
3	数据提取策略与评估	产品设计与策划
4	实施数据挖掘与提取	实施产品开发流程
5	对提取数据进行验证	产品测试
6	进行数据分析	撰写产品使用说明
7	提交分析报告	交付产品/产品上线
8	分析报告暴露的问题对产品进行更新改良	收集用户反馈，对产品进行升级

必须强调的是，这里类比的不是数据与产品本身，而是数据运营和产品研发的两个过程。数据不能与产品类比，因为数据往往产生于数据运营过程之前，而产品则产生于产品研发过程之中或之后。产品研发的过程可以为数据运营过程提供有效的借鉴。

2. 数据运营团队

数据运营团队可以是纵向的专业团队，也可以是横向的“虚拟团队”，这需要结合公司的实际情况来选择。在人力和资源充分的情况下，笔者更倾向于建立专注于数据运营的专业团队来负责数据运营，以应对大数据传播的多变性，下表是数据运营团队的主要角色，从管理、技术、产品、市场（运营）四个维度列出了一个数据运营团队所包含的主要角色。

数据运营团队的主要角色

类别	职业	主要工作	建议人数	是否可兼职
管理	团队主管	团队的领导者，协调团队内部的资源分配以及外部的相互合作，并做好与团队成员和上级领导的沟通和汇报	1 人	不可兼职
	项目/过程经理	对团队的任务进行优先级分配、排期和进度监督，定期组织召开团队例会，同步团队内部的工作。	1 人	不可兼职
技术	数据开发工程师	与底层数据仓库技术逻辑做接口，负责建设和维护数据运营平台的业务逻辑。	2-4 人	不可兼职
	数据运维工程师	一方面从技术层面监控数据处理有无障碍，若有故障则负责协调处理；另一方面在运营平台业务逻辑的基础上开发和维护数据挖掘调度任务。	2-3 人	不可兼职
产品	数据产品经理	一方面作为数据运营平台的产品经理，另一方面将数据的提取需求化，通过需求分析确定数据提取的范围以及数据呈现的形式，与数据运维工程师协作完成数据的提取，并将提取后的数据以需求的呈现形式交付数据需求方。	2-3 人	数据产品经理与业务分析师可兼职
	业务分析师	通过数据分析发现产品运营中存在的问题以及预测产品未来的发展方向。	1-2 人	
市场运营	决策分析师	将运营得到的数据与市场调查数据相结合，对产品未来的市场决策做出分析。	1-3 人	不可兼职
	研究分析师	数据可以发现产品存在的问题，但往往不能精确定位到问题背后的原因。这就需要研究分析师针对用户和市场进行实证性研究或定性分析，来找出这些原因。	1-4	不可兼职

3. 数据运营平台

数据运营平台是自动化数据运营体系的重点，数据运营平台分为支撑子平台和业务子平台两个子平台。支撑子平台主要是指调度平台以及调度平台下的数据存取介质，是数据运营平台的后端平台；业务子平台包括各种针对性的数据业务平台，下文将主要论述基础数据、质量数据、用户行为数据三个业务子平台，它们通常以 Web 站点或联机 App 的形式进行建设，是数据运营平台的前端平台。建设一套优秀的数据运营平台不仅可以使数据运营工作事半功倍，还可以提高数据运营工作的精准度和可靠度。从数据的存储到形成可展示的数据分析报告的每一步都需要有至少一个平台作为支撑。

首先，用户联网使用产品时，用户的状态和操作行为将被产品中的数据上报逻辑所捕获，并整理为规范的结构化数据上传到产品的数据服务器集群中，再通过调度平台将上报来的数据存储到专门用于数据挖掘和数据运营的数据仓库中，数据仓库中存储的数据被称为原始数据，数据运营工作从数据被存入数据仓库的这一刻便开始了。

其次，根据数据运营业务的需求，还要建立若干个数据子仓库，如用于存储登录和发消息情况的基础数据子仓库，用于存储程序错误、网络联通性、消息到达性等有关产品性能回馈的质量数据子仓库，用于存储用户对产品每个功能操作点击的用户行为数据子仓库。调度平台将每种类型的数据从数据仓库中分离并存入相应的数据子仓库中，这样在对特定类型的数据进行挖掘时只要在相应的数据子仓库中进行即可，这样既避免了一切都从数据仓库中挖掘导致的数据仓库负荷过载，也避免了因不当的操作导致数据仓库的数据被污染而影响到整个数据挖掘工作的进行。

再次，对业务子平台而言，无论是 Web 站点还是 App，在进行数据逻辑存取时都是不能够直接接口数据仓库的，它们依然需要传统的数据库管理系统作为数据逻辑的接口，必须由调度平台将数据子仓库的数据提取、计算和汇总后存入数据库中。根据各业务子平台的业务需求，按照软件工程中的数据库规划方法建立业务数据库及其数据表，例如基础数据子平台的按天登录数据业务有这样的三个需求：按天统计全局登录用户数、按天统计各平台（PC、Android、iOS）登录用户数、按天统计各平台和各版本登录用户数，那么需要在基础数据子平台的数据库中为这些统计建立相应的符合关系范式的数据表并指定主外键和索引等关系，再通过调度平台将数据子仓库中的数据进行提取、计算和汇总“插入”到这些数据表中。需要强调的是，关系型数据库不擅长存储和处理数据量过大的数据，且其逻辑模式与数据仓库完全不同。因此，不能直接将数据子仓库的数据照搬至关系型数据库中，通过调度平台进行数据的计算和汇总，再插入关系型数据库这一步是不可或缺的。

最后，通过各业务子平台获得针对性的统计数据后，还需要将数据转换成图表、表格等人们易于接受和直观参考的视图形式，这个功能可以交由业务子平台完成，平台使用者不仅可以查看到统计数据，还可以切换到不同的视图模式查看和分析这些数据。当然，由于业务子平台本质是一个网页站点（Website）或应用程序（App），并非专业的数据处理和分析系统，所以更深入和复杂的数据分析与展示需要分析人员通过 Excel、SPSS 等软件来完成，这就需要业务子平台提供将统计数据导出为单个文件的功能。

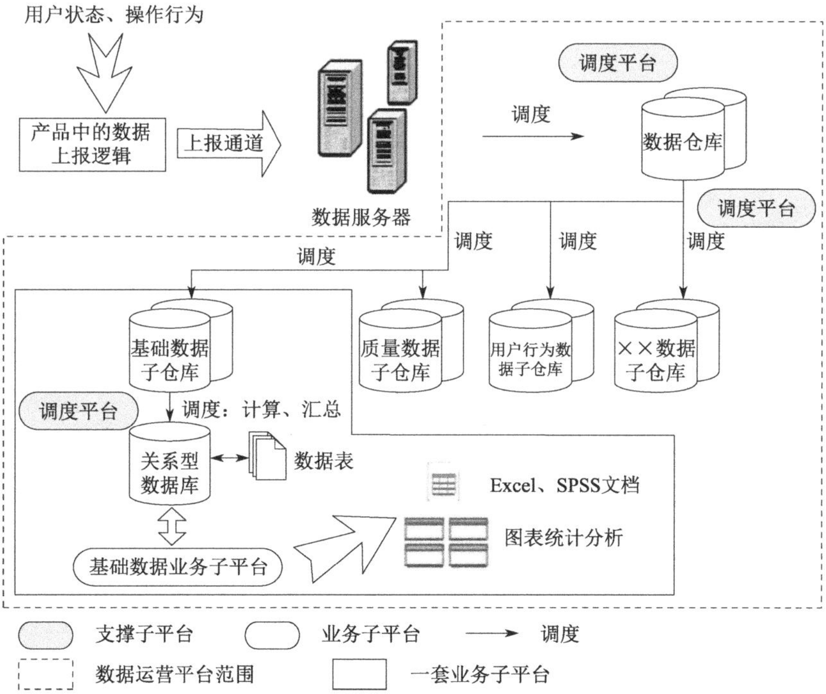

数据运营平台的逻辑构成图

4. 数据运营的技术支撑

互联网从其被发明到每一步的发展总是离不开技术的支撑。技术赋予了互联网灵魂，而它却看不见、摸不着，因此，在社会科学的研究中很容易被忽视。数据运营平台要发挥价值，不仅要有一个正确的体系，更要有过硬的技术支撑。数据运营平台从支撑子平台到业务子平台，再从后端到前端，每一个环节都需要不同的技术作为支撑。数据运营技术用得好是可以事半功倍的。

5. 数据运营的团队结构

大数据时代，只有掌握了数据才拥有发言权，互联网行业的每一项业务都离不开数据。因此，无论是在何种规模的互联网企业，数据运营团队都起着举足轻重的作用。打造一支出色的数据运营团队，不仅可以时时刻刻了解自己与竞争对手的发展状况，更可以预测未来自己与竞争对手的发展趋势，以及时调整策略使自己处于不败之地。然而目前很多互联网企业，特别是中小型互联网企业，还没有把数据运营团队放在企业战略位置上。数据运营团队有其特殊的结构，如果结构不合理，就会影响数据运营的作用。数据团队是一个新事物，建设一支理想的数据运营团队常常是比较困难的。

下图是不理想的数据运营团队的结构图。

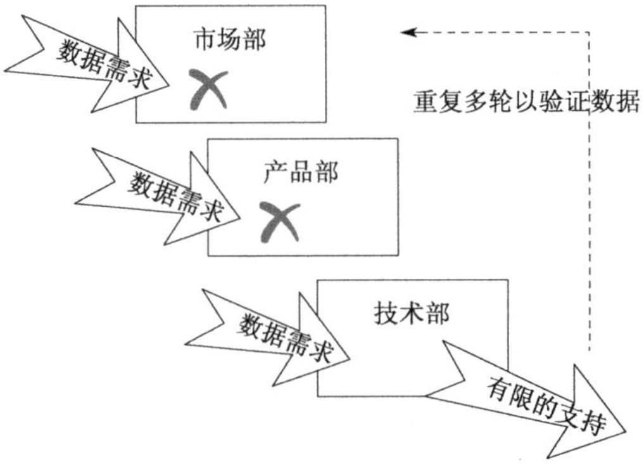

不理想的数据运营团队结构图

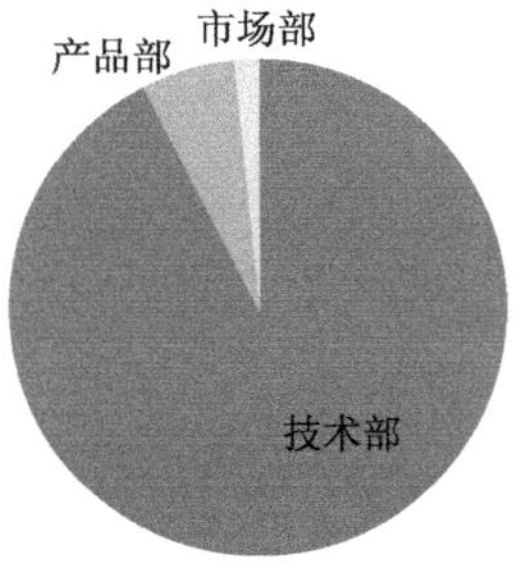

数据持有量分布图

图中所描述的是不理想的数据运营团队结构及数据持有量的分布。在这样的团队结构中经常会遇到这样的工作场景。

A：我想了解一下产品中用户发图片的活跃度，应该去哪里找这份数据呢？先去问问市场部吧。

市场部同事 B：这个数据我们从来没有关注过，建议你去问一下产品部的同事。

于是 A 来到产品部询问。

产品部同事 C：我们这里只有上个月的相关数据，实时的数据都在技术部的同事那里。

于是 A 来到技术部。

技术部同事 D：图片活跃度是吧？这个我要先去后台提取，稍后给你。

A 等了 2 个小时，得到 D 的答复，但是 A 感觉数据不太对头。

A：这个数据量似乎不太对，这是最近发图片的活跃数据吗？

D：嗯？你只要发图片的啊，这份是收发双向的数据，请稍等，我重新提取一下发图的数据。

A 又等了 2 个小时，得到了 D 的回馈，但是 A 依然有疑问。

A：数据的量级似乎合理，但是比上个月高出了许多，是什么原因？

D：这个我也不晓得，可能是市场部做了有关图片方面的推广吧。

于是 A 拿着数据回到市场部询问同事 B。

B：我们没有做相关的推广，可能是产品部上线了新的功能吧。

于是 A 又来到产品部问同事 C。

C：哦，上周末发布的新版本增加了发“限时焚毁”图片的功能，原来这部分的数据与之前的图片发送数据走的是同一个上报途径啊，我得提个需求让研发同事把它们区分上报。

……

最终 A 拿着一份被新功能“污染”的数据郁闷地回自己的部门去了。

这样的工作结构不仅无法让数据很好地发挥价值，而且影响了正常的工作效率，数据反而“帮倒忙”了，数据仅仅是技术部门后台的“杂货”或“储藏品”，而不是公司的财富。

要让数据运营团队发挥重要作用，必须首先承认其独立性，将与数据运营有关的成员单独组织成一个团队（至少是虚拟团队），并有着不同的分工和职责范围，下图是理想的数据运营团队的结构。

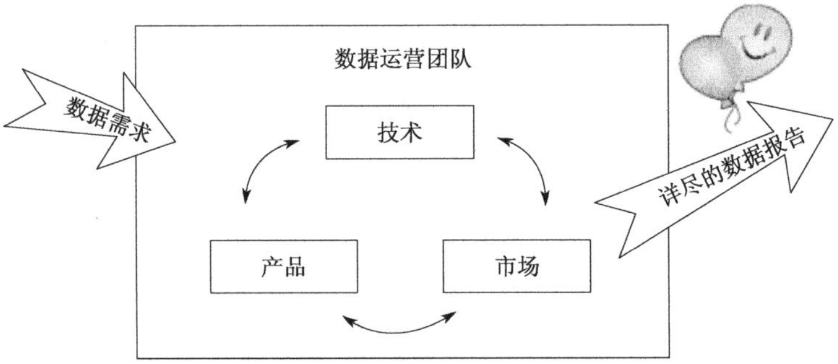

理想的数据运营团队的结构图

在理想的数据运营团队图描述的团队结构中，数据需求被提出后，数据运营团队会按照团队的工作方式进行响应，最终数据需求方拿到的是一份详尽的数据分析报告，上面注明了数据的时间和统计口径，并对误差做了详细解释。在提取数据的过程中，一切问题都会在团队内部被消化掉，整个数据运营工作有条不紊地进行着。

6. 数据运营平台的基本属性

数据运营平台与企业通常部署的 ERP（企业资源计划系统）、MIS（管理信息系统）等平台在基本属性上有非常大的差异。数据运营平台需要重点关注以下四种属性。

（1）安全性。数据属于一个公司的机密信息，即便是同一个公司中的不同业务部门之间也应当注意对数据进行密级设定。数据运营平台应当有严格且安全的权限管理机制，本着“权限最小化”原则为数据运营平台的个人及小组分配权限。

（2）时效性。由大数据的基本理论可知，数据的产生时间对于数据的价值是至关重要的，如果仅有一份数据却不知道它是什么时间的，则这份数据将毫无价值。数据运营平台也要注意数据存储和提取的时效性，平台中的每一份数据都要注明其产生的时间戳。

（3）容错性。上报数据丢失、数据污染、设备故障等问题在数据运营过程中是经常发生的，数据运营平台处理的数据量非常庞大，这就很难保证每一份数据都是完全正确的。对于这些不正确的数据，数据运营平台应当能加以识别，并在处理数据的过程中将其修正或忽略。

（4）冗余性。在当前计算机技术背景下，数据的存储仍以磁盘为主要介质，而磁盘在长时间的通电运作中难免会发生坏道、老化、损坏等故障导致数据的大面积丢失。

因此，数据运营平台在数据存储和处理过程中要做好必要的冗余，以便当数据丢失后能够及时从冗余中还原回来。

7. 数据运营的调度平台

调度平台是数据运营平台中主要的支撑子平台，它的主要功能需求如下。

（1）入库调度。将上报来的数据存储到数据仓库形成原始数据的调度称为入库调度。

（2）分库调度。将数据由数据仓库（或数据子仓库）调度到各业务数据子仓库（或另一个数据子仓库）中的调度称为分库调度，这种调度仅需完成数据的复制和搬移，不需要对数据进行计算和汇总。

（3）计算调度。过程与分库调度基本相同，但是计算调度不是简单地复制和搬移数据，而是在复制和搬移前需要根据业务的需要进行一定的筛选、运算、汇总等处理，再将处理后的数据复制和搬移到目标数据子仓库中。例如，每个用户在一定的时间周期内会向不同的好友发送多条消息，而数据仓库中会记录每一次发消息的数据，但是在数据运营业务中并不需要这么详细，只要能统计到在每个时间周期内每对用户的发消息数量和消息总长度即可，这时便可以通过计算调度对原始数据以收发双方分组、以消息数量和消息长度聚合运算后的数据进行复制搬移，既满足了业务需求，又节省了数据存储资源。

（4）出库调度。将数据由数据子仓库调度到关系型数据库中的调度称为出库调度。由于关系型数据库与数据仓库存在很大差异，这种调度必须伴随着计算步骤，即在数据出库至关系型数据库之前，调度平台必须将数据加以计算和汇总，否则不但会使关系型数据库承受过大的存储压力，还会破坏数据的关系模式。

（5）调度任务监测。对每一个调度任务的状态进行监测，能够及时发现出问题的调度任务，也允许平台使用者随时暂停正在进行中的调度任务。

（6）重新调度。允许对已完成的调度任务进行重新调度，而不会发生数据被重复存取的情况。重新调度多用于调度逻辑发生改变后对先前的调度进行更新。

（7）脚本管理。每一个调度任务均以脚本进行逻辑控制，因此，脚本管理也是调度平台所拥有的重要功能。对脚本的管理操作包括查找已存在的脚本、上传新脚本、替换旧脚本、删除不再使用的脚本等。

在对调度平台进行构建时需要注意以下问题。

（1）调度周期的定义。每一个调度任务都是周期性的调度，这个调度周期可以是秒、分钟、小时、日、周、月等。调度周期越短，数据的粒度就越细，需要的存储成本就相对越高；反之，调度周期越长，数据的粒度就越粗，需要的存储成本就相对越低。任务的调度周期要根据业务需求合理设定，例如，统计一天中每小时的用户行为则使用小时为周期进行调度即可，若要统计一周的用户行为，则要使用日或周为周期调度，否则会因为数据量过大而占用过多的数据仓库资源。

（2）对每一个调度任务的每一次调度均要有所区分，一方面，避免数据的重复调度形成多余数据，另一方面，便于对任务进行重新调度。

（3）调度任务需要具有级联关系，因为有的调度需要以另一个调度的数据作为调度源，必须保证上级任务调度完成后再调度同周期的下级任务。另外需要注意，由于粗粒度数据无法逆转为细粒度数据，因此，下级任务的调度周期不能比上级任务短，例如，上级任务的调度周期如果是日，则下级任务的调度周期只能是日、周、月或者更长的周期。

8．数据运营的基础数据平台

基础数据业务子平台提供产品的基础性数据，这些数据通常在公司内受到广泛关注，公司往往会以这些基础数据作为对产品线的绩效评估参考，是产品 BSC 的重要部分。对于即时通讯产品，基础数据业务子平台的主要需求如下。

（1）用户登录数据。以日和月为周期统计每个自然日或每个自然月产品的用户登录情况，以平台、版本为基本指标组合统计。如业务需要，可以增加其他统计周期和组合统计指标，下同。

（2）新增用户数据。以日和月为周期统计每个自然日或每个自然月产品的新增用户（迄今为止第一次登录产品的用户）情况，以平台、版本为基本指标组合统计。

（3）发送、接收消息数据。以日和月为周期统计每个自然日或每个自然月用户通过产品发送、接收消息的数量，以发送方平台、发送方版本、消息类型（文本、语音、图片等）为基本指标组合统计。由于发送、接收消息数据是即时通信产品的重要数据，因此，这一类数据需求可以细分为多维度的统计，例如，将发送、接收以及发送和接收信息的数量分别进行统计，对不同类型的消息按照其长度进行统计（如文本消息的字节数、语音消息的时长、图片消息的大小），周期内用户发消息数量分布统计等。另外，由于发消息是一种实时行为，以小时为周期的统计对研究用户在一天中不同时段发消息行为的规律也是非常有意义的。

9. 数据运营的质量数据平台

质量数据业务子平台用于监测产品的质量表征，评估产品的质量，以及时发现产品中的缺陷和可改进的方面。对于即时通信产品，质量数据业务子平台的主要需求如下。

（1）致命错误发生率。致命错误是指那些导致程序无法继续执行而中断用户使用产品的错误，这些错误可能是用户的不当操作引起的，但归根结底还是产品的质量缺陷。

（2）联网登录成功/失败率及耗时。用户使用产品的第一步是联网登录验证，这一步虽然看似简单，但从产品运营的历史来看，很多用户往往会在登录的时候遭遇各种挫折，从而对产品失去信心，放弃产品。对联网登录数据的统计就是了解用户在登录过程中发生的错误（如联网失败、密码错误等），并判断是产品的缺陷还是用户的操作障碍，如果多见于后者，则需要在产品中对用户的操作加以适当的指引。

（3）消息成功到达率及耗时。为了增强用户体验，现今的即时通信产品都倾向于向用户隐藏发送消息的过程，即用户向对方发送一条消息后，这条消息的内容会立刻出现在发送用户的会话界面中，使用户感觉到发消息的流畅度非常之高。而消息究竟有没有发送给对方？发送过程耗时多久？这些都是产品质量的关键，毕竟产品的提升不能以欺骗用户为主要手段。因此，需要对用户发出的每一条消息进行监测：如果消息发成功了，耗时多少？有没有办法进一步减少耗时？如果没有发送成功，是什么原因导致的？

（4）界面切换耗时。无论是 PC 端还是智能手机端，目前的产品体验都是图形界面的体验，当用户从产品的一个功能转移到另一个功能时，就会发生图形界面的切换。从软件技术上看，计算机系统在向用户展示一个图形界面前都要经历复杂的绘制过程，而系统的配置、软件消耗的系统资源等都会影响这一过程的效率。统计界面切换耗时就是为了了解用户在使用产品过程中的流畅度，如果体验不流畅，就需要对产品在技术上进行改进（如优化算法减少对系统资源的消耗），否则将有用户流失的风险。

以上需求均以小时和日周期统计，并以平台、版本、失败原因（耗时类统计除外）为基本指标组合统计。其中，成功率和失败率的定义如下。

$$成功率=\frac{成功次数}{成功次数+失败次数}\times 100\%，失败率=\frac{失败次数}{成功次数+失败次数}\times 100\%$$

质量数据业务子平台的构造需要注意以下问题。

（1）展示形式与基本数据平台相似，分表格和图表。除此之外，由于质量数据多研究各指标的成功率，所以还应加入饼形图的展示方式，以查看成功或失败，以及细分失败原因的分布占比。

（2）在对数据进行统计时还应当注意用户的网络环境，例如，对于移动产品用户使用的是 Wi-Fi 还是运营商流量，不同的网络环境对质量事件有着重要的影响，因此，对于部分质量指标需要区分网络环境来观察。

（3）对于关键性指标应有告警机制，例如，重点版本的重点质量指标一旦出现问题应能够通过短信或 E-mail 的方式通知负责人及时进行处理。

10. 用户行为数据平台

用户行为数据记录了用户对产品的每一个功能点的操作情况和使用行为，对于分析用户行为、了解产品受欢迎和不受欢迎的功能点有重要的参考价值。对于即时通信产品，质量数据业务子平台的主要需求如下。

（1）各功能点的进入用户数据。例如，对于功能 A，用户点击功能 A 的图标进入功能 A，则记录该用户进入了功能 A。

（2）各功能点的用户使用时长数据。用户进入功能后停留了多久离开了这个功能，将这个时长进行记录。

（3）各功能点的用户操作轨迹。用户在一个功能中停留的这段时间里，先在哪里进行了点击，又在哪里进行了缩放操作，再在哪里停留了相对较久的时间，最后怎样离开了这个功能，对诸如这样的操作轨迹进行记录。这一部分数据数量大、结构复杂，并且记录过程会在用户的系统中消耗较多的资源，从而导致用户体验降低。因此，对这一部分数据进行捕捉和上报时要特别注意性能的优化。

以上需求均以日为统计周期，并以平台、版本、功能点为基本指标组合统计。对于需要重点观测的功能点，可以在一段时间内以相对较短的周期统计，但由于用户行为数据往往规模较大，故不建议在日常统计中应用短周期统计。

用户行为数据业务子平台的构造需要注意以下问题。

（1）对于有多种进入途径的功能点需注意捕捉用户的进入路径。例如，Android 用户退出程序有 3 条路径：在主界面长按菜单键唤出退出按钮进而点击；在主界面连续按两次返回键退出；在产品的“设置”界面退出。记录用户选择的路径对用户行为的分析有较大的意义。

（2）对于需要进行分类分析的数据需在上报基本数据时一同上报必要的附加数据。例如，用户查看某个联系人的资料卡（用户信息页），对方是该用户的好友还是非好友就是“查看资料卡”这个功能点的一项重要的附加数据，因为后续分析工作会对用户对好友和非好友的操作分类进行。

（3）在对功能点的上报名称进行命名时应实行多级名称（至少二级名称）命名，以便后续分析工作的分类。另外，为了便于数据的存储，上报名称尽量使用半角英文字符。例如，在产品的“设置”功能下有“更改个人资料”“隐私设置”“辅助设置”3 个功能点，则它们的数据上报名称应类似于“Settings-Profile”“Settings-Privacy”和“Settings-Accessibility”。

11. 数据运营的数据仓库技术

“数据仓库”一词在上文中多次被提及，实际上，数据仓库是大数据存储的关键技术。由于大数据时代数据规模巨大（至少是 PB 级）、冗余度高，且不再局限于结构化数据，还有数据繁多的半结构化数据和非结构数据，因而传统的关系型数据库体系架构不适用于大数据存储和调度，数据仓库便成为大数据时代数据存储和处理的舞台。在笔者所经历的案例中，数据仓库采用基于 Hadoop 分布式系统框架的 Hive。Hadoop 是一种开源、廉价的系统框架，具有高可靠性、高扩展性、高容错性、低成本等优点，以 Map-Reduce 的方式进行数据处理。一套数据运营平台能否发挥作为数据运营平台应有的价值，前期的数据仓库搭建是至关重要的。只有数据仓库这一步的功课做足了，才能在此基础上支撑起整个数据运营体系。

12. 数据运营的子平台开发技术

由于各数据运营子平台的本质是网站或联机应用程序，那么子平台的开发就可以借鉴网站和应用程序的开发技术和开发过程进行开发。常见的网站和应用程序开发技术如下。

（1）Node.js：基于谷歌（Google）强大的 Chrome JavaScript 平台构建，具有 API 丰富、灵活性强、执行效率高、平台适应性强等特点。

（2）J2EE：基于 Java 的企业级开发框架。得益于 Java 在软件工程领域的高使用率，业界对 J2EE 的实践相对成熟且参考资料丰富，有非常多的成熟模型可以直接复用。但是 J2EE 的体系较为庞大且严谨，对于轻量级的平台开发而言有大材小用之嫌。

（3）PHP：一种通用的开源脚本语言，具有较强的灵活性，且易于学习、使用广泛，在敏捷开发模式中使用得较多。

（4）.NET：微软公司针对 Windows 操作系统推出的一个功能强大的开发框架，具有体验极佳的集成开发环境和敏捷过程管理环境，通常用于 Windows 平台的开发，对于服务器使用较多的 UNIX、Linux，基本不采用.NET 框架。

12. 关系型数据库管理系统

数据仓库中的数据是无法直接用于业务子平台的存取和处理的，正如上文所述，数据在呈现于各业务子平台之前必须从数据仓库调度到关系型数据库中。笔者在此采用两种关系型数据库管理系统：PostgreSQL 和 MySQL。由于大部分公司的早期开发多使用 MySQL，MySQL 的实践较为成熟，开发工程师对 MySQL 的经验较为丰富，因此，调度平台支持 MySQL 数据库。而 PostgreSQL 对于高并发数据存取的负载能力更强，并且在存储过程、SQL 编程、可靠性等方面表现得更优越。因此，在数据运营平台中推荐优先使用 PostgreSQL 作为关系型数据库管理系统。

13. 数据分析软件

数据运营平台虽然可以自动完成大部分数据的统计、分析和预测工作，但是对于一些较为复杂的数据需求，依然需要分析人员人工做进一步的处理和分析。这就需要分析人员熟悉 Excel、SPSS 等数据分析软件的操作，对这些软件的使用熟练度也体现了数据分析人员的职业素质。

14. 数据提取集成开发环境

集成开发环境通常称作 IDE（Integrated Development Environment）。IDE 是对各

数据运营业务子平台的一种技术性补充。在数据运营平台中，虽然我们针对各种业务搭建了丰富的业务子平台，但是偶尔也会遇到一些需求较为罕见或条件较为复杂的数据无法直接通过业务子平台获取。例如，分析使用“越狱”的 iPhone 用户中对于功能 A 的使用行为，这涉及多种业务的数据相结合，并且这种数据需求并不频繁，没有理由放到业务子平台中。这时就需要通过 IDE 人工从数据仓库中提取这部分数据。在基于 Hive 的数据仓库下，IDE 的实质是一个 SQL 脚本生成和执行工具，数据提取人员通过它可以根据数据需求以操作图形界面的方式生成 SQL 查询脚本，有经验的数据提取人员也可以直接手动编写 SQL 脚本，然后提交到数据仓库，数据仓库执行脚本指令并将数据结果反馈到 IDE 中。在笔者参与实践的数据运营项目中，熟练使用 IDE 手动提取数据是数据运营团队中每个成员必须掌握的基本技能，IDE 在很大程度上触及了数据运营平台在部署、数据处理和分析上的盲区。

在数据运营体系中，数据运营的要素有：数据运营团队、数据运营平台和数据运营技术支撑，三者结合既能使数据被实时挖掘和分析，又保障了数据运营工作有条不紊地进行。提及数据运营团队，理想的团队结构应当是独立的，团队中的成员各有分工和职责范围，当数据需求被提出后，数据运营团队总能按照有序的工作方式进行响应并输出一份详尽的数据分析报告。数据运营平台主要分为支撑子平台和业务子平台两部分。调度平台是一种重要的支撑子平台，负责数据集群到数据仓库、数据仓库之间、数据仓库到关系型数据库的数据调度；对于不同的业务产品，业务子平台主要有基础数据平台、质量数据平台、用户行为数据平台，每个业务子平台各司其职，共同承担产品的业务数据提取和分析。至此，数据运营平台搭建完成。

第13章　虚拟化人格运营

13.1　独特的IP产品运营方法论

独特的IP是可以进行持续化的人格演绎的。香奈儿在2013年、2014年连续被评为全球最佳表现的奢侈品牌，即便它在亚太区降价19%~25%也无损其品牌声誉，为什么？有人说它有经典的包包，有人说每个女生都有一个香奈儿梦，这些答案都不是那么准确，笔者认为香奈儿通过不断地运营让世人看到了菜市场走秀的香奈儿，看到了彰显女权主义的香奈儿，看到了哈瓦那展示的“时尚没有国界”的香奈儿，香奈儿成为一个持续输出内容的IP，香奈儿已经成为真正意义上不断形成用户预期管理和超乎用户预期管理的差异化内容。

据不完全统计，在消费者心目中，广告的可信度呈下降趋势，86%的消费者浏览网页时选择跳过贴片广告，44%的消费者不理会广告邮件，但有61%的用户表示更愿意接受企业向他们推送的内容，并且愿意为此产生购买行为，请注意，这里的重点——内容。调查还显示，60%的用户阅读一些感兴趣的内容后，会搜索相关产品，70%的用户在接触“内容营销”后，会感觉自己与企业的关系更亲近，78%的用户相信提供内容的公司更值得信任。

由此可见，相比传统广告，用户更乐于被“内容营销”，本节的“内容”主要是指产品IP。

在当下硬性广告被无视、软文被鄙视的营销环境中，在“一言不合就取关”的氛围下，如何塑造虚拟化的人格，撰写出高转化率的文案成为营销的重点，这很有交流的价值。

本节后续谈到的转化率是指“你的文案转化为多少订单”，因为大卫·奥格威说过“软文就是为了带来销量”。只有转变传统的广告思维，依靠电商、内容和转化率的思维才可以把握新时代的脉搏。

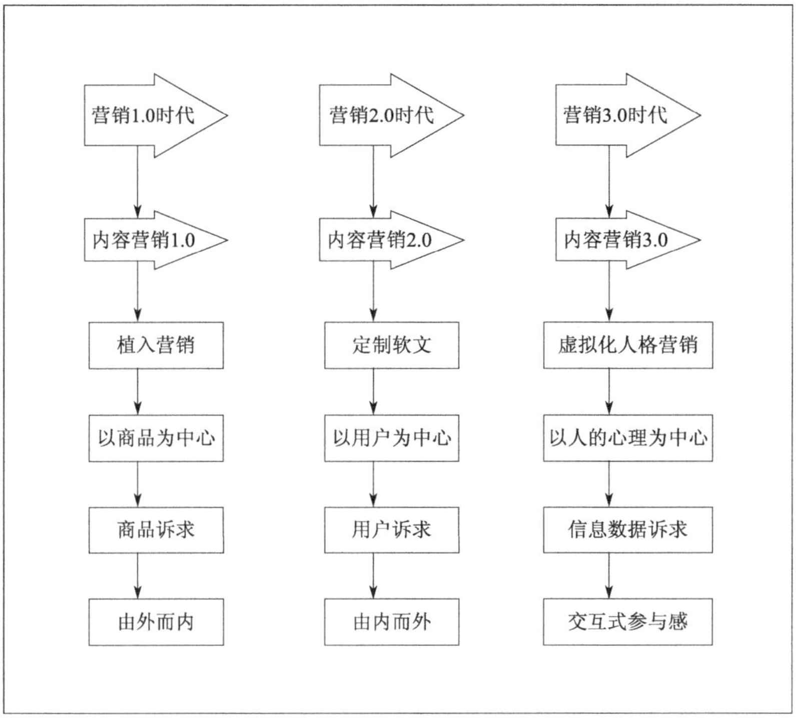

虚拟化人格营销时代

以下介绍如何借助文案内容塑造虚拟化人格平台，以提升平台转化率。

13.1.1　塑造亲和力

文案运营大咖后面通常都有一大批忠实的“铁粉”，不少人就是冲着作者才去看文案和广告的。有的粉丝已经把猜中文案何时出广告、出什么广告当做一种乐趣，有的甚至调侃说“今天没有广告，差评”。

但是绝大多数企业缺乏这样自带“亲和力”的人，即使有这样的人，也不一定能够带来实际的销量，下文案例处会进行介绍。

没有自带“亲和力”的人就是没有优质的 IP，那么首选就要打造一个自带“亲和力”的人，一个具有“虚拟化人格”的“人”。

打造一个自有 IP、一个活灵活现的“企业自有人格”需要以下几步。

第一步：从传播主体开始。例如：公司名字叫某有限责任公司，但是在传播的时候可以弱化其企业身份，突出以人为中心的特色。

第二步：构建版块。一定要有直接购物功能且购物流程顺畅、完整，但是这一版块要显得不碍眼，更多地突出与要塑造的人格的生活直接相关的内容，与孵化一个网红的构建思路几乎一致，弱化“企业”，突出“塑造的人格”。

第三步：话题的选择。坚持“内容为王”，坚持让塑造的人格来说话，多关注生活细节、生活感悟，与此同时，多分享塑造人格对应行业的“干货”，把冰冷的企业变成一个充满爱好、怀揣好奇心、会烦恼、有血有肉的“人”。

通过“虚拟化人格”的方式进行内容营销，让品牌形象具象为一个“人”的形象深入用户的内心，在无形中让客户对品牌形成好感，以最终提升转化率。

13.1.2 运营具有“有销售力+有趣”虚拟化人格的“人”

有趣却毫无销售力的文案，只是在原地踏步；有销售力却无趣的文案，令人憎恶。要把文案打造成有创意、接地气的故事或者图文并茂的精彩段子，生动有趣才能吸引读者。“有销售力+有趣”是笔者推荐的文案。

我们来看一个例子：某文案人员为南孚电池写的文案。

该文案作者的文案在文案圈一直备受推崇，但是这次的文案的效果却很有限。下图是笔者在京东以“电池”为关键词得到的搜索结果：10 件装、定价 18.9 元的南孚电池，共有 14131 人评价；旁边定价为 25.9 元的飞狮产品，评价数为 58757，这差距是非常明显的。为什么如此优秀的文案带给企业的帮助却是有限的呢？这是因为文案虽然好，但是却没有销售力，即文案没有解决企业的问题。归根结底，这是因为文案作者不是该品牌虚拟化人格的自有“人”，文案作者只是一个文案。

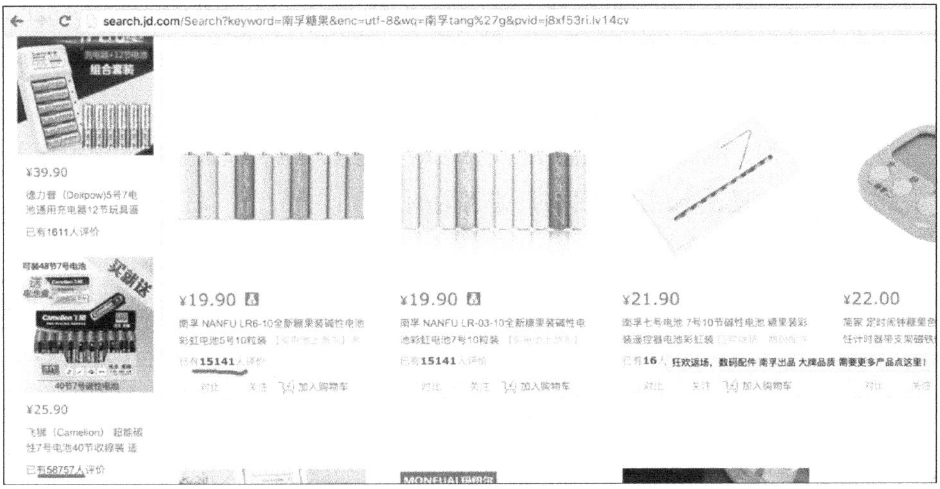

文案有一定的趣味性，但是却没有销售力，南孚电池的文案有以下几点不足。

（1）没有渗透到用户的使用场景中去，即没有深刻理解用户的需求和痛点。

（2）没有抓住时下二次传播的特点，这种体现文案水准的简单图片式广告是很难被真实的用户进行口碑传播的。

（3）电商是会通过活动运营来刺激需求的，用户不是没有购买电池的需求，只是上述文案忘记了让用户感知到在关键时刻缺少电池有多不方便。这种带货思维（销售力+有趣）才能叫做营销文案，才能刺激需求，就像女人的衣橱永远缺少衣服一样，这些错误在塑造文案营销和虚拟化人格的过程中一定要避免。

13.1.3　嵌入

文案营销应该让广告生长在文章的“肉”里头，读者一边读文章，一边知道了广告。这比在文章后面专登广告，或者在报纸/电视上单独登广告的效果要好很多。虚拟化人格内容运营和传统的文案显现的巨大差别在于：需要在一个产品上制造出不同的IP 并进行强关联，从单一的阶段性文案传播变成持续的、多 IP 虚拟化人格的内容运营。这种角度的转变需要文案高手先进行思维上的调整，之后进行工作内容的调整，否则客户会越来越不买账，转向拥有虚拟化人格运营能力的平台去。

13.1.4 多元孵化虚拟化人格平台

企业如果想塑造完整的虚拟化人格，要逐渐从 PGC（Professional Generated Content，专业生产内容，后文简称 PGC）过渡到 UGC（User Generated Content，用户原创内容，后文简称 UGC）。企业自己塑造虚拟化人格时，人、财、物一定是有限的，而媒体、咨询、电商的发展趋势是社会化的，是无限的，如果塑造的虚拟化人格具有社会化属性，理论上说可用的资源是无限的。

借助 UGC 来塑造虚拟化人格内容需要注意如下事项。

（1）信任度内容。在社会化电商过程中，运营人员需要控制 UGC 的质量和用户的操作体验，增加具体的激励机制，提高用户的信任度和积极性。例如，推出分类的“消费者推荐榜单”，激励用户生成高质量的内容，切实增强用户对平台的认可。

（2）互动内容。“互动营销”之父巴利提出，营销活动的核心之一是建立和发展企业与消费者之间的良好关系，也就是内容与用户之间的互动，即小米公司一直强调的参与感。例如，可以发送语音和自制视频来更加鲜活地呈现内容的“人格”；以“闲叙家常”的形式让企业像朋友一般与用户产生关联，让用户感到自己被重视和关注。

（3）线上、线下活动。以福利的形式组织邀请用户参加抽奖，人格化的福利不同于一般的“降价”，而是要与用户像生活中的朋友一样进行近距离互动，以期与用户建立更紧密的长期关系。

互联网思维对文案营运的要求，最终要落实在转化率上，在内容为王的时代，塑造虚拟化的人格走进用户心里与用户互动，推送用户真正感兴趣的话题，建立起血肉丰满的虚拟化“人格”是核心竞争力；“以人为本、以情动人”的互动活动从多角度展开，以求在用户的一次次参与互动中增加用户对企业的好感度，希望用户说这是个好产品，而不是说这是个好文案，“润物细无声”，让用户依赖这种“人格”，影响用户心中的商品排序，用户最终才会购买。

13.2　IP 化的产品理念

有关 IP 化的概念，笔者将其定义为观念或者风潮的创造。

“出名要趁早”同样适用于致力孵化 IP 的运营人员们。相比于虎视眈眈地争抢热门 IP 的“等米下锅”，不如“自己动手”。

传统时代，一个 IP 作品一般是先有小说，再有影视，接着有后续的衍生产品。而网络时代情况发生了变化，一般是同步有影视、书籍、游戏，同时对此内容相关的 IP 进行封装，这种 IP 方法论被称为“根据客户需求反向订制”。

对产品经理来讲，在一个点发力是最好的，把这一个点做到极致，产品的竞争优势才会最大，产品才不会被替代。互联网产业一定会朝着越来越成熟、分工越来越细的方向发展。产品经理要做的事就是抓源头，因为源头的价值是最大的，后端所有的变现都是围绕着源头进行的，用户需求和值得肯定的点才是产品经理发力价值最大的地方。

直播、网红、内容创业、IP，各种新词热词纷纷涌现，叫人应接不暇。而在这些概念轰炸的背后，有一根暗线是异常清晰的：在经济环境呈现 L 型走势、资本寒冬的当下，原有的那一套互联网产品的玩法（“羊毛出在狗身上，猪来买单”，疯狂烧钱补贴用户、商户，一根蜡烛两头烧）已经行不通了，未来 IP 化的产品研发的时代正在到来。

当下的互联网行业是一个远离“情怀”，回归商业本质的时代。那些喜欢对消费者讲故事的消费升级项目最本质的赚钱逻辑是什么呢？国内互联网视频的消费模式从广告模式变为付费模式。付费模式下，用户喜欢 IP，喜欢明星，愿意为好的制作付费。IP 运作高手把 IP 的影响力变现。对内容制造商来说，最核心的竞争力是对内容的把控和制作水准。

IP 化要回归需求，还是要看内容在这个时代的主流消费群体中是否存在用户基础。今天是 IP 的时代，网红是 IP 的极致表现，网红把 IP 和人叠加在一起。当行业的流量呈现垄断的时候，产品对 IP 的需求量特别大。

这是一个依靠个性培养粉丝、拒绝蝇头小利收买低端消费者的时代。运营人员一直苦苦寻找的精准的产品流量的红利怎么来？高转化和复购用户怎么来？平台商品的溢价怎么来？网红给这三个核心问题带来了回答，网红把消费升级从理念变成现实。

IP 的标价取决于信息不对称的程度，IP 高手通过价格标签使信息对称的 IP 精准地呈现在市场上并可交易。

国内的消费人群正在改变，中产阶级开始崛起，“80 后”“90 后”，甚至“95 后”人群开始成为消费的主力军。在《疯传》一书里，“社交货币”被反复提及，对于高溢价的商品，人们购买更多的是功能体验之外的东西，是一种社交价值，让大家心甘情愿掏钱的是一种被广泛认同的“阶层身份象征”，是一种在人群中可以突出自己气场的“社交优势”，是一种只要买了这个东西就变身为中产阶级的感觉。例如，许多年轻人的收入并不高，买性价比更高的安卓手机更符合其收入水平，但是偏偏追求苹果手机，这是因为对这些年轻人来说，买房、买豪车太难了，而买苹果手机是最便宜的、可获得的阶层象征。这些年轻人通过购买手机可以享受 IP 为用户带来的红利，实现了虚拟化价值对等。IP 要获得用户认可需要以下两点。

① IP 内容。只有通过持续地传递内容，才能给消费者洗脑。

② IP 社交。仅有内容还不行，讲的故事还要让人们普遍认可，特别是目标用户的意见领袖们认可，并在目标人群中口口相传“买某商品真的更会被大家赞赏、羡慕”，这需要社交的力量。这里的社交是广义的社交，即包含社交网络、主题社区、兴趣社群在内的“泛社交”。

我们现在大有机会去完成一个全新 IP 内容体系的构建，实现产品的 IP 化运营。新的产品运营基础设施带来了大量新的渠道，新的技术整合带来了新的产品模型，新的网红带来了新的流量，一切商业皆内容，一切内容皆可 IP 化运营。

第 14 章　自媒体与内容

14.1　从 0 到 1 打造内容自媒体

2015 年，笔者记住了一篇文章《好看的女孩子都自带烧钱属性》，这篇文章获得了超过 10 万人次的阅读量。这里笔者不想讨论文中的观点，而是想从打造自媒体的角度分析这篇文章。首先，标题吸引人；其次，内容充满让人性堕落的鸡汤属性，女性就应该用好的化妆品、背好的包包、穿名牌，而不应该老老实实坐在办公室心累、心塞地经营职场关系。在工作压力这么大的大环境之下，这样的内容很容易获得人们的认可。

14.1.1　如何获得第一批粉丝

万事开头难，从 0 到 1 做自媒体时，快速获得第一批粉丝是很重要的，第一批粉丝会帮忙转载、分享，影响更多的用户，这样公众号成长起来就会容易得多。

那么应该如何获得第一批粉丝呢?有以下三点。①写出高质量的文章。高质量是指有价值、能帮助读者学到东西的文章，这类文章很容易获得高转载量。记住：不要写带有负能量的文章，这些虽然也有很多转载量，但是读者质量太次。②动用所有的渠道宣传自媒体的 ID，每篇文章都要带有版权信息，也可以进行自我介绍。③组织一些小活动鼓励粉丝向身边的朋友推荐自己，关于这点，罗辑思维、吴晓波频道、鬼脚七均用过。

14.1.2　自媒体内容的选择

公众号的内容决定了对应的读者群体。从朋友圈、QQ 空间、微博里的鸡汤文、鸡血文等类型的文章的转载量就可以发现，任何主题都能够吸引读者，因为网民基数太大了。那是不是应该选个有很多受众的主题来撰写文章呢?不完全是，文章要根据公众号的定位选，如果以赚钱为出发点，那么适合的主题有女性类、孩子类、健康类、创业类、学习类等；如果想要快速吸引用户，那就要求文章快速扩散，那么心灵鸡汤、成功学这些主题是不错的选择；如果只是谈谈感悟，写文章，没什么其他目的，那么随性写就可以。如果出于某种兴趣爱好，那么坚持就可以，人以群分，用户会找到你的。

凡是有目的的内容，都需要好好计划，慢慢分析，分析的方向有：群体特征、群体人数、群体需求等。另外，还有一个硬性指标是：自媒体运营者自身的高度决定了读者的高度。2017 年已经没有所谓的“红利”，也不是靠一点小聪明（如犀利的切入点）或一些小互动就能存活在自媒体圈子里，2017 年已经到了“真刀真枪”拼能力、拼实力的时候，而实力最基本的体现就是内容。

从 2012 年开始，陆续有一些有想法的朋友找笔者聊天，告诉笔者想做公众号，笔者的第一句话是认可和鼓励，第二句一定是嘱咐，只有坚持产出优质的内容，才可以继续下去。但是，持续生产好内容谈何容易。内容按照形式不同可分为：文字、图片（动图和静图）、音频和视频。具体怎么做好内容，这里举个例子来说明，比如，某一个做农村特产的公众号，经过调查发现喜欢农村特产的人以中产阶级居多，那么内容肯定要围绕“中产阶级”和“个人奋斗”等方向来做，一般的内容产出就是这样的思维。不过，这个时候是不是可以换个角度，根据用户的其他需求来考虑。

无论是“中产阶级”还是“个人奋斗”，都可以利用“矩阵”来发散思维，如下图所示的用户是中产阶级，主题是个人奋斗，图中任意两项特征组合就可以诞生多种内容的切入点，比如：小强升职记、网络公司帕劳游等，并且每个点还可以继续发散。

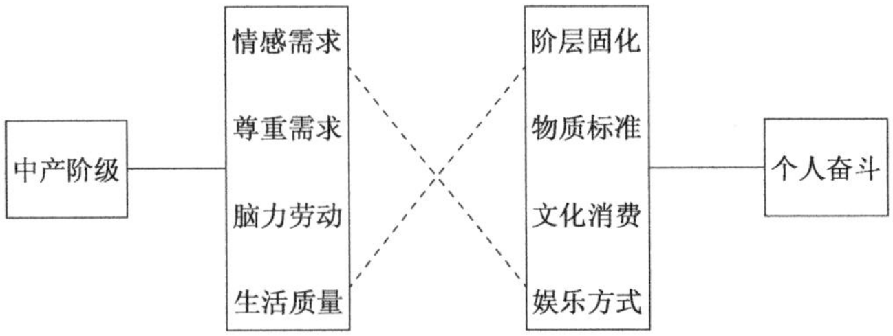

自媒体内容创造图

14.1.3 自媒体内容的核心思维——用户思维

产品经理、运营人员从 2012 年开始听得最多的词汇或许就是“用户思维”，从事自媒体内容运营不要急于在这一两年内获得很大的成功，观察一下现在的大 V，是不是都有很长时间的积累？如传统时代线下的积累、PC 时代互联网上的积累、专业上的积累，依靠这些积累，结合自媒体，将过去的优势运用到新的载体上，才取得了今天的成功。

现在自媒体行业最核心的内容是什么呢？是自媒体的思维方式，笔者把这种思维方式定义为：用户思维。其实这个词也没有想象中的那么玄妙，哪个生意人做生意不需要考虑客户的感受？所以，用户思维就是：从用户的角度思考问题，深入分析用户的需求，结合用户需求设计产品、生产内容、策划活动、宣传推广。

总结以前介绍内容自媒体的文字，是不是都是以用户为出发点？不知道要写什么内容时，去问用户；不知道该策划什么样的活动时，也去问用户；不知道去哪里推广公众号时，还是去问用户。用户思维为什么在现在这么重要呢？因为信息越来越碎片化，品牌越来越淡化，产品越来越多，服务越来越好，面对越来越多的选择，用户已经明白自己的感受越来越重要，所以运营人员想要获得关注的唯一手段就是融入客户，用用户思维思考问题，更贴心地为用户服务。

14.1.4 坚持

自媒体的制胜之道在于坚持积累和有规律的内容输出。内容更新的频率要利于粉丝习惯的养成，文章更新的频率要控制好，要有规律，千万不可以“三天打鱼，两天晒网”。从效果上说，最好每天更新，每天更新可以让粉丝快速习惯“有你陪伴”的生活。除了每日更新，还可以学美剧，每周更新，以保证产出的内容都是精品。内容要坚持原创，力争形成自己的风格，每天都写，总有一天会不知道写什么，那就需要学习，然后转化，再输出。运营人员可以从各类电影、书籍入手，把学到的东西分享出去，细心观察就会发现，嬉笑怒骂皆成文章。特别提醒，千万不要抄袭。

14.2 《罗辑思维》和《吴晓波频道》的运营策略

从 0 到 1 打造出内容自媒体以后，本节希望能从当下两个最大的自媒体的运营过程中分析出内容自媒体的运营策略。

14.2.1 罗辑思维

《罗辑思维》的出现让人眼前一亮，它犹如黑暗中的一盏明灯，指引着自媒体的发展方向。在本节中，笔者将对《罗辑思维》的运营策略进行分析。

1. “魅力人格体”的塑造

罗振宇在接受《创业邦》杂志的采访时说过，“魅力人格体”是他和申音多次思考后，认为最能概括自媒体特征的一个标签。他认为，自媒体未来的竞争将是人格魅力的竞争。

“魅力人格体”是一种新的提法，最早由罗振宇提出，用以强调自媒体中“个人品牌”的重要性。罗振宇认为，“魅力人格体”等于原来的“内容”，但它和内容又有所区别。“魅力人格体”指的不是一个具体的人和传统时代的明星，它可以是一个人，比如“罗辑思维”；也可以是两个人，比如《冬吴相对论》的吴伯凡+梁冬；可以是六个人，比如，天天兄弟、快乐家族；它也可以不是人，如 Hello Kitty、米老鼠。那么，到底何为“魅力人格体”？罗振宇的解释是“任何具备独特性格、个性、魅力的符号，我们都可以称之为“魅力人格体”。

谈及“魅力人格体”背后的逻辑及意义时，罗振宇从经济学的角度给出了这样的解释：传统的商品交易是价值等于价格，但是商品忽略了一个要素——稀缺性。稀缺性在传统的产品经济中具有天然性，即任何一个物品，它天然便具备稀缺性。如有些东西对人类而言价值很大，但不稀缺，它便不能变成商品，例如，阳光和空气。对自媒体而言也是如此。

在这个信息泛滥的时代，真正的“稀缺性”不是内容，而是用户的注意力，这时，拼的便是“魅力人格体”。笔者认为“魅力人格体”可以概括为：①独特性，即差异性，与众不同；②稀缺性，即人无我有，满足用户需求。罗振宇是《罗辑思维》的“魅力人格体”，罗振宇将《罗辑思维》人格化，使之成为一个真正的自媒体。反过来，用户所熟知的“魅力人格体”是通过《罗辑思维》这一自媒体平台，包括网络脱口秀节目、微信公众号所表现出来的。换言之，只需分析出《罗辑思维》网络脱口秀、微信公众号的特色以及罗振宇的个人魅力所在，便可完整地诠释“魅力人格体”的真正含义。

2. 从《罗辑思维》的节目形态看“魅力人格体”

从节目形态上看,《罗辑思维》以视频和音频为主要表现形式,即每周五时长为 45 分钟的网络脱口秀节目,以及每天 6 点到 7 点之间其官方微信公众号发布的一条微信语音。而文字产品,如微信语音后回复关键词所推送的一篇文章以及根据每天推送文章所制成的微刊,则作为视频、音频内容的延伸和补充。

罗振宇选择网络视频为主要阵地,是因为视频使罗振宇的形象显得直观可视,利于打造“魅力人格体”。罗振宇形容自己为“一个歪嘴胖子在镜头前唠叨歪理邪说”。

在《罗辑思维》微信公众号中,罗振宇选择了发送语音,而不是文字的方式,因为“语音所包含的人格要素比文字要清晰得多”。此外,罗振宇主张做极简主义的视频,要求录制场景尽量简洁,且视频多采用单机位和长镜头拍摄,目的是避免视频在视觉上给人感觉太花哨。同时,在录制视频和语音的过程中,一种“死磕”的精神在罗振宇身上体现得淋漓尽致。比如,一小时左右的网络脱口秀节目,他需要录制八九个小时,绝不容许自己在节目里说得不够流畅,一个字音发破了就重说,直到现在依然如此。与《罗辑思维》视频节目同时上线的微信公众号上每天的 60 秒语音,是罗振宇本人坚持每天早上 6 点起床录制的,60 秒的音频一秒不差,在每天的 6 点半左右准时推送。为了让这段话不多不少卡在 60 秒,他前一天晚上需要练习好几遍。罗振宇说,他要用“死磕”的精神磕出“魅力人格体”。事实证明,他做到了。

3.《罗辑思维》节目内容及定位:有种、有趣、有料

《罗辑思维》视频脱口秀是一档周播的网络脱口秀节目,每周五于优酷平台上播出。自 2012 年 12 月 21 日节目开播至 2014 年 1 月 29 日,已经完成了两季节目的播出,共 109 期。

据笔者统计,节目中明显倾向历史的主题有 32 个,与当下时代相关的议题有 77 个,在倾向于当下的议题中,明显倾向于政治主题的有 15 个,经济主题有 9 个,解读社会文化现象的主题占据当下议题的大部分。尽管如此,政治和经济主题仍带有十分浓厚的历史与文化气息,罗振宇以他独特的视角解读着一些政治和经济事件。而解读社会文化现象议题的范围较广,不仅包括对末日文化的关注、对 80 后这一代人生存现状的解读、对地域歧视、土地私有化以及房产税等问题的探讨,还包含对教育、医疗、就业等问题的思索,更有对泡妞、拖延症等轻松娱乐话题的解读。

“有种、有趣、有料”是《罗辑思维》的口号，同时也极好地概括了这一自媒体内容的特点。就《罗辑思维》网络脱口秀节目而言，“有种”体现在选题大胆。一些传统媒体一般不涉及的话题，《罗辑思维》脱口秀敢于大胆讲出，如第 11 期《权力之下无真相》、第 21 期《岳飞为什么必须死》、第 33 期《官僚为什么当骗子》、第 53 期《反腐到底反什么》、第 68 期《右派为什么那么横》，等等。这些话题大多涉及政治上的敏感话题，但罗振宇引经据典，婉转而柔和地表达出自己的观点，并为一些长期未能解决的问题提出了自己的建议。比如在《反腐应该反什么》中，罗振宇提出，腐败问题是一个生态问题，是一个系统问题，是一个信息问题，只有更开放的信息通路，将官员财产公示，把官员内部的信息曝露在阳光之下，贪污腐败才可以根治。这样一来，公众看了节目后不仅拍案叫绝，也从中得到了一些启示。“有趣”体现在一些选题的趣味性。一些选题不需要看内容，光看题目就能勾起人们的兴趣。如第 19 期《为泡妞之成功而读书》、第 31 期《你的女神你不懂》、第 41 期《大公司：和蚂蚁一起舞蹈》、第 59 期《女人是一道题》、第 62 期《女神是怎么炼成的》等。而“有料”则体现在节目选题有深度、知识性丰富。《罗辑思维》有一本同名图书，是根据视频脱口秀节目整理而成，且书中收录了受众观看《罗辑思维》视频的感受，其中有一条是这样表达的：“每次看老罗的节目都能新增很多有意思的历史知识，而且老罗总能把这些历史讲得妙趣横生，如果我以前上学时历史老师是老罗，我考试就不会总不及格了！”“罗辑思维”微信公众号采用的是每天给用户推送 60 秒语音，用户通过听语音，自主选择回复关键字接收个性化文章的模式，这与一般公众号推送文字加图片这种千篇一律的模式有所区别。罗振宇 60 秒简短、幽默的真人语音，真实而直接地拉近了与用户的距离。另外，采用用户回复关键词接收推送文章的模式，有利于用户主动参与互动。在内容方面，60 秒的语音多为罗振宇本人生活中的所见、所闻、所感，或为阅读一本书时发现的有趣之处，或为与朋友闲聊时的一个有趣话题，或为罗振宇近期发现的一个有趣现象。总之，罗振宇用心地与微信用户分享他的感受，以此来启发用户对生活的感知和思考。以“有种、有趣、有料”为口号的《罗辑思维》最大的优势在于节目内容的扎实与独特。“古代有钱人自己有眼睛却不读书，而是花钱请别人读给自己听”，罗振宇说，他便是受众身边的“读书人”，而正是这个“读书人”的形象，让“魅力人格体”更加形象化。

4. 从罗振宇的个人魅力看“魅力人格体”

众所周知，在一个节目中，主持人起着至关重要的作用。主持人的素质关系到节目是否能完整地传播给受众，他们肩负着将文本语言转化为有声语言的重任，还起到吸引观众注意、引起观众兴趣的作用。《罗辑思维》是一个知识类的自媒体，它以分享知识为核心，同样也需要一个主持人作为知识分享的桥梁，这个主持人便是罗振宇，也正是《罗辑思维》所要打造的“魅力人格体”。罗振宇的魅力何在？主要体现在两方面，一为他的专业背景，二为他的语言魅力。

（1）罗振宇的专业背景。

罗振宇生于安徽芜湖，是一位资深媒体人。他本科就读于华中科技大学，毕业后到北京广播学院就读硕士，并继续保持了进修学历的热情，从而完成从本科到博士的跨越，这便是他的专业理论基础。在专业实践方面，罗振宇经验丰富，他曾供职于中央电视台，历任《商务电视》《经济与法》《对话》等栏目的制片人。2008 年年底，他从央视辞职，成为自由职业者，但仍在传统媒体中频频出现，曾相继担任《决战商场》《中国经营者》《领航客》等电视节目的主持人，同时还是第一财经频道的总策划。在电视媒体多年历练的经历，为罗振宇在《罗辑思维》脱口秀视频中的出色表现奠定了坚实的基础。首先，罗振宇在视频传播的表达方式方面比一些传统平面媒体的媒体人更熟悉，比如镜头、灯光、视频制作，他都了如指掌。其次，电视节目主持人的经历使之在镜头前具有丰富的表现力，如说话的音色、语调、节奏，以及表情、动作都拿捏得恰到好处，让人感到真实、自然、舒服。事实上，这些都是多年修炼而来的功力。

（2）罗振宇的语言魅力。

《罗辑思维》网络视频脱口秀节目事实上属于一个知识类的谈话节目，就节目本身而言，它对主持人的文化素养、知识储备及语言表达能力要求很高。罗振宇的文化素养和知识储备来自他扎实的专业理论基础，而多年的媒体实践经验使他具备独具魅力的个性化语言。

首先，罗振宇口语化的语言给人以亲切、自然感。口语化是罗振宇在《罗辑思维》中一个显著的语言特点，具体表现为：①他常以第一人称的口吻出现，营造一种与朋友聊天式的语言氛围；②他在主持网络脱口秀视频时选用的是一些口语色彩比较强的词语，同时他喜欢使用一些语气词，如“哈”“啊”“嘛”。第 19 期脱口秀视频《为泡妞成功而读书》中的一句："拿我自己来说，我酷爱历史，不能说书读得很多，但是至少读过前后几百年、几千年的历史，我能清楚地看到整个人类历史的大趋势"。很明显，用"我""不能说……""能看到……"这样的表达都是十分口语化的。又如，罗振宇 2013 年 12 月 12 日的微信 60 秒语音："今年啊，我感受最深的一个词就是修行。这可不是从宗教的意义上讲哈。从个人成长的意义上讲，让你真切地意识到生命是有限的，总有一天会死去，你就会觉得有点来不及。每一天都努力地过好，也许还是来不及到达自己想要到达的那种高度。所以啊，学习是修行，创业是修行，甚至包括爱情也是修行……"在这部分语音中，"今年啊""所以啊""这可不是这样讲哈"这几句句尾都使用了"啊"和"哈"这两个语气词，十分生活化，给人十分轻松自然的感觉，也大大增强了罗振宇的亲和力。

其次，罗振宇情感化的语言给人以真实感。所谓情感化的语言，指的是语言有交流感，且有反弹性、应答性。罗振宇的网络脱口秀《罗辑思维》大多数时候面对的只有冷冰冰的话筒和镜头，没有现场观众，可他表现出的却像是在与受众交流，也说明他在用心去录制节目，心中始终装着受众。最突出的表现是，罗振宇在节目中经常使用自问自答的表达形式。他一般采用两种方式，一种是先提出一个问题，罗振宇即刻提出自己对问题所持的观点。如第 30 期《和你赛跑的不是人》中有这么一句："互联网是什么？互联网根本不是什么新媒体，互联网是母媒体。"另一种是提出一个问题，先抛出他人的观点，再陈述罗振宇本人的观点，还是以《和你赛跑的不是人》一文中的句子为例："我曾经问过一些企业家朋友，我说给你们出个题目，假设无人驾驶汽车在中国普及，那你说会对整个的汽车产业产生什么样的影响呢？大家说，无人驾驶汽车意味着我没有司机也可以买汽车啊，所以汽车的销量会上涨。我说，我的判断可能跟你们真的是相反……"从例句中可以发现，罗振宇善于提出问题，并以提出问题的方式抓住受众的心，使得受众更进一步体会到这种交流感。同时，正是由于罗振宇心中始终要装着受众，虚拟出一种眼前有交谈对象的场景，他在节目中常常激起情感的火花，而这种真情实感，让人感到罗振宇的真实和真诚，同时对罗振宇也多了一份信任。

再次，罗振宇趣味性的肢体语言给人以幽默感。在《罗辑思维》脱口秀视频中，罗振宇除运用通俗且生动的有声语言外，他还善于运用丰富的体态语言，如面部表情随历史故事情节的变化而变化，还有一些自然的手势等。这些体态语言体现的是罗振宇的外在气质。什么是气质？上海戏剧学院教授胡导曾对气质给出这样的概括：“气质就是展露在人面前的面容、体态、衣着打扮、言行举止和自我感觉上的神情、仪态气势，也包括我们通常说的精神状态，能概括这个人的身份、年龄、经历、教养，以及某些性格特征因素的精神状态。”在罗振宇身上，从他的体态语，我们更多地体会到的是他幽默的气质。笔者一直心存疑问，罗振宇为何能有如此强大的语言功底，展现出如此独特的语言魅力？直到看到罗振宇的大学同学肖弦弈在个人博客上对他的评价，才恍然大悟。“罗振宇在电视节目的实践和研究方面的表现也只显示他的‘冰山一角’。他在历史、文学、哲学上的‘强悍’才让人震惊。他对中国历史，尤其是明清史烂熟于心。在文学上，他对唐朝诗人李贺极其推崇，他能一口气给你背几十首他的诗。哲学上，他对中国古代哲学史和西方哲学史做到了融会贯通。”别林斯基曾说过，风格是在思想和形式密切融合中按照自己的个性和精神独特的印记。个性化语言是在思想内容和表现形式上的有机组合、和谐统一中形成的，不同的主持人，由于音色条件、生活阅历、自身语言修养及语言习惯这些内在因素和栏目内容等外在因素的不同，形成了各自不同的语言风格。观众被那些优秀主持人极具磁性、充满独特魅力的语言所吸引，并由此产生一种对整个节目正向移情的效应，从而成为这些节目的忠实观众。《罗辑思维》的受众正是被罗振宇的“人格魅力体”所吸引，成为节目的忠实观众。 罗振宇是《罗辑思维》的灵魂。罗振宇曾自嘲“希望成为大家的疯狂书童，每天趁热端上三段读书心得，保证给得比盒饭多，营养比蒙牛强。”正如罗振宇所说那样，他用独具魅力的语言，如古代有钱人家的书童一样，“死磕自己，愉悦大家”，让“魅力人格体”表现得活灵活现。

笔者通过对《罗辑思维》这一成功案件的运营策略进行深入地剖析后发现，在《罗辑思维》运营的每个环节，包括“人格魅力体”的塑造上，互联网思维发挥了重要作用。笔者以为，互联网思维的核心是两个字——连接。其中，“人格魅力体”的塑造，让用户主动与自媒体进行连接；《罗辑思维》的成功很大程度上源于《罗辑思维》运用了互联网思维。对于互联网思维，到目前为止仍无一个统一标准的定义。一般来说，互联网思维可以从几个角度理解：从产品角度看，就是寻找并满足消费者的痛点，在这个过程中，让消费者深度参与，慢慢地将产品做减法，统一产品卖点，集中产品型号，从而做出让消费者尖叫的产品。从企业角度看，就是改变老板单打独斗的局面，转向用户参与、全员持股，释放潜能。从行业角度看，就是去掉中间环节，为用户提供质优价廉、高性价比的商品和服务。

14.2.2 吴晓波频道

《吴晓波频道》是由中国著名财经作家、蓝狮子财经图书出版人吴晓波先生于2013年5月推出的具有极强个人特色的自媒体栏目。该频道主要涵盖微信公众号和网络脱口秀两大部分，其微信公众号主要以原创的泛财经内容为主，包括专栏文章、财经资讯等，一般于每日早7点左右进行推送。财经脱口秀则于每周四在爱奇艺视频网站独家播出，每期节目时长在19到30分钟之间。与此同时，《吴晓波频道》还在线下发展了各地书友会，覆盖全国81座城市。如今，《吴晓波频道》基本建成了以“视频—公号—线下书友会”为主要框架的知识读书类自媒体内容社群。截至2015年1月，该频道微信公众号的订阅用户已达119万人，成为中国财经类自媒体的典型代表之一。

1. 内容生产：产品化的内容服务

产品即能迎合与满足特定用户所具有的特定需求的解决方案。产品形式多样，既可以是商品，也可以是服务，其最终的目的就是满足一部分受众或用户。吴晓波出身传统的新闻媒体，创建《吴晓波频道》之后，将优质的内容视为连接自己与读者之间的桥梁，以及自媒体运营的核心。在《吴晓波频道》上线后，吴晓波不再与其他媒体的专栏进行合作，将精力投入到自媒体的内容服务上，其中诸多产品成了财经类自媒体中的现象级产品。本节将以《吴晓波频道》微信公众号和财经脱口秀的内容为分析样本，对该频道的内容生产做具体分析。

吴晓波曾在新华社浙江分社做过12年的财经记者，随后又从事多年的专栏写作和企业史研究工作，这样的工作经历使其能够较为准确地把握社会热点，提供受众渴望认知、了解的内容。因此，其平台所提供的内容具有极强的专业性。这一点在《吴晓波频道》微信公众号和财经脱口秀所推送和发布的内容选题上体现得较为明显。《吴晓波频道》坚持专业的泛财经选题，其微信公众号上推送的专栏文章的选题主要由两方面构成：一是较为严肃的商业财经题材，这类题材一般较为枯燥，却颇具社会价值，如2014年1月25日所写的《去日本买个马桶盖》引发了整个中国制造业的反思，2014年5月18日所写的《疯了》对诡异股市发出拷问等，这些选题切中了当时的社会热点，吴晓波以专业、客观的角度阐述了自己对热点事件的理解，满足了对商业财经感兴趣的受众的需求；二是吴晓波的个人生活随笔，这类题材一般较为轻松，却颇具玩味，如 2013 年 9 月 21 日推送的《只有廖厂长例外》表达了 20 世纪 80 年代知识分子间的惺惺相惜，2013 年 12 月 13 日所写的《把生命浪费在美好的事物上》体现了吴晓波这位中年父亲的舐犊情深。时事与情怀相结合的选题将吴晓波冷静、睿智而又不失情怀的学者形象勾勒出来。财经脱口秀节目的内容选题则对《吴晓波频道》的专栏提供了有益的补充，其内容更多地呈现出可视化的效果，比如，2014 年 6 月 16 日的节目《是什么成就了百年企业》，该频道的主创成员就亲赴拥有百年历史的美国著名啤酒生产商百威公司的总部，以现场报道的形式为受众呈现了最鲜活的一手资讯。

2．丰富、精准的内容推送

《吴晓波频道》主要提供与泛财经有关的内容知识，着手打造了丰富的内容，实现了“图画+文字+视频”的产品线。文字上，《吴晓波频道》推出常规的“专栏”作品，专栏主要由吴晓波亲自撰写，有时也会包含由其他财经界名人撰写的时政类文章。此外，该频道也推出泛财经资讯栏目“财经日日评”，以鲜活、独特的视角解读每天所发生的财经大事。同时，频道还推出了专注于管理、职场知识的微信版数字周刊《M 周刊》。图画上，《吴晓波频道》推出“趣商业”系列，以生动、有趣的漫画形式通俗易懂地讲述了严肃的商业故事，一经推出便吸引了读者强烈的阅读兴趣。视频方面，《吴晓波频道》于每周四定期在爱奇艺平台推出财经脱口秀节目，节目时长一般为 19 到 30 分钟。“图画+文字+视频”全覆盖的知识产品线帮助《吴晓波频道》实现了更广泛的传播，也满足了更多用户的不同需求。在内容推送上，《吴晓波频道》采取了稳定、精准的传播策略。本文选取了《吴晓波频道》微信公众号 2015 年 1 月 25 日至 2015 年 1 月 31 日（一周）的推送内容进行统计。根据梳理可基本看出该频道的推送时间较为固定，一般在早上 7 点左右，内容的发布数量一般为 3 到 6 篇，形式以文字+图片为主。这样的推送容易占据都市一族，尤其是上班一族的起床时间，更容易提升阅读率。

3．传播渠道：多形式的社交传播平台

《吴晓波频道》最初主要是基于微信公众号和在线视频网站两大平台运营，后又逐渐延伸到了移动音频等领域。由于这些平台都具有分享、点赞等功能，因此，能实现节目内容在 QQ 空间、微信朋友圈、新闻类 App 等社交领域的多次传播，极大地拓宽了其频道的传播渠道。不仅如此，通过投资垂直领域表现优异的微信公众号，《吴晓波频道》已经形成了“移动平台+公号矩阵”的交叉性、社交化的传播矩阵。

移动互联网的发展正在深刻改变人们的信息生活，根据《中国网络媒体的未来2014》的抽样调查报告显示，中国有近 50%的用户每天超过 3 小时使用移动设备，移动端成为人们接收信息的主要渠道之一。《吴晓波频道》主要从微信、视频、音频及微博等移动媒体进行了大范围、全方位的推广。

（1）微信公众号。

目前，微信公众号是《吴晓波频道》日常运营的主要平台，每天早晨 7 点左右，微信公众号会推送相关消息内容。截至 2014 年 12 月 26 日，《吴晓波频道》微信公众号的订阅用户已经超过 119 万人。

（2）在线视频

随着移动资费的降低，在线视频正逐渐成为人们获取信息的主要渠道之一。相较于文字，视频更具生动性和通俗性，为进一步扩散影响力和维护微信公众号的订阅用户，《吴晓波频道》推出了每周一集的财经脱口秀节目，于每周四在爱奇艺视频独家播出。《吴晓波频道》的财经脱口秀一经上线，爱奇艺均会在网站首页和爱奇艺移动客户端首页对节目进行置顶推广，节目的页面上都会有当期节目的主题介绍及播放次数，栏目下方还有评论区。截至 2015 年 1 月 31 日，《吴晓波频道》财经脱口秀在爱奇艺视频网站上的订阅用户达到 48842 人，累计播放次数突破 1.3 亿次。

（3）移动音频

2014 年年底，《吴晓波频道》与移动音频平台喜马拉雅 FM 建立战略合作，将其财经脱口秀节目以音频的形式在该平台播出。在移动互联网背景下，移动音频可为《吴晓波频道》带来更多的受众，也可以作为微信公众号、在线视频的补充，丰富受众接收信息的渠道。喜马拉雅 FM 在《吴晓波频道》音频版节目更新一小时左右便会在页面首页进行置顶推广，播放页面具备评论、分享功能。截至 2015 年 1 月 31 日，《吴晓波频道》在喜马拉雅 FM 上的总播放量已经达到 7117 万次，订阅用户达到 64 万人。

（4）公号矩阵

随着移动端技术的发展，用户的消费习惯已经开始迁移至移动端，移动端的消费内容逐渐超过了传统市场。也就是说，越来越多的用户开始关注垂直、细分的内容。然而，单纯运营微信公众号并不具备形成新媒体规模的潜力，跨界建立形式上的联盟也无法真正汇聚各方能量。在这一背景下，《吴晓波频道》开始投资各大垂直类公号矩阵，包括车早茶、餐饮老板内参、正和岛等，以跨界的形式打造社交化的交叉式传播矩阵。截至 2014 年 12 月，这一新媒体矩阵已基本覆盖超过 1000 万人的中产阶级，这些公号往往会相互传播文章进行推广。

此外，由吴晓波领衔，秦朔、陈文茜、冯仑等知名财商界名人创建的“大头频道”也于 2014 年年底成立，他们各自打造了“微信公众号+在线视频”的自媒体平台，分别取名为《秦朔朋友圈》《文茜大姐大》《冯仑风马牛》。“大头频道”基于自媒体平台，以名人效应和内容垂直化的模式打造自媒体品牌，初步形成了“微信公众号+视频+O2O”的新媒体矩阵闭环。公号矩阵下的交叉性传播让《吴晓波频道》的影响力渗透到了各个垂直领域具有影响力的群体之中，从而提升了影响力的辐射范围。

自媒体已经逐渐成为连接人们信息和商业生活的自组织，而不再是单纯的内容提供方。因此，自媒体的运营必须要放在一个全方位、可持续的角度来考量，兼顾媒体属性和商业属性，以此对运营策略进行优化。

通过对《罗辑思维》和《吴晓波频道》的分析，可以透过现象看到成熟的内容媒体运营策略包括产品内容、人格化运营、商业路径三个维度。最后附上内容自媒体的运营路径图。

内容自媒体运营路径

14.3　社群化是产品运营最重要的一个机遇

不论是《罗辑思维》还是《吴晓波频道》，均靠其优秀的产品内容以及人格化的运营方式聚拢了大批粉丝，这类粉丝具有很强的社群属性。

何谓社群？按照 T·G·勒维斯的观点，每个人心中都有原始的部落情结。笔者认为一个类似部落的拥有共同信仰、习惯和生活方式的群体就是社群。

什么是网络社群?艾瑞咨询发布《2016 年中国网络社群研究报告》给出了鲜明的定义：有共同爱好、需求的人组成的群体，有内容、有互动，由多种形式组成。社群实现了人与人、人与物的连接，提升了营销和服务的深度，建立起了高效的会员体系，增强了品牌影响力和用户归属感，为企业发展赋予新的驱动力。随着外部中国互联网及移动互联网的发展逐步成熟、在线支付系统逐步完善、80 后和 90 后成为网民主力军、用户需求和社交方式的改变，以及网络社群长尾市场价值被挖掘等推动网络社群的迅速发展。

社群经济是指在网络时代，一群拥有共同兴趣、认知、价值观的用户抱成团，发生群蜂效应，在一起互动、交流、协作、感染，对产品品牌产生反哺作用的价值关系经济。

14.3.1 社群经济不是粉丝经济

首先，要区分社群和集体。社群即社区，强调个体活跃度和个人意愿与整体的协作。集体则是铁板一块，强调服从和牺牲。所以，我们应该抛弃“集体主义”的思维，否则，无法观察网络社群的很多现象。

其次，粉丝经济不是社群经济。小米强调自己是“粉丝经济”，而“粉丝经济”今日的玩法其本质是主流化策略，这是和社群经济不吻合的。如果说社群强调的是情感归宿和价值认同的话，社群应该是有边界的，社群过大，情感分裂的可能性就越大（宗教除外）。我们可以简单想象一下线下的社群或社区。在其中，人与人的横向沟通更为重要。而在“粉丝经济”中，起码在小米模式中，向心力过强。“互联网思维”的过度庸俗化带来的是掺水的价值观，情感纽带不牢靠。社群的管理者应该行使物业职能或者 BBS 版主职能，而不是扮演“领袖”。这也是鉴别社群的一个着眼点。一旦领袖出现，就会出现朋党现象。所谓“群而不党”，正是此义。在社群经济中存在“双重产品”的现象。社群管理者对社群兜售产品，其次，社群本身也是一个产品，被管理者向外兜售。比如，罗辑思维向社群售卖会员资格，他又将社群影响力作为对外界的议价能力，也就是他所谓“占便宜的能力”，谓之“团要”。

14.3.2 社群实操案例分析

1.《罗辑思维》的知识社群的创建

有人考证，“社群”一词最早在台湾被广泛使用，该词的意思与大陆地区使用的“社区”基本一致。台湾学者徐震曾提出社区概念的三个维度，除地域向度和行动向度外，还有一个叫体系向度，指的是社区为相互关联的社会体系。这是从社区心理互动与利益关系着眼，是社区的心理因素，又称为互动的概念，侧重社区互动的正面关系，即共同利益、共同目标与共同愿望，有人称之为“精神社区”或者“利益社区”，在台湾通常以“社群”称之。根据徐震的观点看《罗辑思维》知识社群，则可以看作是一群有着共同利益、共同目标与共同愿望的知识群体聚集在一起所形成的知识社群，是一个具有一定价值观认同的社群。

在罗振宇的自媒体宣言《夜观星象》一文中，罗振宇将《罗辑思维》定位为“自由人的自由联合的平台”，在接受《南方人物》周刊的采访时，罗振宇更加口语化的表达是“把相同价值观的人集结在一起，不做任何意义上的推广，也不希望人越多越好，只希望人越对越好”。“茫茫人海中，《罗辑思维》想找到这样一群朋友，十六个字概括：爱智求真、积极上进、自由阳光、人格健全”。罗振宇曾这样在他的《罗辑思维》同名图书中提到知识社群想要聚集的社员特征。可见，在《罗辑思维》团队心目当中，该节目的目标受众是一群有着独立思考能力的互联网群体。具体而言，《罗辑思维》所面向的受众是活跃于互联网中、拥有一定的知识储备和独立思考能力、热爱读书的城市精英人士和有志青年。事实上，《罗辑思维》这一独特的定位恰好与其他靠出位言论受关注的自媒体划清了界线，并填补了自媒体分类的空白。据优酷指数 2014 年 1 月 29 日的数据显示，《罗辑思维》自 2012 年 12 月 21 日开播以来，在优酷平台的总播放次数已达 194888875 次，集均播放为 1042245 次，粉丝数量达到 596363 人。其中，节目受众人群以男性为主，男女比例分别为 88.4%、11.6%，从年龄分布上看，受众中 22~39 岁的人群占多数，职业多为学生和白领，而且大专及以上学历受众较多，这也在一定程度上反映了节目的受众定位。通过观察，笔者发现，《罗辑思维》知识社群的这种定位理念集中体现在《罗辑思维》第二次会员的招募上。在这次会员的招募中，《罗辑思维》团队要求用户要通过微信支付这种新兴的方式入会。通过这种半强制性的方式，《罗辑思维》不仅从普通用户中筛选出“中流砥柱”的会员用户，而且让微信支付平台成为这个群体的“标配”，为“寄居”在微信平台上扫清“障碍”。这种定位的思路和现阶段一些自媒体片面追求粉丝数量的做法相反，结合后期《罗辑思维》的内容来源机制和商业模式可以发现，正是这种定位为《罗辑思维》的稳步发展奠定了基石。

社群品牌中的“品牌”一词来源于英文单词 brand，原义为烙印，即烙在商品上的印记，是一种错综复杂的象征。品牌是给拥有者带来溢价、产生增值的一种无形的资产，它的载体是用于和其他竞争者的产品或劳务相区分的名称、术语、象征、记号或者设计及其组合，增值的源泉来自于消费者心智中形成的关于其载体的印象。品牌承载的更多的是一部分人对其产品以及服务的认可，是一种品牌商与顾客购买行为间相互磨合衍生出的产物。社群品牌同其他产品品牌一样，是一个有关品牌的属性、符号体系、产品、消费者、消费者与组织关系等因素综合而成的结合体。它是社群影响效果的综合体现。

若要增强社群的影响力，便必须进行一系列的社群品牌活动。对《罗辑思维》而言，社群品牌推广主要分为三部分:《罗辑思维》为确保社群内良好的用户体验而采取的措施、《罗辑思维》充分利用新媒体的传播优势进行品牌推广及《罗辑思维》举办的各式各样的推广活动。确保社群内良好的用户体验，即用户在使用一个产品或系统之前、使用期间和使用之后的全部感受，包括情感、信仰、喜好、认知印象、生理和心理反应、行为和成就等方面。简而言之，就是努力提高用户对《罗辑思维》产品的满意度，使得用户在社群内获得参与感、体验感、尊重感及成就感。为什么这么做能起到推广社群品牌的作用呢？因为在互联网时代，口碑传播起了十分重要的作用。只有保证了社群内成员拥有良好的用户体验，才能通过口碑传播吸引更多的人关注《罗辑思维》，从而让《罗辑思维》社群品牌得以大范围的传播和推广。充分利用新媒体的传播优势，相对于报刊、户外广告、广播、电视等传统意义上的媒体，新媒体被形象地称为“第五媒体”。新媒体以其形式丰富、互动性强、渠道广泛、覆盖率高、精准到达、性价比高、推广方便等特点在现代传媒产业中占据越来越重要的位置。新媒体体现了科学技术的进步、内容方式的转变、传播语境的变化、传统话语权的解构与转变。目前，新媒体主要通过网络终端和移动客户端进行信息传播。简单地说，其传播优势主要表现在其互动性、精准性和方便快捷上。充分利用新媒体的传播优势对《罗辑思维》社群品牌进行推广，主要体现在《罗辑思维》的传播渠道呈网状式分布，跨越传统媒体与新媒体等多个平台，有效整合了内容资源和媒介资源。跨媒介传播使《罗辑思维》的内容多次传播，不同媒介之间形成共振，实现了传播效果最大化。比如,《罗辑思维》的视频节目大多通过优酷、网易、华数 TV 等网络播客的网络终端发布，微信语音内容则由微信的移动端发布，而《罗辑思维》的微博、贴吧则可供用户与《罗辑思维》进行互动。《罗辑思维》视频节目的播出并不仅仅停留在网络上，还汇聚不同平台的优势进行整合传播。通过各个平台间的信息传输实现信息的发布、传播以及传受双方的互动。

2.《吴晓波频道》社群运营的例子

《吴晓波频道》运营核心是：O2O 模式下的特定社群。正如前文所述，自媒体如今在运营过程中特别强调社群的打造与维护。自媒体区别于传统媒介的特点在于随着传播渠道的发展与丰富，其与用户之间的互动更加频繁。在社群之内，自媒体能精准找到自己的用户，也能满足用户的细分需求，实现了供需两侧的对接。更重要的是，良好的社群是自媒体进行商业试验的关键环节。《吴晓波频道》运营的一大特色就是对社群的打造，该频道以价值观凝聚用户，又通过线下书友会等互动形式打造了一个知识读书类社群。

现在不做社群，十年后哪个用户还会记得你的产品品牌？产品运营抓住社群化的核心是把握好社群化的四大趋势：品牌化、多元化、专业化和场景化。从发展来看，未来社群将呈现四大趋势：整体向品牌化（IP 化）、专业化发展；产业链向多维度延伸，社群经济更加多元化；品牌商对社群营销的重视程度增加，与用户互动更加深入；产品运营作为社群服务者，提供的服务更加全面化、场景化。从社群服务产品与技术的角度来看，产品运营社群的整体水平也将逐步提高。期待产品运营抓住社群化运营产品的最重要的一波机遇期。

第四部分

构建完善的产品方法论

第 15 章　用大数据思维“死磕”需求

15.1　大数据论与唯大数据论

数据思维不是照搬数据，而是一方面从数据上理解产品的商业诉求，例如做电商的人员，从 CPM、CPS、UV、PV 等数据分析每步的转化率，思考如何提升转化率，提高产品的订单转化率，降低退出率、支付不成功率、退单率；另外一方面，理解数据一定不是用户需求的全部，你所看到的数据仅仅是用户的一个侧影，因为一个用户或者所有需求的集合是需要全部数据的，而因为数据噪音和不在线的用户行为等原因，用户的需求不会全部由数据表达出来。

张小龙就说过：“近期有个同事找我聊，问我是如何通过统计数据来看用户的喜好，通过数据来做一些东西。我的回答是，其实我们很少看统计数据，也几乎没从统计数据里看到用户的喜好。根据统计数据来找需求和方向挺难的。我们也不会以手机 QQ 的统计数据来指导微信的工作。”“你可以把所有用户看作是一个人，这个人是没有性别、年龄、区域、教育程度的属性。他就是一个对象。他包括了所有用户。他是所有用户共同需求的交集。”

每款产品的用途不同，功能不一。微信的产品风格像空气、像水，人人都需要，所以不能从确定的数据层面去挖掘用户的需求。而只能从人类的性格，甚至人性的感性色彩以同理心推理出用户的需求。

产品经理如何做数据分析呢？数据分析的方法论应该是不那么功利地邂逅产品用户需求，而又目的明确地反映出你运营的产品效果如何，并且通过它还能察觉出问题所在，以便于及时找出解决问题的方法。

讲概念方面的东西，不如通过案例来说明。2013 年，美特斯·邦威集团的周总交给笔者一个服装时尚搭配资讯类 App 的项目，他在给笔者下达任务前，App 还处于想法阶段。这个时候笔者就需要运用数据分析来了解产品的商业目标是什么，也就是产品的目的是什么?笔者经过分析总结出的目标是建立庞大的用户群，争取资本市场认可美特斯·邦威集团的业务和相关的增值服务（指为美特斯·邦威集团的品牌广告服务），提高公司线下门店的复购率。有了这个目标后，就可以进行下一步了。下一步是什么？当然是竞品分析和市场调查。通过这两方面的内容获取 App 相关的需求，包括用户人群、兴趣爱好、终端设备、内容方向等需求定位，然后便可以进行下一步用户体验布局和原型图的设计。之后的事就是技术开发的活了。经过一段时间后，这款后来命名为“有范”的 App 上线了。

前期的工作或许和数据分析关系不大，但是我们制定的目标和数据分析有一定的关联，因为目标是通过数据分析优化和改进的方向。当然上线之后，我们会经过各种测试和对 bug 的修复后，才能到各大应用商店进行推广和宣传，以确保这款 App 到用户手中时用户体验是最好的。后续通过一段时间的运营和推广，我们将相关的数据提取出来，前提是这些数据精准度是非常高的。下面我们对这款 App 提取相关数据并进行分析。

（1）产品方面的数据项。

核心数据：

产品规模，包括下载量、注册和激活用户数、DAU、日新增趋势。

市场运营，包括活跃用户比例、用户主要来源、留存率。

商业效果，日均流水、下单用户转化率、下单用户金额等。

衍生数据：

浏览方向，人均浏览量、人均浏览时长、启动次数、访问频率。

注册方向，每日下载打开 App 数、每日新增注册数、注册转化率。

留存方向，使用留存、购买留存、门店复购提升量。

互动方向，订单评论用户数、交互反馈（收藏、分享、喜欢等功能）次数。

（2）渠道方面数据项。

消费数据：展现量、点击数、平均点击价格、平均排名。

流量数据：访问次数、访客数、IP 数。

转化数据：转化率、盈收额、ROI。

（3）用户方面数据项。

用户体验数据：跳出率、到访率、停留时长、访问深度。

访客属性：性别、职业、学历、年龄、地域、使用设备、操作系统。

下面我们说说分析数据的几种方法，笔者用得最多的两种分析方法分别是图表对比分析和归因分析。

图表对比分析，这种方法是先将批量或者某个时段的数据生成图表。这里图表有很多种，有饼图、柱状图、曲线图等，可以根据数据需求方的需求而来。虽然图形不一样，但都能反馈出相同的问题，这个是关注的核心点。

那么怎么进行对比呢？对比不是让你口头上去做对比，常用的是环比和同比。当然对于数据比较敏感的人可能不需要通过图形就能看出问题，但是为了直观和容易理解，图表的生成是非常有必要的。

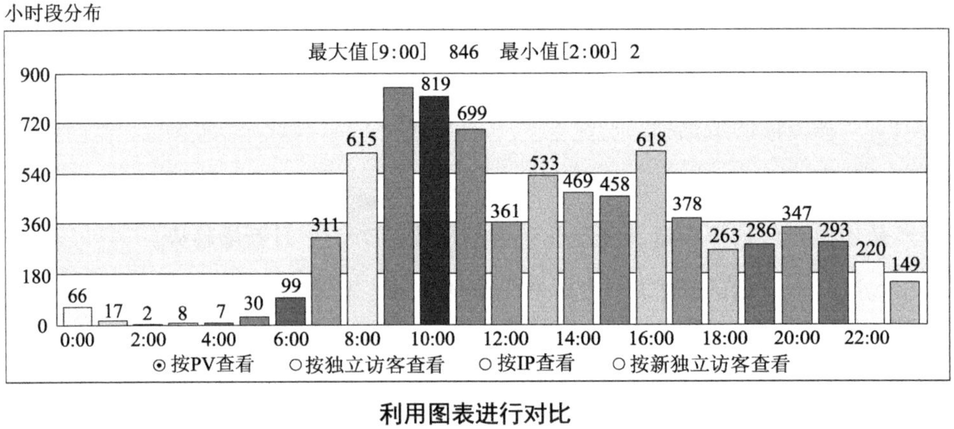

利用图表进行对比

对比的数据项并不是上面罗列的全部，而是取核心项，这样显得不会太繁琐。通过分析后，用文字将发现的问题一一罗列，同时附上自己的看法和解决问题的建议，最后通过邮件形式发送给需求方，整个过程尽可能体现数据分析专业性的一面。

归因分析，是指通过结果来分析原因。这里举例说明可能比较好理解，例如当时“有范”上线3个多月后这款App某一周的注册转化率为0.5%，而正常情况下是1.2%，下降了 0.7%个点，那么该怎么分析呢？我们先要看注册转化率是怎么来的，通常的计算方式为：注册用户数/下载数。

分析思路：注册转化率在下载数不变的情况下与注册用户数成正比，在注册用户数不变的情况下与下载数成反比。这里便分了两种情况：要么是在下载数变化不大的情况下，注册用户变少了；要么是在注册数变化不大的情况下，下载数增多了；而这种情况肯定是访客体验 App 时，某个细节做得不到位，而导致了跳出率升高了。

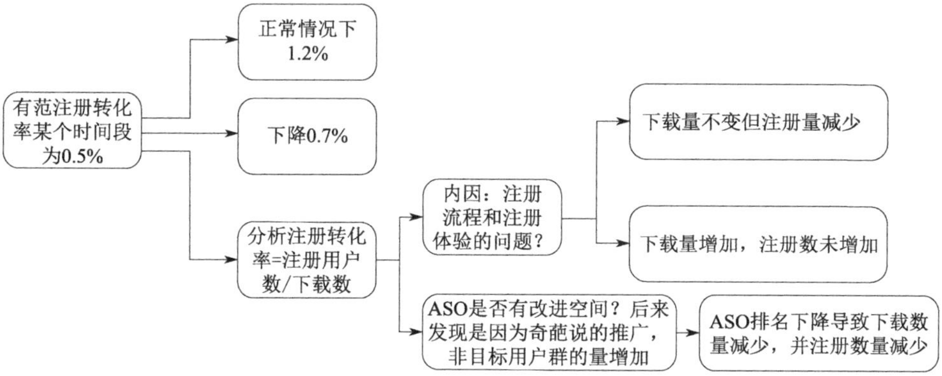

分析注册转化率的思路

注册用户数减少，先看看 App 注册流程是不是出了问题；其次看打开 App 的人数是不是减少了，减少是因为 ASO 排名下降了还是竞争对手增加了，然后做出相应的调整，通过这样排除再观察数据变化。最后将发现的问题以文档形式罗列，以邮件形式传达给需求方。

总之，从数据上不是直接读取用户的全部需求集合，而是发现产品问题，有针对性地解决调优。

大数据对现在风生水起的阿里巴巴、京东等互联网大企业来说，几乎是产品迭代到下一个版本的最重要依据。还有很多新兴的互联网企业之所以获得了不少投资者的青睐，就是因为一份漂亮的 PPT、一段精彩的演讲，以及几组说明的数据。数据分析的信息可以很轻易地俘获投资者的心，投资者喜欢数据。

对于互联网企业来说，用户的数量是决定企业成败的关键，数据分析实际上就是一个挖掘用户内心需求的过程而不仅是求得一个具体的数值的过程。在已有的数据积累的基础上，可以分析产品的可行性、电子商务企业会不会有盈利的趋势，对于这些数据的研究实际上就是对人的需求的研究，投资者看到的不是数据好看不好看，而是数据背后用户的需求大不大。

大数据分析要从用户已有的消费行为和习惯中得出一些已经有规律的行为信息。通过这些信息来指导产品的设计以及营销,最终这些数据都会变成有价值的信息。当然，数据本身是零零散散的，在对数据进行分析的过程中，零零散散的数据会形成有价值的信息。

大数据分析就是利用大数据分析，挖掘用户的行为、消费习惯，并据此预测用户下一步的购买计划。个体的数据是一个个体，但是多个个体的数据就会形成一个群体的消费行为。在对一个群体的个性需求以及消费行为的数据分析过程中，要挖掘出用户需求，洞察一个群体的消费需求。企业可以根据数据分析的结果形成自己的营销模式或者商业模式，这也是产品经理通过数据分析，不断进行改进和升级产品的过程。

社交平台可以将用户感兴趣的产品以及个性化的社交模式转化成各种有价值的信息，只要在适合的时间点投放相应的产品，就可以针对社交网络中的用户进行精细化营销。

对于用户的需求洞察得越好，产品经理在用户需求和数据之间的转化就会越好。在不久的未来，特别是在电子商务行业，大数据分析和用户需求方面的分析能力会成为产品经理的核心竞争力。

15.2 从数据到大数据对产品经理的启发

笔者在 2009 年从事互联网研究时经常听到不少公司的高管说：“我们的产品运营用数据说话，我们研发的结果以数据论英雄。”大概从 2012 年开始，笔者开始经常听到“大数据”这个词。

俗话说知识改变命运。从来没有人怀疑过知识对于一个人的重要性，知识对产品经理来说尤为重要。谈到知识，就不得不说数据。数据来源于人类对于客观世界的测量，其融合社会背景产生信息，数据是信息的载体。而知识则是经过无数人归纳和总结，最终呈现的具有一定规律和普遍适用性的信息。因此，如果说知识让我们脱离了普通动物的范畴进阶为“高等动物”，那么就可以说是对数据的高度利用造就了人类社会的一切。

15.2.1 从数据到大数据

无论是在整个人类的社会历史还是科学进步的历史中，数据都扮演着极其重要的角色。互联网出现前的人类社会，人们已经非常重视对数据的收集和利用，数据利用的很多基本思想起源于知识精英对数据的早期探索。

中国在封建社会早期就开始将数据应用于军事领域。“一曰度，二曰量，三曰数，四曰称，五曰胜”，孙子通过分析古战场中大量敌我双方的战斗数据，为《孙子兵法》的成书提供了现实依据。这里面实际涉及数据的收集、分析和统计，但在当时对数据的应用并没有上升到一个高度，更没有将其划分为一门学科，仅仅是作为少数智者阐明个人观点的一种方法和工具。直到 16 世纪的德国，针对数据研究的统计学才开始引起统治阶级的注意，当时统计学被称为“国势学”。由此产生的深远影响就是现在的德国一直以“精确”、“严谨”著称。第一任美国总统华盛顿主持的制定国家宪法会议，最重要的议题便是如何对 12 个州进行国会席位划分。经过数个月的激烈讨论，美国人最终采用了“数据分权”的方法。所谓“数据分权”，即通过人口普查详细了解每个州的人口数量，让各个州的人口数量按一定比例映射为国会上的参议代表数量。从后来美国社会的发展中可以看到，每一次重要的社会变革大多来源于人口普查带来的一系列社会影响。数据的巨大影响力不仅仅局限于政治、军事范畴，还外延到其他领域。家喻户晓的美国电影《乱世佳人》之所以成为美国历史上最成功的电影之一，在很大程度上归功于制作方充分利用了统计大师盖洛普的数据分析。盖洛普为了研究人看电影时的心理活动，设计相应问卷广泛征求普通民众的意见，得到了很多珍贵的数据。这些数据促使这部伟大的电影从一开始就“适合”观众的胃口。

Netflix 是一家美国公司，在美国、加拿大提供互联网随选流媒体播放、定制 DVD、蓝光光碟在线出租业务。该公司成立于 1997 年，总部位于加利福尼亚州洛斯盖图。公司能够提供数量丰富的 DVD，而且能够让顾客快速方便地挑选影片，同时免费递送。用户可以通过 PC、TV、iPad、iPhone 收看电影、电视节目，也可以通过 Wi-Fi、Xbox360、PS3 等设备连接 TV。

2007 年 1 月 15 日，Netflix 推出了一个新功能：会员可以在浏览器中直接在线观看电影，而无需再等待 Netflix 的红色邮包。该项目对 Netflix 和娱乐行业来说是一个标志性的转变。如今，Netflix 每个月有超过 10 亿小时的电影流推送给来自 40 多个国家的 4800 万名会员。同时，Netflix 占据了美国超过三分之一的高峰期下行网络流量。

这使其获得了大量的数据。

Netflix 利用大数据进行深度分析和算法预测，以此为会员提供更好的观影体验。根据用户的观影偏好来做个性化推荐就是一个很好的例子。Netflix 甚至为此举办了比赛——Netflix 大奖赛（始于 2007 年）。Netflix 正在关注的另一个领域是流媒体体验质量（QoE），即会员在 Netflix 观影时的用户体验。以大数据为基础的数据科学和算法模型对提升体验质量大有裨益。

Netflix 致力于提供杰出的流媒体服务并大力发展流算法和网络技术（如 Netflix 建立的开放连接内容交付平台）以提供良好的流媒体体验质量。Netflix 凭借流媒体服务在 2012 年赢得了"黄金档艾美工程奖"（Primetime Emmy Engineering Award）。为了更专注于"流科学"，Netflix 建立了一个新的团队，通过研究数据算法来改善流媒体体验质量（QoE）。

以上例子表明，不论是传统行业还是科技行业，对于数据的利用都在随社会制度的转变而转变，经济文化的发展已经悄然发生了很多变化。数据的利用领域大大扩大，并且人们不再局限于将数字纳入数据含义本身，而是包含了更多非数字的成分。同时对于数据的处理也变得越发复杂化和多元化。

在互联网编织的网笼罩整个地球时，数据间的"蝴蝶效应"促进了数据爆炸性的增长，由点到线，由线到面，由面到层次。社交媒体的大量出现使得我们每个普通人都成为数据的制造"机器"。数据化社会的核心理念简单说就是"记录一切可以记录的东西，一切东西都要量化为数字"。

而全球存储的数据量正在急剧增长，这驱使"大数据"概念的产生。

早在 2000 年，全球的数据总量就突破了 800000PB。可以预计，到 2019 年，全球的数据总量将会达到惊人的35ZB。普通大众都熟悉的 Faecbook、Twitter、QQ 等社交媒体每天产生的数据总量都会超过14TB，并且这些数据已经不再局限于原来的数据范畴，结构化、半结构化、准结构化、非结构化的数据充斥其中。传统数据统计分析的局限性暴露得越来越明显，摩尔定律揭示的硬件层面的数据存储容量也变得捉襟见肘，传统数据的分析方法在诸如视频、PDF 文档、图片等非结构化数据浪潮面前显得那样的无力。当数据量变得让人无法应对时，"大数据"的产生就不可避免，即"大数据"是"数据化"趋势下的必然产物。

说到“大数据”，首先必须建立一个科学的认识。“大数据”的“大”实际上是一个比较复杂的概念，不仅仅限于数据数量的范畴。最开始对于“大数据”的定义是一个较为模糊的概念，

在 IDC（Internet Data Center，互联网数据中心）的报告中，对于大数据进行了一个简单的描述：大数据是一个来源并不明确的非静态的过程。但实际上它并不是一个新事物，即使大数据确实慢慢引起越来越多的关注并逐渐走向主流。大数据不是一个实体，它是建立在很多 IT 边界的动态活动。维基百科上对于大数据的定义来源于全球最大的战略咨询公司麦肯锡——“大数据是指无法在一定时间内用传统数据库软件工具对其内容进行抓取、管理和处理的数据集合。大数据之大，大在其海量，大在其难以统计，但真正激发互联网公司投入大量资金研究大数据的意义在于其价值。由此，一门针对大数据的专门学科——“数据挖掘”产生了。

数据挖掘通俗来讲就是指人们用特定算法对收集的某些领域的大量数据进行自动分析，揭示隐藏在海量数据背后的客观规律和发展趋势，从而为决策者提供参考。正是这种价值，使得大数据成为如今互联网世界最热门的话题，它如同一个巨大的宝库，需要人们不断发明新的数据挖掘工具探寻其真正的价值。

但需要注意到的一点是，对大数据的利用对于我们而言并不一定总是好的。对大数据的应用需要更多的理性。“大数据”用社会科学的专有名词来描述的话，它是“价值中立”的。基于大数据“中立”的特点，正负方面的效应都在整个社会中发酵，对于处于这个时代下的产品经理来说“如何扬大数据之长，避大数据之短”就显得极其必要且迫切。

15.2.2 产品经理应有的启发

大数据时代已经开启，产品经理需要改变原有的世界观。首先要“改变数据是稀缺资源”这一认识。这种认识直接导致“数据小农心态”，“数据小农心态”是指对数据拣着测，挑着存，采着样来处理，总是幻想能从最少的数据中压榨出最多的信息。“数据小农心态”在大数据时代是不可取的，产品经理的思维要转变为数据要素聚集齐全，不要采样。这不仅需要数据处理思维的范式切换，更需要产品经理数据意识的觉醒，每一个产品经理都应该自觉、客观、全面地去测量用户世界，微信产品经理把监控数据的采集纳入基础框架，监控项目细化再细化，由工具取代人为决定布置监控

点正是深谙此道。

另一个重要启发是数据的重新定位。数据曾经是累赘，测量需要人力、物力，传输和存储都费钱费力，数据一旦处理完，保存期结束就立即扔掉。而在大数据时代，大数据作为基本生产要素，不仅是原材料，更是资产。从数据里提炼出来的信息、知识和智慧能够产生巨大的价值，数据不存在废弃一说，哪怕是数据噪音也是真实环境的反应，产品经理应当想办法化废为宝。数据不再是用完就被废弃，它的再利用价值，也许你现在不清楚，但是未来的某一时刻，它会迸发出力量。例如：物流公司的数据原来只服务于运营需要（内部车队的优化调度），但一经再利用，物流公司就华丽转身为金融公司，数据被用来评估客户的信用，提供无抵押贷款或者拿运送途中的货品作为抵押，提供贷款。物流公司甚至可以转变为金融信息服务公司来判断各个细分经济领域的运行和走势。更重要的是，数据无论是作为原材料还是作为衍生产品（信息、知识和智慧）都具有交易价值，让数据孤岛里腐烂的数据流动起来，是产生再利用价值的最好办法，也是数据生态系统成长的前提。阿里巴巴数据交换平台以自己长期积累的数据资产作为“诱饵”来吸引数据的汇集，他们已经走出了这一步。

世界观决定了方法论。除了改变思维方式外，还需要方法论的升级，这也是产品经理最关心的“形而下”的问题。产品经理在大数据时代应该持有的正确观点是：在大数据基础上的简单算法优化优于小数据基础上的复杂算法，在强化数据全局概念的同时，进一步强调多源、混杂数据对最终精确性的贡献。另一个正确观点是：大数据意味着理论的终结，理论的归纳推演所代表的因果关系，被数据中内生的关联关系所取代，从执着于用思考回答“为什么”到不设前提去挖掘各种“是什么”。价值发现一定会无限趋近于数据所有的内生价值之和。这些观点对信息融合和数据分析方法学的发展无疑具有指导意义。对产品经理来说，关联分析早已是数据挖掘的一部分。当然，因果关系并非彻底无用，它只是耗时费力，从产品方法论层面看，回答“为什么”是人类理解世界运行的原动力，也是数据分析的应有之义。这势必成为产品经理研究大数据的下一个重要的课题。

15.2.3 大数据类的产品经理要做的事情

产品设计应该从让用户主动贡献数据信息的角度出发。例如，一个开淘宝店出身转行做产品运营的朋友，现在想做产品推广。产品主要是女性饰品，目标对象基本锁定为年轻女性，更细点的划分就是各大学校的女学生。但是现在不知从何处入手，于是想办法收集这部分消费人群的信息，比方说手机号码、邮箱、QQ 号等个人信息。当然用户一般不会轻易泄露自己的联系方式，朋友所在的城市学校比较多，可以去学校周边发传单，甚至是贴小广告。不过这样的推广方式往往不能给用户留下深刻的印象，如今的学生都有上网的习惯，产品设计可以利用社交平台去推广产品，例如人人网、QQ 空间等。先给用户一点好处，赠送一点小礼品，这样会更好地收集到用户的数据。不过真要分析用户的日常消费习惯，那么恐怕就得想办法了解用户更多的数据信息了，数据收集和挖掘是个庞大的工程，尤其是当数据量很大的时候。

在进行产品设计的时候，产品经理应该具有方便运营进行行业数据交换的思维，许多传统企业经过多年的积累，一般手头上都有不少可以利用的数据。以地方的医院为例，患者的病例记录就是很有用的数据。医疗行业竞争激烈，做好推广非常有必要，医院完全可以借助 YY、QQ 群等平台去推广。前提是对患者的数据进行分类和整理，对于某类疾病可以建立专门的 QQ 群作为咨询平台，甚至是官方微信在线解答。定期主动提醒患者应该注意哪些日常生活的坏习惯，以免病情加重。多个医院的数据可以共享和互换，不过这是理想中的情况，彼此既然是竞争对手，那么就很难做到这一点。但没有永远的对手，也没有永远的朋友，企业要想共同获得更多的利润、更好的发展。最终还是要建立各种合作关系，这个时候数据的互换就显得更为重要了。

产品经理设计产品时应该有不侵犯、不干扰个人隐私的理念。我们都有接到推广类广告电话的经历，这些广告往往让用户十分厌恶。在大数据时代，用户在互联网上购物，发布信息或言论。这些都有可能泄露用户的个人信息，而用户最担心的就是别人恶意泄露自己的个人隐私，甚至买卖自己的个人数据，像淘宝网根据多年、不同地点用户购买产品的数量，可以很容易分析出哪个地方的某类产品很受欢迎，而且根据用户购买产品的种类或类型，还可以得出用户的消费习惯和兴趣爱好。例如：喜欢购买数码产品的肯定是数码发烧友；某个用户最近经常购买婴儿产品，那自然就是准妈妈或者准爸爸了。这些数据涉及个人的隐私问题，在产品设计时需要慎重对待。

总之，“数据能力”也是产品经理的基本能力之一，尤其是具有上文中所谈的大数据思维能力，这是决定产品经理能否做出在数据上证明是创新性产品的关键属性，产品经理可运用数据建模、数据分析、建立用户画像等手段与产品运营一起策划产品方案，做出理想的产品。

第 16 章　逆向思维

16.1　产品 7 大逆向思维方法

互联网行业从业人员总是渴望创造出更具有突破性的产品，但是现实生活存在太多阻碍创意思维的因素，比如思维定势。当产品设计环境发生变化时。产品设计师很有可能被思维定势束缚创造能力。本节意图将逆向思维引入到产品设计领域，一方面对其进行更加系统地梳理；另一方面为产品设计创新提供支持。

生活中处处潜藏着看似不可能的机变，产品经理要习惯用一种逆向思考的方法看待这种机变，有时需要突破的只是小小的一步，这就像"哈桑借据法则"。

一位商人向哈桑借了 1900 元，并且写了借据。在还钱的日期快到了的时候，哈桑突然发现借据丢了，这使他焦急万分，因为他知道丢失了借据，向他借钱的这个人是会赖账的。哈桑的朋友纳斯列金知道此事后对哈桑说："你给这个商人写封信，要他到时候把向你借的 2500 元还给你。"哈桑听了迷惑不解："我丢了借据，要他还 1900 元都成问题，怎么还能向他要 2500 元呢？"尽管哈桑没想通，但还是照办了。信寄出以后，哈桑很快收到了回信，借钱的商人在信上写道："我向你借的是 1900 元钱，不是 2500 元，到时候就还你。"

逆向思维作为一种方法论，对产品设计具有明显的工具意义，从中国古代哲学家老子的"有无相生、难易相成、长短相较、高下相顷、音声相和"之哲学思辨中能生出很多具有可操作性的细则，其中包括如下几点。

1．方位逆向法

方位逆向法就是双方完全交换位置，让对方处于己方原先所在的位置。它不仅仅是指物理空间，更是指一种对立抽象的本质。

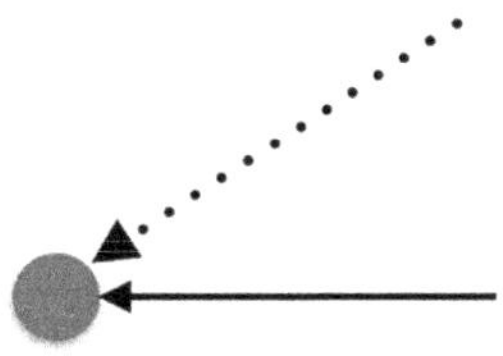

方位逆向法

相反相成的对立面有：入—出、进—退、上—下、前—后、头—尾等。

恋爱中的男女总是时而甜甜蜜蜜、时而吵吵嚷嚷，而吵架的原因不外乎就是抱怨对方从来不为自己考虑，从来都不站在自己的角度思考。事实上，如果每个人都能真正站在别人的位置上想一想，世界上就不会再有战争和悲剧了。假想产品经理完全站在用户的角度思考需求，世界上也就不会有那么多有问题的产品了。遗憾的是，大多数人总是在抱怨对方不站在自己的角度为自己考虑一下的时候，忘了自己也应该站在对方的角度为对方考虑一下，“逆向换位”是一件说起来容易做起来难的事。

学习方位逆向，首先就在于 4 个字：设身处地。在方位逆向的实际应用中，需要产品经理真正站在他人的角度，尤其是存在利益关系的“敌对方”的角度，看待和分析事物。学习这一点，不仅需要一颗真诚的心，更重要的是创新的智慧。

站在对立面研究解决问题的方式和对方换一个角度是“一次逆向换位”。逆向换位思维还可以多次换位，甚至反复逆向换位。

学会方位逆向以后，还要学会“换位，再换位”。之所以要进行多次、反复地逆向换位是因为我们必须考虑到“对立”的那一方可能也在进行逆向换位思考，思考我们会作出什么反馈。这就是逆向换位思想的升级，是对换位思想的终极把握。在这样的换位对抗中谁胜谁负，就要看谁在换位思考上胜人一筹了。

2. 属性逆向法

事物的属性往往是多向位的，一件事情可以从不同的角度去理解，即使同一件事情从不同的角度观察，其性质也可以是多方面的，并且是相互转化的。就像钱钟书说的“以酒解酒、以毒攻毒、豆燃豆萁、鹰羽射鹰”，万事万物包含着极大的矛盾性。例如：好—坏、大—小、强—弱、有—无、动—静、多—寡、冷—热、快—慢、增—减、生—死、出—入、始—末、水—火，等等。有一次，美洲草原上失火了，烈火借着风势，无情地吞噬着草原上的一切。那天刚巧有一群游客在草原上玩，一见烈火扑来，个个惊慌失措。幸好有一位老猎人与他们同行，他一见情势危急，便喊道：“为了我们大家都获救，现在听我的。”老猎人要大家拔掉面前这片干草，清出一块空地来。这时大火越来越逼近，情况十分危险，但老猎人胸有成竹。他让大家站到空地的一边，自己则站在靠大火的一边。他见烈火像游龙一样越来越近，便果断地在自己脚下放起火来。眨眼间，老猎人身边升起了一道火墙，这道火墙同时向 3 个方向蔓延开去。奇迹发生了，老猎人点燃的这道火墙并没有顺着风势烧过来，而是迎着那边的火烧过去。当两堆火终于碰到一起时，火势骤然减弱，然后渐渐熄灭。游客们脱离险境后纷纷向他请教以火灭火的道理，老猎人笑笑说："今天草原失火，风虽然向着这边刮来，但近火的地方气流还是会向火焰那边吹去的。我放这把火就是抓准时机借这股气流向那边扑去。这把火把附近的草木烧了，这样那边的火就再也烧不过来了，于是我们得救了。"

逆向思维总是能帮助我们在困难中找到出路。彼德·诺顿也是这样一个运用逆向思维走向成功的人。他曾经以 3 亿美元出售了他的电脑软件，这是一套被称为"恢复删除"的软件，他把逆向思维运用于其中，目的是恢复被意外删除的电脑文件。不小心删除了文件是电脑使用者的噩梦，恢复被删除的文件是许多人的"妄想"，但只有诺顿朝前跨出了一步，把看似荒谬的妄想变成了现实。在诺顿的思考里，进与退、出与入、有与无，可以在更高层次上获得新的统一和转化。

在当今互联网圈子中，BAT（百度、阿里巴巴、腾讯）和 TMD（今日头条、美团点评、滴滴）可谓三座大山又加三座小山，作为产品经理只有掌握属性逆向法的产品设计逻辑才有可能在三座大山又加三座小山的环境下设计出具有创新属性的产品，并且以一敌千，事半功倍！

3. 因果逆向法

逆向思维中"倒因为果、倒果为因"的方法在生活中的应用是极其广泛的。有时，某种恶果在一定的条件下又可以反转为有利因素，关键是如何进行逆向思考。"倒因为果"最成功的案例应当是人类对疫苗的研究。人类在抗击一场场灭顶之灾的努力中，毫无疑问，最有效的法宝就是倒因为果的逆向思维——以毒抗毒，以其人之道还治其人之身。

早在宋朝人们就开始想到用事物的结果去对抗事物的原因。据文献记载，当时人们把天花病人皮肤上干结的痘痂收集起来，磨成粉末，取一点吹入天花病患的鼻腔。后来这种天花免疫技术经波斯、土耳其传入欧洲。直到 1698 年英国医生琴纳用同样的原理研制出了更安全的牛痘，为人类彻底根治天花作出了决定性的贡献。事实上，疫苗的研究方略仅仅是一个象征，更多的疾病研究和更广泛的生活事件也同样离不开倒因为果的逆向思维方法。

在产品设计过程中利用倒因为果法，可以精准找到产品要迭代的功能点，准确知道产品在某个时间点提高注册转化率的设计方法。

4．心理逆向法

《中国经济时报》曾经刊登过这样一篇文章，题目是《送者贱、求者贵的思考》。

5 年前，我去一个偏僻山村采访，见地里种的全是当地的老品种油菜，秸秆细弱，株矮枝疏，便问同行的乡长为何不叫农民改种杂交油菜，乡长一脸无奈地说：农民不相信呗！于是我给他讲了下面这则故事：当年土豆传到法国时，法国农民并不愿种，有人便出了一个怪招，在各地种植土豆的试验田边派全副武装的士兵日夜把守。周围的农民一见此阵势，认为地里种的肯定是金贵之极的好东西。于是，他们时常趁机溜进试验田，把偷回的土豆种在自家的地里。渐渐地，土豆成为法国农民广为种植的一种农作物。前不久，那位乡长给我寄来了一封信。说是该乡临近山区的 4 个村成了养羊基地，规模大着呢！一去才知，当初乡里决定在 4 个村中每村只选一户饲养波尔山羊，决不多选！为了慎重起见，由乡长任推选组组长。推选前，乡里提出了很多苛刻的条件，整整忙活了一个月，乡里为这 4 户每户引种羊 100 只，多一只也不行。乡里还组织这 4 个村的联防队员轮流值班看羊。等羊下了羊崽后，乡里说要出口，不让养羊户私自出售。左邻右舍的农民眼馋，托亲拜友，晚上摸黑溜进养羊户家里，好说歹说也要偷偷买几只波尔山羊饲养。如今这几个村户户养羊，人均收入已超过万元。

毫无疑问，人类的心理永远是这样：禁止意味着加强。许多悖论性的心理法则似乎也在间接地证明逆向思维的存在。

贝克法则：你所能提供的东西你一个也不要。

博肯法则：剧场里越不靠近通道的座位上的观众来得越晚。

格里森法则：极小的洞也终将把最大的容器流空，除非它是故意用来排水的，而在这种情况下，它又会堵塞。

贾斯特法则：车越破开得越疯。

梅尔法则：要不是到最后一分钟，那就什么事也做不成。

韦伯法则：如果你顺当地找到停车的地方，那你就会找不着你的车。

产品运营界对此方法论运用得入神的大师级人物是小米的雷军，小米的每款手机上市前都充分地展示手机多么好，性能多么流畅，充分与用户互动，让用户参与进来，而等到售卖的时间，产品常常出现断货，让用户倍感饥渴，然后给用户一个优先购买码，购买到的用户便自觉地去帮助小米炫耀传播。

5. 心理逆反法

心理逆反法即是指在思考的过程中摈弃自身局限，先探究对方的思想，然后反对方的思路而行事。心理逆向的“反”并不是逆向换位法中反复换位的“反”，而是反其道而行之的“反”。虽然在逆向换位法的学习中你已经熟悉了捉摸对方心理，然后逆反对方心理而作出对策。但在心理逆反法中，你需要更进一步，让对方跟着你的思路走，让对方做你需要他做的选择。让对方跟着自己走，听起来难如登天，但如果你尝试着持续训练自己琢磨对方的思考路径并逆反其逻辑，慢慢地就会发现掌握这一方法并不困难。

心理逆反思维体现着一种“料敌在前，抢占先机”的精神。“敌不动我不动，敌动我动”的后发制人策略虽然彰显了大气和谨慎，先置自己于必守之地，再图进攻，但是在应对上始终因为必须依据他人的行动而丧失了先机。心理逆反思维则是立足于对对方心理的预测和反馈，并依此布局，先攻其不备，让你在应对自如之余还能反将一军。

产品经理经常要对 MRD 文档、PRD 文档、产品规划方案进行对内和对外（产品组外）的评审。对外评审时，例如 MRD 文档，这个时候产品经理如果有相关市场的运营经验，便可以利用心理逆反法对 MRD 文档的内容进行改进，以满足产品需求。如果产品经理在使用 PRD 时有过技术开发的经历，那么在业务逻辑、系统架构、新的技术方案上也可以利用心理逆反法达到让开发人员快速接受合理的产品需求并研发产品的目的。

6. 雅努斯式思维法（对立互补法）

“雅努斯”是一尊罗马神话中的两面神，传说中，他的脑袋前后各有一副面孔，一副凝视着过去，一副注视着未来。你在古罗马钱币上常常能看见他，一手握着开门钥匙，一手执警卫长杖，站在过去和未来之间。雅努斯式思维法，就是以把握思维对象中对立的两个面为目标，自觉遵循逆向路径研究问题，善于把正向思考和逆向思考有机地结合起来；要求人们在处理问题时既要顺着正常的思路研究问题，也要倒过来从反方向逆流而上，看到正反双方的互补性。雅努斯式思维训练的第一步是建立“逆向”意识，你首先要认识到事物都是由两个方面构成的，你现在面对的问题必然还存在着对立面。也就是说，当你面对一个难题时，你可能会面对这个难题的条件、问题和答案。你需要做的是对这个难题的构成重新洗牌，逆向考虑。雅努斯式思维训练的第二步是把握住对立面之间相互渗透的关系，以达到解决问题的目标。要时刻谨记：对立是为了共存。

经由这样的介绍，“逆向”和“互补”的脉络已经隐约可见。再看下面这个小问题，循着这一脉络学习、把握如何将对立的部分进行互补。什么样的 18 层大厦可以在地震中屹立不倒？千万不要以为这是一个脑筋急转弯，也不要认为这是一个单纯的建筑学问题——你可能因为专业的局限不能想到合适的建材和房屋结构，但是你可以抓住正确的思路。答案就在下面的这篇报道中。“1872 年 12 月 23 日，尼加拉瓜共和国首都马那瓜发生了大地震，一座现代化城市顷刻间变成了一堆瓦砾，死亡万余人，震中 511 个街区的房屋被无情地摧毁。令人惊奇的是，在一片废墟中唯独 18 层的美洲银行大厦安然屹立，而大厦正前方的街道地面却呈现了上下达 1/2 英寸的错动！如此奇迹，轰动了全球。”

奇迹的创造者就是著名工程结构专家、美籍华人林同炎。他在设计美洲银行大厦时，试图设计一座在地震中不会出现裂痕的大厦，但是无论如何都没有办法解决建筑材料在强大外力下不变形、不裂开的问题。就在他一筹莫展之际，忽然想到如果不是把重点放在正面（因为放在正面不能彻底解决防震问题），而是把重点放在反面呢？于是，在多方筛选测算后，他采取了框筒结构。这种结构和一般结构不同，其具有刚柔并济的特点：在一般受力的情况下，建筑物有足够的刚度来承受外力；而当受到突如其来的强烈外力时，可由房屋内部结构中某些次要构件的开裂使房屋总刚度骤然减弱，从而大大减少主要建筑构件承受的地震力。这种以房屋次要构件开裂的损失来避免建筑物倒塌的设计思想突破了一般常规的思维框架，突破了以刚对刚的正面思维模式，从而创造了世界上少有的奇迹。

在这里，林同炎选择了以“逆”实现保护。保护与破坏是完全对立的，但这不意味着它们不能共存。如果不遗余力地保护不能达到“保护”的最终目的，那么用“破坏”来“保护”就是雅努斯式思维的精髓所在了。使“保护”和“破坏”双方呈现出相互依存的态势，主动设计一些在强地震中会被破坏的东西，恰恰成就了保护的目的。在主要建筑体完好的前提下，次要内部结构的破坏反而使得建筑物避开了强震的摧残。雅努斯式思维训练的第三步建立在对前两步扎实把握的基础上。这一步要求解析对立的双方，然后进行重组建构。

动与静、生与死，人本身就是对立统一的矛盾体。正因为如此，人才可以既充满活力又可以萎靡不振。产品所面对的对象是所有用户的集合体现，很多时候就是雅努斯思维的体现，用户即想便宜，又想品质过硬。例如，笔者曾经负责国内某科技网络公司的智能电视和 VR 项目，如果采用带有 MEMC 功能的芯片，那么看体育直播的时候将就可以将更完美的画面传送给用户，但是成本将增加 190 ~ 300 元。根据雅努斯思维方法论，产品经理要用独有的判断逻辑反问，用户买这个型号的电视是用来看体育台的吗？

7. 缺点逆用法

缺点逆用法的主旨就在于“缺点即优点”。缺点逆用，首先意味着从普通中体味不普通。它强调的是反过来考虑如何直接利用这些缺点，做到“变害为利”。也就是说，针对对象事物中已经发现的缺点，除采用“改进”策略以外，更应该做到的是成本更为低廉的“直接利用”。你可以依循下面的步骤搜索身边的“缺点”，练习逆用。

① 确定一个产品对象，可以是一个软件、一件硬件，甚至一个小程序。

② 尽可能列举这一对象的缺点和不足（在这里你可以采用智力激励法，也可以进行广泛调研、征求他人的意见等）。

③ 将呈现在你面前的一个或数个缺点加以归类、整理。

④ 针对每一个缺点进行分析，寻求变废为宝、化弊为利的可能（这一步最关键的就是“逆”，要用逆向思维处理这些缺点）。

有次去香港中文大学做产品相关活动交流，在拍集体照时总是先数“1、2、3”，尽管人们都尽量睁大了眼睛，可总会有一些人在数到 1 的时候坚持不住眨了眼。后来有人出了个主意，大家将信将疑，甚至还觉得有点怪异，可是照片拍出来以后一看，果然一个闭眼的都没有，你能想到这个主意吗？

回顾一下我们的思考路径：

①“使大家在按下快门前不眨眼”是我们的研究对象。

② 人的眼睛如果睁得久了就需要通过眨眼来补充水分，是这个事件必然存在的

缺点。

③ 针对这一缺点，其反面就是不长时间保持眼睛睁开，也就是闭上眼睛。答案出来了：新办法是让大家都闭上眼睛，喊“3、2、1”后再一起睁眼。你想到了吗?

缺点，可能就是优点本身。常常听说 BAT 如果做了某功能，我们还有产品机会点吗?笔者想说的是有些产品点即使 BAT 做，BAT 还真的不一定能做成功，例如:阿里巴巴想做社交，一直以来就没有太大的起色，而这毫不影响以主打社交元素的 Snapchat 这家初创小公司于 2017 年年初上市，且市值飙升到 300 多亿美元。

8. 逆向思维引入产品设计的必要性

产品设计是一项涉及了很多学科的复杂工作，大部分科技网络产品的研发必须由众多高素质的人一起参与。无论是细分领域的电商、内容平台、AI 算法和 SaaS，还是售卖食品的 App 和一款婚恋网站等产品，亦或是搭建一款广告营销平台和设计一款智能硬件结构等，都需要其他学科的介入，例如美学、创新方法、经济市场等学科。实际上，产品设计本身就是一个对表面上相互冲突的各种用户需求进行协调的过程，产品经理的内心其实特别愿意强调产品的美感和创造性，但有些时候却不得不关心成本等各种其他要求。因此产品设计被认为是一门充满挑战、颇具意义的学科。

通常，我们称在没有任何外界因素干扰下的产品设计过程为自然设计，但是由于各种原因的共同作用，这种符合正常规律的设计过程根本就行不通。首先，自然设计的过程必须花费足够多的时间，设计出来的产品也常常被要求是简单的产品。加上产品设计师在创造中会受到很多外在因素的影响，让他们付出几十年，甚至经历几代人的努力来进行这一缓慢、细致的设计过程是不可能的。所以，产品设计师经常需要根据现实环境选择不同的设计方法，笔者就赞成用户参与式设计产品的方法。其次，现如今的产品设计过度庞杂，充满了太多复杂的变数，产品设计师无法通过这种慢速筛选来进行设计改良。唯一值得期待的是，在原有版本上做一些简单的改变。再次，产品团队和用户都要求设计必须始终保持新颖性和与众不同，很少有产品设计师会任由版本在缓慢的自然演变中逐渐被人们所遗忘，或者在设计取得良好的反应和赞美的口碑之后就不再前进。因此，每月都会有“新的改良过的产品版本”出现在用户眼前也就不足为奇了。而且这些新版本的性能通常不允许被建立在旧有版本的基础之上，否则就会给我们带来“产品的灾难”。

除此之外，反馈机制的不完善也会成为阻碍自然设计过程的因素之一。在旧版本还未投放到市场之前，产品设计师就已经开始构思新的设计了，因为他们缺少用于收集并反映设计版本是否能够被大众认可的具体运行方式。既然影响自然产品设计的因素是不可避免的，那么产品设计师就应该寻找新的出路，对创造性设计思维的运用也许可以开拓他们的思路，提升产品的品质。

逆向思维作为一种创新的心理习惯和可靠的创意思维模式，在产品设计过程中的运用同样起着重要的作用。逆向性产品设计思维要求产品设计者在进行思维活动的时候，从两个相反的方向去观察和思考事物，这样不仅可以避免单一正向思维和单向度的认识过程的机械性，还能够克服线性因果规律的简单化，从相反视角来看待和认识问题。因为从上文分析可见，逆向性设计思维是一种具有很强创造性的思考过程和思维形式，产品设计师运用这种方法，一方面可以转换角度去探索设计问题，使产品创意出奇制胜；另一方面也可以从事物的对立面或者缺点中寻求新的解决方法，以获得更好的、全新的设计效果。运用逆向性设计思维不仅可以打破以往刻板、单一、从众的局限性，还有助于拓展设计的空间，充实设计的内涵，丰富设计的语言，全方位、多角度地寻找与用户需求发展相匹配的元素，塑造独特而充满个性的产品形象。

16.2 逆向性产品设计思维

当用户厌倦了某款产品的时候，他们会比较愿意选择一款新的产品去代替。虽然，这种对产品设计不断创新的要求看上去是一项挑战，但是对产品设计师来说却是一个机会。产品经理可以合理地利用一些创造性思维，令产品设计保持一定的吸引力。通过转换型逆向设计、反转型逆向设计和缺点型逆向设计，有可能使昨天看起来没有那么吸引人的设计产生新的吸引力。根据之前对逆向思维的研究，发现它由 7 种不同的类型组成，分别是：方位逆向法、属性逆向法、因果逆向法、心理逆向法、心理逆反法、雅努斯式思维法（对立互补法）、缺点逆向思维。当笔者在分析一些产品设计案例的时候，觉得这 7 种类型的逆向思维在产品设计中有着重要的产品设计意义，并且在每一种表现形式下还有不同性质、不同种类的运用方式。

1. 逆向性产品思维可以突破思维的惯常定势

外界的客观事物都是具体的、个别的，他们拥有无穷多的属性而使得相互之间千差万别。正如戈特弗里德·威廉·莱布尼茨（Gottfried Wilhelm Leibniz）所说的："世界上没有两片完全相同的树叶。"但是，当这些事物成为人们的思维对象，经过选择之后进入头脑，再形成观念、思想和计划的时候，它们自身最终会发生一系列重大的变化——由抽象性、普遍性、一般性和共同性，取代了事物原本的具体性、个别性和千差万别性。虽然，选取、抽象和截取等能力曾经是人类智力发展水平中最主要的标志，但我们也不得不承认，思维惯常定势的产生也正是这些能力所导致的。所谓思维的惯常定势是指：人们用一种固定了的思路和习惯去考虑问题、处理问题，根据常规、常理、常识作正向思考，无形中便在头脑里形成一种惯常思维，表现出人们思维方法的一种倾向性和专注性。如果产品设计师总是在这一思维定势之下寻求解决问题的方法，那就很难从事物的反面去找到答案。

对于设计创意产品来说，思维的惯常定势对产品设计师既有积极作用，又有消极作用。它的消极作用主要体现在一种习惯性思维上，它总是造成我们的思维方式、设计方法和表现形式惯性地存在着，容易出现这样或那样的问题。除此之外，惯常定势既会产生大脑的负迁移作用，还会造成设计思维方法的定型化和思考路径的定向化，在忽略了定势之外的事物和观念的同时，促使设计思维模式形成惰性与呆板性，不利于创造性设计思维的发展。然而，根据社会学、心理学和脑科学的研究成果来看，由于缺少科学的指导，思维的惯常定势似乎是难以避免的东西。但是，当下的科技网络环境是一个追求创意设计的年代，作为新世纪的主旋律，设计师在进行设计创造的时候，应该尽可能地防止思维受到各种各样的束缚。在这个时候，如果能够运用一些具有创造性的设计思维方法，就可以更加充分地发挥思维的创新能力。而逆向性设计思维与其他的创意思维相比较，它不仅能够揭示客观事物的本来面目和内在联系，还可以在此基础上创造出新颖的、前所未有的设计成果，提供新的、具有社会价值和市场意义的事物。

2. 逆向性产品思维可以开启出其不意的创新视角

现实世界里所有东西都是客观存在的，会有很多问题等待着我们去一一解决，这就要求看待事物的视角要向着更加灵活的方面转化。既然理解和看待同一个事物都崇尚从多种角度出发，那么，换个角度去想问题，结果往往会大有不同。对科技产品设计而言，视角的不断变化和角色的互相转换不仅可以避免固执己见的设计师在自我满足和自我迷恋中找不到方向，还能够在新的方法中改掉自己的缺点，在找寻自我中提升人格魅力。善于运用创意思维去思考问题，也是设计创新的重要表现方法。从某种角度上看，思维视角的转变和设计的创新发展具有互动性，创造性的思维模式在产品设计的过程和研究中有着重要的意义，不仅可以促进人们思维方式的变革，对于现代科学技术的发展也具有广泛的应用。而人们思维方式地不断革新，以及科学技术地不断进步同样反作用于设计，一直在促进它的创新与发展。所以，积极地转换思考的角度，就有可能在设计表现中达到出其不意的创意效果。很多美好的产品设计都是通过产品设计师的不断尝试而逐步产生的：经过试验过程，可以发现产品设计中的问题，对视角做出转变后，再进行改进，并重复这一过程，直至用尽所有必要的时间、精力和资源。值得注意的是，这种自然演进式的产品设计过程在过去一般反映在传统的手工艺产品上——尤其是在那些小地毯、陶器、手工用具和家具的制作中。因为，产品设计师只需要不断地变换视角，在现成手工艺品的基础上对它们进行些许变化，或者是适当地运用某些创意设计方法做一点小的改善，尽量消除其中的小问题，即便是尝试新的设计方案，也不会花费很长时间就可以创造出新的产品。久而久之，适用且兼具艺术美感的设计作品就在这个过程中应运而生了。只要我们愿意潜下心去研究以前的设计作品，就会发现：只要产品设计师愿意主动采取一些灵活多变的态度和创新的产品设计方法，作品就能自然而然地得到改善。所以，我们产品经理应当学习传统的民间手工艺者，通过不同的视角寻找产品设计中的不足之处，去除那些瑕疵，并把精华的部分保留下来。哪怕这次的改版使原本的产品变得更加糟糕，产品设计师也可以在下一次的设计过程中再做修改。这种循环往复是产品创造过程中客观存在的现象，最终会令产品设计中原本不足的地方被尽量消除，但产品设计中的优点却会被一直保留下来。

逆向性设计思维正是一种有效的、可以转变产品设计师视角的创新思维方法，它按照非常规的思维去思考问题，不循常规、标新立异、欲进反退、不依常理。能够根据设计结果，一步一步地推向条件，朝着事物相反的方向去考虑事情，不仅有机会发现设计中的问题，还能找到事物中的新视点。这样由逆向性设计思维产生的结果，不仅可以呈现出思维的多面性和创新性，也有可能发现别人看不见的东西；不但有利于提高解决设计问题的效率，还会创造出按照常规所不能获得的成果。产品设计师适时地运用逆向性设计思维，将有助于产品设计者们摆脱消极的思维定势，帮助大脑开窍，开阔视野，活跃思维，对发展创造性设计思维的能力产生推动作用。这种特殊的朝反面求索的思维模式，把我们司空见惯的似乎已成定论的事物或视角进行反向思考，让设计思维向对立面的方向延伸，从问题的反面深入地进行探索，以便树立新思想，创立新形象，建立新视角，协助产品设计师设计出让用户拥有全新感受和印象深刻的科技网络产品。

3. 逆向性产品思维提升产品设计者的创造品质

创造品质是产品设计师为改善用户生活所进行的具有积极性和创造性的设计活动，也是一种独特的创新能力。它的首要表现就是科技网络的不断进步，产品设计师创新能力的逐步发展，以及创新视角的灵活转换。如果要求产品设计者的创造性既充满活力又保证品质，就必须使产品设计师适应科技网络的前进步伐，适时地变换思维的方向。激发产品设计师的创造活力是提升产品设计师创造品质产品的重要内容，因为好的产品设计不仅可以在很大程度上为我们的工作提供便利，也会使我们产品经理对自己、对社会，以及对整个世界的看法产生影响。但是，由于产品设计师的设计结果经常会与预期的效果产生较大的差距。所以，当我们在对事物有了深入的正面了解之后，这时如果可以再利用逆向性产品设计思维进行研究，进行“反其道而思之”，那么就有可能产生新的设计或创意。即便是在科学技术和科学发现的过程中，当有很多问题长期得不到解决的时候，也可以通过逆向的求索方式，借助逆向性产品设计思维的思考模式，起到解放思想和明确方向的作用，以期带来光明的前途。

科技网络的发展是社会创造品质产品的体现之一，因为任何创意思维产品的应用都无法摆脱科技网络的支持和艺术的表现形式。而逆向性产品设计思维是科学的方法，它隶属于创造性产品设计思维的范畴，同任何一种设计思维都是既依靠科学又依赖于艺术，同时也是一个独立存在的个体。这体现出逆向性产品设计思维与科学之间，存在着千丝万缕的关系。例如，保罗·狄克拉（Paul Dirac）发现正电子的“空穴理论”，就运用了逆向性产品设计思维。但是，如果想在取得科技网络产品的成果上把这个方法运用得当，还必须依靠一系列的综合性科学方法，分析、综合、概括、演绎、归纳、实验等研究方案都是一些常见的手段。以在写书时经常会使用的引文索引来说，它也是逆向性设计思维的重要产物。19 世纪 50 年代，尤金·加菲尔德（Eugene Garfield）认识到对写书立说这件事做逆向分析是有价值的，人们可以在必要的时候查询到有多少研究遵循了所给出的被引用的作品，由此便诞生了现代引文分析的方法。起初的引文检索工作是通过手工操作完成的，而如今已经完全自动化了。因为研究学者们能够通过引文向前追溯到某个学术思想在当时的影响。所以，这种对现代引文分析的方法不仅对做学问有帮助，还可以成为一种被广泛使用的，针对学者来说具有决定性意义的重要评级工具。

由于逆向性产品设计思维突破了常规的思维模式，因而无论是在产品设计领域，还是对市场社会而言都有利于新理论的创造，而引领科技网络产品变革所具备的指导方针也正需要这些新能量的支撑。因此，通过逆向性产品设计思维创造的重大理论成果，在一定程度上可以推动科技网络产品的前进和创造力的发展。想要既达到艺术的目的，又展现出产品设计的完美效果，就必须确保每一位产品经理、设计师都拥有创新的能力。这种创新的能力，不但极大地阐释了艺术存在和发展的必须性，而且它不可或缺的地位也缔造了产品本身创造品质得到提升的最终样貌。

最后，思维方法论可以通过语言或者其他媒介认识客观世界，并做出相应的反应，包括逻辑思维、归纳思维、演绎思维、逆向思维、集中思维、发散性思维等。逆向思维作为思维模式中的重要组成部分，虽然在哲学领域、创造学领域和心理学领域中都已经有了具体的论述和系统的梳理，但是对于科技网络产品设计学来说，它的应用和研究还不够充分。而逆向性设计思维是以逆向思维为基础发展起来的，与正向思维向来不曾产生一个十分明确的界限，有的产品经理、设计师在进行产品设计创意的时候，并没有认识到自己使用的是逆向性设计思维。或者，当评价同一款科技网络产品的时候，并不能保证每一个人都认为这是通过逆向性设计思维而产生的结果。因此，在设计领域中对逆向性设计思维的运用很模糊，也很难从某个角度就断定一件科技网络产品的创造方法是否属于逆向性设计思维。例如，乔布斯从按键手机突破产品设计的极限到 iPhone 的出现。这里就不能说乔布斯没有利用逆向性产品设计思维，逆向性产品思维有助于产品设计师在思考的过程中打破传统观念，从事物的另一面探求创意的突破口，从而使设计在各方面实现飞跃。对产品设计师来说，逆向性设计思维可以给他们带来意想不到的创意灵感，而这些灵感又能够使他们创新无限。

第 17 章　场景思维产品模式

17.1　场景方法论之产品运营

17.1.1　从产品经理的角度看场景

场景原本是影视语言，是指在特定时间、空间发生的行动，或者因人物关系构成的具体画面，是通过人物行动来表现剧情的一个特定过程。因此，无数连续的场景便会组成一个完整的故事。将场景这一概念应用到科技互联网是全球科技创新领域的知名记者罗伯特·斯考伯和谢尔·伊斯雷尔在《即将到来的场景时代》一书中提出的，国内学者结合中国科技互联网的现实将其引入中国。目前在书中对“场景”进行明确定义的是彭兰教授，她认为“Context”可译成“情境”和“场景”，她认为场景不仅应该包括空间环境还应包括行为和心理氛围。因此，“场景”是一个广义的概念，是涵盖基于空间和基于行为与心理的环境氛围。著名电商专家吴声从科技互联网应用层面定义“场景”是一种应用形态，在《场景革命》一书中他认为场景常常表现为与游戏、社交、购物等互联网行为相关、通过支付完成闭环的应用形态。

不论是从场景概念的本源还是在万物互联背景下对场景概念的升级，不难看出场景正成为万物互联下的产品运营对消费者时空、心理、行为的洞察，是一种产品从传播到成果的应用形态。万物互联的主要传播方式是物物传播、物人传播、万物间互相传播。而万物传播的本质是基于场景的服务，即对场景的感知（情境）及信息（服务）的适配。因此，在万物互联的背景下，产品运营争夺的不再是以流量为标准的关注度，而是以场景为主的细分市场。产品运营以消费者在特定空间与时间、需求驱动的相应行为集合作为识别用户在万物互联大背景下所处的坐标，在确定用户所处位置后便能实现有效的产品运营传播活动。

17.1.2 场景是以人为中心的连接思维路径

万物互联时代，产品运营传播媒介呈现泛媒介化，由于人的可链接性，产品品牌需要接触到可连接的目标用户，用场景作为产品品牌运营的思维起点。因此，场景化考虑便成为使产品深入到人们日常生活的思维，是产品运营在万物互联大环境下对产品品牌、产品运营思维与路径的调整。“场景”思维站在运营对象移动化、消费碎片化的角度上，强调以人的体验为中心，契合或者引领用户新的生活方式。当产品的传播引入“场景”的思维方式后，运营工作便不再局限于传统媒体，而是要让产品深入到用户的日常生活场景中。例如，2015 年 8 月，天猫联合多家服饰品牌的海报出现在北京地铁 14 号线望京西站，乘客可通过扫码在天猫平台上第一时间购买全球首发的近 100 万款服饰新品，这让无暇逛街的人们在每天上下班的途中即可与最前沿、最时尚的品牌零距离接触。

“场景”不仅仅是一种对消费者的洞察，还是一种实现价值交换的生活方式。在“场景”中不仅有产品及服务，运营人员在洞察消费者的场景需求后还可以打造出一种流行的生活方式。“互联网+”让传统行业在互联网这一基础设施上生根发芽，长出创意的枝芽；“互联网+”从传统的趋势迎合者成为了生活方式的发明者；“互联网+”从线上到线下极大地重构了人们以往的生活方式。在“互联网+”时代，人、物、场的有效连接整合，让场景本身成为一种价值交换与生活方式。例如风靡世界的“断舍离”、全民马拉松、年轻女性的“轻断食”等，每种生活方式流行的背后都有强力的运营在推动，而生活方式的形成背后也存在着巨大的商业价值。所以，产品运营传播的终极目标应该是成为推动某个特定场景成为佼佼者。因此，产品运营一定要了解场景和场景中的人。

17.1.3 构建场景的 5 种力量

在《即将到来的场景时代》里，罗伯特·斯考伯和谢尔·伊斯雷尔提出“场景时代的来临依赖于五种科技力量的发展，并共同发挥作用。”作者称这五种科技为"场景五力"，分别是：移动设备、社交媒体、大数据、传感器、定位系统。他们认为这五种力量正改变着消费者、观众、患者、在线旅游者等人的体验，改变着大大小小的企业，这五种技术力量已经深入到产品运营的场景之中。

1. 移动设备

移动设备作为移动互联网时代的物质载体，主要是指手机、平板电脑、可穿戴设备这些借助运营商网络或者 Wi-Fi 联网，可以进行互联网行为的可移动的终端设备。移动设备作为移动互联网的硬件设备，发展一直迅猛。随着手机和平板客户端越来越普及，用户的增长趋于饱和，可穿戴设备将成为移动设备的一片蓝海。2012 年，谷歌眼镜问世，因此被称为“智能设备的元年”，但是由于部分可穿戴设备价格高昂、技术不成熟，可穿戴设备还没有得到像智能手机那样的普及。目前，可穿戴智能设备主要集中在手环、手表等类别的产品。移动设备是获取万物互联网力量的关键，也是体验场景超级风暴的载体。从某种意义上讲，移动设备聚集了其他四种力量的原力。

2. 大数据

大数据概念在 20 世纪 80 年代被提出，经过近二十年的发展，大数据越来越受到企业、科技、学界的重视。大数据技术是在 Web 2.0 的背景下、在数据挖掘的基础上成熟起来的，其核心是对以关系为纽带的社会网络的识别、发掘和利用。在 Web 3.0 技术下的大数据克服了数据不兼容的状态，大数据不再是规模大、无关联的状态，而是可以自由整合和有效分发的形式。Web 3.0 源数据分析应用于大规模关键词的搜索及衍生服务。新一代的标记语言会在内容上进行注解，使内容具备“生命力”，让内容不但可以被搜索到，还可以向每个用户提供个性化的服务。大数据可以说是分析场景的主要工具和方法。目前获取大数据的渠道主要包括内容消费平台、社交平台、购物平台、可穿戴设备和其他智能硬件。通过这些数据可以分析出用户的行为习惯、个人偏好等内容，构建出用户的共性场景、个性场景，最终为用户提供与场景相适配的信息和服务。运营人员掌握了用户数据以后，甚至可以掌握产业链形成一个生态。像阿里巴巴这样的公司正是掌握了大量消费者的消费大数据，因此才可以为金融提供征信数据，为品牌提供市场数据，进而拓展了蚂蚁金服、天猫、阿里影视等产业，形成了一个可循环的生态。

3. 社交媒体

社交媒体可以说是获取用户社交信息的主要来源，也是了解场景中人的心理和行为的主要工具。通过社交媒体连接到目标场景的人以后，可以以这个人为节点，连接到与其有行为共性的人，从而构建共性场景。最后连接到场景中的人，通过社交媒体能够传播品牌信息和文化，实现产品运营的媒体价值。当微博的公共属性增强，社交属性变弱的情况下，微信作为一个新的社交媒体正越来越强大。

4. 传感器

传感器被认为是“万物联网”中的媒介，但是在移动互联的时代，传感器已经成为移动设备的内置硬件。通过传感器可以感知到用户的位置、心跳、温度等。传感器技术为产品运营了解消费者本身的数据提供了基础。用户可以通过传感器实现在移动场景中对固定场景的设备进行掌控，这为产品运营跨界操作提出了一个很大的可能性。

5. 定位系统

定位系统是获取空间位置的技术，定位在场景中的重要性体现在无定位不场景，通过定位才能了解到消费者所处的空间，而空间恰恰是场景中最重要的因素。例如，在新闻客户端通过定位系统可以获得本地新闻；在打车软件中，定位系统关系到交易能否进行等。不同领域的产品运营对于定位的获取也有不同的要求，但是“无定位，不场景”。空间作为场景要素中的基础场景是提供服务的基础。

17.1.4 产品运营的核心是场景化的内容和体验

运营的信息聚合是由产品的信息聚合所决定的。因为产品本身就是一个名称、术语、符号、图案或者是这种要素的组合，用户通过这些要素来识别产品的制造商和销售商。运营传播的信息聚合，导致了产品在经营决策、组织调整、产品开发、公关活动等方面的有所活作，包括消费者在内的受众自然地进行信息聚合，聚合于相应的产品运营传播之上。

在消费者的场景中，运营传播不仅仅是为消费者提供产品信息，更是提供与场景相配套的社交和产品服务。在场景下，产品要提供符合消费者接受习惯的内容，要能触发消费者沉浸式的体验。在这样的场景下，最终激发消费者分享和付费的欲望。所谓场景化的内容与体验是产品在合适的时间和地点提供用户需要的信息和服务，这样既帮助了用户，也提高了用户对产品的黏性。在后大众媒介时代，什么样的内容会引爆场景并无标准的答案。但是内容娱乐化，在内容中植入热点内容、热点事件、热点话题成为产品运营提供内容的重要趋向。Papi 酱的视频以 2190 万元成为新媒体标王后，人们看到了万物互联下网红经济强大的同时也看到了内容的价值，好的内容依然拥有强大的市场。在消费者资讯模式爆炸的时代，人的生活空间是不变的，在消费者回家、上班、娱乐、购物等必经的生活空间中的媒体提供产品信息与服务是有价值的。

17.1.5　产品运营场景化的重要性

这是一个充满诱惑、充满人性特点、充满竞争的大环境，在你认为用户应该使用自家产品或服务的情境下时，用户由于忘了产品的品牌名，或者懒得下载 App，又或者竞争对手干扰等因素，很可能与你的产品擦肩而过，这是因为转移成本过低。无论是创业还是做新产品，产品经理都无可避免地需要改变客户的消费习惯，这就给用户带来转移成本。如果产品足够好，这些转移给用户带来的价值大于损失，用户也许会选择转移，但是当新产品只是稍微更好那么一点，转移成本高于收益或者和收益不相上下时，在用户的潜意识里是保持习惯，不去改变。在这种情况下，场景思维可以起到关键的作用，场景可以帮助企业引导用户改变习惯。

当用户在产品运营的影响下接触产品的时候，那个时机用户可能没有即时性的需求（这意味着用户可能以后会用到），那么在这个场景下，让用户记住“产品能够给他带来的最痛的价值点”+“你的名字”+“下次如何便捷找到你”就够了。当用户在今后遇到同样问题时，用户还能想起你。这就涉及运营人员应该在什么时机、从什么切入点去影响客户，是否需要长时间的多次曝光，开始时产品对于新用户的重点应该也是偏运营，之后才是偏如何使用。

场景思维会影响一个产品应该做哪些，不应该做哪些。有些产品经过一段时期的发展后成为了一个很好的产品，但是再经过一段时间以后，却成了一个“烂”产品，产品中增加了很多冗余的功能。这是很多产品决策人易犯的一个错误。而场景思维能让产品决策人明白什么功能更重要，什么问题应该优先去解决，数据起到的关键作用是告诉企业，自身正处在一个什么样的大环境下，然后辅助决策者进行决策。场景思维的作用类似，场景思维是帮助决策者在没有足够数据支持的情况下，想象消费场景，思考用户会干什么？用户有什么痛苦与麻烦？用户为什么不用现在的产品或服务？什么样的产品或服务才是用户需要的？

场景思维还影响着一个企业的组织结构与工作管理流程。企业在不同时期，面临着不同的内外部压力，解决问题的方法是不同的，解决第一个问题所需要的人和做事方法也许只适合第一步，不适合第二步或者第三步。面对新的竞争场景，产品也需要改变，面对这种改变，产品经理需要学会预警与储备知识，而场景思维是帮助产品经理解决问题和储备知识的有效手段。

笔者在某智能电视公司举过这样一个例子。“这款电视采用了12核处理器，应用了国际最先进的4K曲面显示屏，具备一键智能化连接功能，遥控器就是鼠标”这是产品经理、工程师的思维。“打开电视能一键上网，电视能根据你的收看习惯智能推送相关娱乐节目，电视清晰度没的说，连女明星脸上有几个斑都一清二楚。更有意思的是，别人家的电视都是遥控器或者手机控制，我们这个直接喊一声就可以换频道。”这是场景思维。场景思维方法可以让需求分析更贴近用户的真实需求，让产品设计更正确，让产品定位更清晰，让内、外部人员对产品的理解更系统。

17.2 场景思维在产品运营领域的方法论

其实，生活中大部分时间人们都是生活在场景中的，如果按过去品牌理论来推导，互联网时代的场景就是一种心智影响力。一个企业或一个产品通过推广其“价值”来吸引人们关注，进而实现购买消费。吸引用户购买所采取的方式有很多，广告、公关乃至促销行动等不一而足。在万物联网的时代，运营人员需要不断刷新认知，把场景思维在产品运营模式方法论的外延扩大到全新的概念里。

17.2.1 场景思维方法论用于产品运营的特点

1．场景思维产品运营的概念界定

场景思维指导下的产品运营不同于传统的营销方式。场景思维指导下的运营是基于万物互联基础上的数字化营销。传统的营销传播是线性传播，是扁平化的二维世界，进入万物互联的时代，O2O的传播模式连接了线下和线上的沟通，信息的传播与现实世界连接起来，构成了三维的、立体化的消费体验空间。场景思维方法论指导下的产品运营是基于用户所处的具体情境和时间，通过与用户的具体互动而展开的产品运营活动。对于场景传播的概念，笔者较为推崇彭兰教授在《场景：移动时代媒体的新要素》中提到的“场景传播就是对情境的感知和对有价值信息的适配。”对情境的感知体现在对时间和空间两个维度的感知。时间维度的场景，以春晚微信“摇一摇”为典型案例。空间维度的场景基于LBS技术，通过智能手机、智能穿戴设备等移动传感器，获知消费者的地理位置，基于AR等技术增加产品运营的趣味性和互动性，从而向用

户推荐附近的美食、娱乐、住宿等有价值的信息。场景思维方法论主要从时间和空间两个维度实现对消费体验的重新构建。

2．场景化产品运营的特点

以用户为眼睛。场景思维方法论指导产品运营以用户真实需求为导向，基于大数据的场景营运与传统的营销模式最大的不同之处就是以每个用户的需求为导向提供个性化的服务。市场营销的发展经历了由销售到营销，再到场景化产品运营方式的转变。场景思维下的产品运营与销售的不同点在于从产品导向转向了以用户为导向，传统的市场营销，基于市场调查技术收集用户信息，广告主所进行的一切营销活动都是以某一类消费者的需求为导向的营销。场景思维指导的产品运营时代，广告主针对消费者进行的产品运营是以单个人的需求为本、以技术为支撑。场景思维指导下的产品运营的技术导向主要表现在三个方面：第一，硬件设备的发展。可穿戴设备的发展，智能感应设备、智能手机、智能手环、智能纽扣等产品的诞生使产品与用户无限接近。第二，程序化技术的发展。程序化广告从“受众定向技术”、“媒体定向技术”、“投放优化技术”三方面出发实现了广告主与用户的连接。第三，内容创意技术的发展。真正引起用户情感共鸣的是基于现有的新媒体形态通过内容技术创意来实现的 H5 技术。H5 场景化产品运营技术是一种基于消费者体验的多媒体传播技术，表现为以下几种形式：文字、图片、符号的静态展示形式；动态图、小游戏等交互体验式展示；通过摇一摇、LBS、AR、个性化制作等用户互动参与技术的逆向整合。根据科特勒的观点，人们将营销 3.0 时代称为以场景、细分和垂直、个性化化服务为特征的场景化产品运营时代。营销 3.0 时代和营销 1.0 时代、营销 2.0 时代的最大区别在于逆向整合性，传统的营销模式以生产为导向，而场景化的产品运营以用户为导向，这里以小米的生产管理营销模式为例来说明。小米手机的生产模式是一种“按需定制”的生产模式。小米的生产销售供应链如下图所示。

用户下单（获得市场需求）→ 市场调查 → 工程师设计 → 供应链采购 → 代工工厂生产 → 线上销售（饥饿营销）→ 配送 → 买家 → 反馈 → 再设计 → 再生产 → 再销售

小米生产销售供应链图

小米的生产销售供应链条中，生产在销售之后进行，用户既是商品的使用者，同时也是参与商品的设计者。根据用户的需求定制产品，形成“米粉”，培养了忠实的用户群体。这也是小米创始人之一黎万强所总结的小米制胜的秘诀——用户参与，用户参与是场景思维的一个应用。

17.2.2 产品运营推广信息的场景化构建

场景传播是较为新兴的信息传播方式，整个信息环境的数字化、场景化对于广告主和广告传播机构而言既是机遇也是挑战。笔者根据场景化产品运营应用现状提出的广告信息的场景化构建流程，总共分为四个步骤：综合体验的进入场景、移动程序化场景营销、O2O 的场景连接模式、服务场景构建。

1. 多元体验的进入场景。

互联网的竞争就是流量进入场景的竞争。Web 1.0 时代的流量进入场景是门户网站，用户通过浏览网易、搜狐、新浪等门户网站接收信息，受众的信息接收方式遵循 AIDMA 营销法则。AIDMA 法则是由美国广告人刘易斯提出的具有代表性的消费心理模式，它总结了消费者在购买商品前的心理过程。消费者先是注意商品及其广告，然后对某种商品感兴趣并产生出一种需求，最后是记忆及采取购买行动。英语为“Attention（注意）→Interest（兴趣）→Desire（消费欲望）→Memory（记忆）→Action（行动）”，简称为“AIDMA”。AIDMA 法则也可作为广告文案的写作参考。

Web 2.0 时代，进入场景以 Google、百度等搜索引擎为代表，受众根据自己的兴趣主动地搜索信息，受众接受信息的方式遵循日本电通在 2006 年提出的 AISAS 营销法则。AISAS 模式是电通公司针对互联网与无线应用时代消费者生活形态的变化，而提出的一种全新的消费者行为分析模型。强调各个环节的切入，紧扣用户体验。

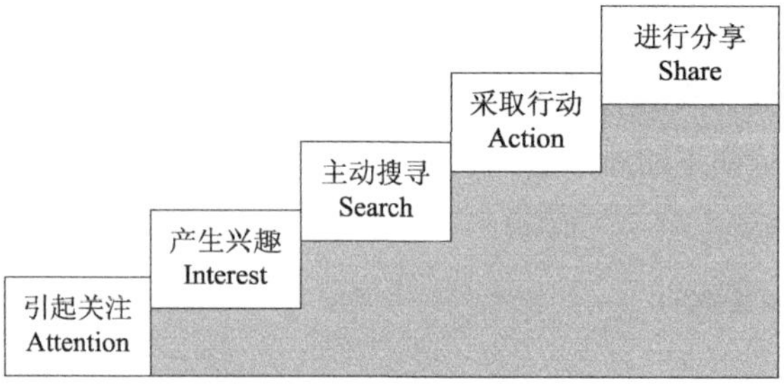

AISAS 模式

Web 3.0 时代，由于万物皆媒，人工智能、万物联网、虚拟现实、增强现实技术的发展，社会发展进入了一个综合体验的进入场景。媒体不再是传统意义上的媒体概念，而是麦克卢汉对媒体的定义“媒体即人体的延伸”。与媒体概念衍生相对应，用户的进入场景也随之延伸。场景化产品运营为用户提供了多元体验，进入场景主要表现在两个方面，一是进入场景的多样性，二是进入场景的体验提升。两个方面共同作用引起用户的情感共鸣，最终促成交易行动的发生。

2. 精准程序化场景运营

程序化购买对于广告信息传播的价值主要在于实现了精准传播、避免广告费的浪费。精准程序化场景运营是指基于用户的物联网设备上的内容场景，结合时间场景、地点场景、连接场景以及行为场景，进一步挖掘用户潜在需求，以程序化购买的方式进行创新性、全方位、立体式营销，规模化和实时化地帮助广告主主动为消费者提供解决方案。让广告成为对用户有用的信息，并构建全新的营销场景，为广告主创造从无到有的营销环境，实现广告主、媒体、用户等多方共赢。精准程序化场景营销是场景营销和程序化购买的结合，但不是两种营销方式的简单相加，而是产生 1+1>2 的效果。

3. 多场景连接模式

蔡余杰、纪海在《场景营销》中指出：场景营销的本质是实现营销与需求的无缝连接。利用互联网的平台功能，将线上、线下有效地融合起来，构建新的体验场景是万物互联网时代的新课题。广告营销的目的是满足消费者碎片化的场景需求，利用碎片化场景营销的思维方式，不断为消费者提供碎片化的场景体验价值，激发消费者的情感共鸣。以电子导游讲解器（ATG）为例来说明，ATG 通过智能感应设备，将线上的文化知识、文化内涵与线下景区的陈列展示融合起来，使得消费者能够更好地了解观赏对象的文化底蕴，触景生情、情景融合，产生更好的消费体验。而消费者在融情于景的消费体验中，更可能将以往走马观花式的观光游览变为休闲度假式的体验消费，从而带动整个旅游产业链的发展。

4. 产品服务场景构建

产品服务场景是指服务场所经过精心设计和控制的各种物理环境要素，包括氛围要素、设计要素和社会要素三个维度。通过产品服务场景的构建最终完成场景营销，为消费者打造全新的购物场景。在移动场景营销的构建中需要增加新的维度即移动互联网要素，为消费者提供 Wi-Fi 网络、手机支付服务。通过移动互联网，消费者可以进行线下体验、线上下单，既提升消费者的购物体验，又实现了引领移动互联网消费的目的。

万物联网媒体的快速迭代带来了场景化运营的全新产品运营信息传播模式。这里从场景运营的概念界定及特点、广告信息的场景化构建等方面阐释了大数据时代场景思维方法论运营这种全新的产品运营信息传播模式。

17.2.3 传统企业场景化运营的案例

在传统企业的运营当中，更多的是考虑产品如何指向目标消费群，以及如何解决生产和销售这两大环节。因此，很多传统企业的负责人，他们的精力主要还是放在原有业务体系的管理当中。但利用“场景”思维，植入现有的运作体系，或者去构建新的商业模型，也许更为关键。

产品经理可以把“场景”主要划分为两大方向，一个是当下已经存在的场景，另一个是还没有出现的场景。对于已经存在的场景，我们要仔细观察和分析这个场景中的所有时间、地点、人物、事件、连接方式，看能否产生新的理解，在这个时候更多的是考验我们的洞察力。我们要从中洞察出其中的“痛点”或创造新的“用户体验”，并在此基础上重新构建新的产品运营逻辑和产品运营体系。通过这样的方式，新的产品或新的产品模式就会产生出来。

例如，美国 Uber 创始人卡兰尼克和朋友在巴黎游玩，因为苦于打不到车，从而萌生了开发手机打车软件的念头。他希望实现用户只需通过 App 一键发送打车请求，便会有车辆就近接送。基于卡兰尼克体会到的场景和关键的“痛点”，然后产生了 Uber 核心的产品运营理念：用 App 将用户需求与提供租车服务的司机联系起来。现在 Uber 的使用场景就是：打开 Uber App，手机屏幕上会弹出一幅地图，选择上车地点，然后就会看到一个汽车形状的图标向上车点驶来。几分钟后，一辆经由系统匹配的车就会停在你面前，请你上车，车上也许还有免费的点心和瓶装水供你享用。到达目的地后，车费会自动从你的信用卡上扣除，你下车走人即可……新的出行商业模式经由一个 App 就把用车场景全部组织起来。这是一个典型的基于痛点把“时间、地点、人物、事件、连接方式”进行重构的科技网络产品模型。

那我们的传统企业是否有考虑过，如何通过 App 来组织自己的商业运作场景呢？

另外一个方向就是“还没出现的场景”。这种类型的场景需要产品经理在大脑中构思，如果有了某种物品或工具，那就可以把一些前所未有的人和事组织起来，产生一种全新的场景、体验，解决某些想都没想过的问题。在这个时候，考验的是产品经理的想象力和创造性。

随着科技不断发展，AI 和机器人将逐步普及到民用的阶段。从智能手机往后的标志性产品，一定是各种各样的机器人。如何发挥想象力和创造性，利用好高科技的产品，开创新的生活和工作场景，必将成为下一个产品创新浪潮。

所以，产品经理需要理解场景和商业是息息相关的。现在已经有无数的新场景正在层出不穷地被定义，而当一种新场景出现并被重新定义之后，我们就能够利用技术、产品和平台等多维度的优势，尽可能广、尽可能深地融入到用户全天候的活动场景中。

如今场景思维已逐步成为决定产品竞争成败的关键因素。谁能够拥有更好的场景思维，谁就能赢得未来产品运营的主动权。因此传统企业是完全可以以本业为根基和出发点去大胆构思“场景”的，让企业升级并开创新的产品体系。由于一个企业只能在企业家的思维空间之内成长，一个企业的成长将被其经营者所能达到的思维空间所限制。所以在互联网时代，如果不积极拓展业务的边界，那么等来的极有可能是跨界“打劫”，即像三体里所形容的一样“降维打击”，而你连对手是谁都无法想象。

场景化产品运营的本质是实现运营需求的无缝连接，是基于大数据技术对用户时间、空间、消费者行为的情境感知，并进行有价值的信息适配。但是目前场景化产品运营作为一种新型的产品运营方式，还不能成为解决所有产品运营传播问题的万能钥匙，它还存在种种潜在问题，比如重视技术导向而忽视了创意的重要性、技术本身的局限性，以及用户个人信息的泄露问题等。从根本上讲，场景化产品运营依然只是一种营运工具，场景化运营并不是产品运营推广的“术”，而是产品运营之“道”。

第 18 章　AI+时代产品经理的思维方法

优秀的产品经理与一般的产品经理的最大区别在于：优秀的产品经理总是能够适应时代的变化，主动结合时代的特点进行产品创新。希望本章可以从产品的视角剖析 AI 时代的特点，启发产品经理的思维。

18.1　AI 发展的 6 大阶段

关于“人工智能”的发展历史，可以划分为以下 6 个阶段。

（1）第一阶段：20 世纪 50 年代人工智能的兴起和冷落。人工智能概念被首次提出后，相继出现了一批显著的成果，人工智能进入到第一次黄金时期。现在公认的人工智能起源是 1956 年的达特茅斯会议，在此次会议上计算机科学家 John McCarthy 说服了参会者接受“人工智能”（Artificial Intelligence）这个概念。达特茅斯会议之后的十几年是人工智能的第一次黄金时代，大批研究者扑向这一新领域，计算机被应用于代数应用题、几何定理证明，一些顶尖高校建立的人工智能项目获得了 ARPA 等机构的大笔经费，甚至有研究者认为机器很快就能替代人类完成一切工作。第一次黄金时期的具体代表包括：机器定理证明、跳棋程序、通用问题求解程序、LISP 语言等。但由于消解法推理能力的限制，以及机器翻译等项目的失败，人工智能逐渐走入了低谷。

人工智能的第一次低谷：到了 20 世纪 70 年代，由于计算机性能的瓶颈，计算复杂性的增长以及数据量的不足，很多项目的承诺无法兑现，比如现在常见的计算机视觉根本找不到足够的数据库去支撑算法进行训练，智能也就无从谈起。后来学界将人工智能分为两种：难以实现的强人工智能和可以尝试的弱人工智能。强人工智能可以认为就是人，可执行“通用任务”；弱人工智能则只能处理单一问题，我们迄今仍处于弱人工智能时代，而很多项目的停滞也影响了资助资金的走向，AI 经历了长达数年之久的低谷期。

第一阶段的特点是重视问题求解的方法，忽视知识的重要性。

（2）第二阶段：20 世纪 60 年代末到 70 年代。专家系统的出现使得人工智能研究出现了新高潮，专家系统的出现于 1970 年之后，学术界逐渐接受新的思路：人工智能不光要研究解法，还得引入知识，于是专家系统诞生了。专家系统利用数字化的知识去推理，模仿某一领域的专家去解决问题，“知识处理”随之成为了主流人工智能的研究重点。在 1977 年世界人工智能大会提出的“知识工程”的启发下，日本的第五代计算机计划、英国的阿尔维计划、欧洲的尤里卡计划和美国的星计划相继出台，带来专家系统的高速发展，涌现了卡内基梅隆的 XCON 系统和 Symbolics、IntelliCorp 等新公司。具体的系统包括：DENDRAL 化学质谱分析系统、MYCIN 疾病诊断和治疗系统、PROSPECTIOR 探矿系统、Hearsay-II 语音理解系统等专家系统，这些系统的研究和开发将人工智能引向了实用化之路，并促成了国际人工智能联合会议（International Joint Conferences on Artificial Intelligence，IJCAI）在 1969 年举行。

（3）第三阶段：20 世纪 80 年代。随着第五代计算机的研制，人工智能得到了很大发展，日本在 1982 年开始了“第五代计算机研制计划”，即“知识信息处理计算机系统 KIPS”，其目的是使逻辑推理达到数值运算那么快。虽然此计划最终失败，但它的开展形成了一股研究人工智能的热潮。

（4）第四阶段：20 世纪 80 年代末。在神经网络飞速发展的 1987 年，美国召开第一次神经网络国际会议，宣告了这一新学科的诞生。此后，各国在神经网络方面的投资逐渐增加，神经网络迅速发展起来。

（5）第五阶段：20 世纪 90 年代。人工智能出现了新的研究高潮。由于网络技术特别是国际互联网技术的发展，人工智能开始由单个智能主体研究转向基于网络环境下的分布式人工智能研究。不仅研究基于同一目标的分布式问题求解，而且研究多个智能主体的多目标问题求解，人工智能更加面向实用。另外，由于 Hopfield 多层神经网络模型的提出，人工神经网络研究与应用出现了欣欣向荣的景象。人工智能已深入到社会生活的各个领域。

（6）第六阶段：当下。近几年人工智能领域热闹非凡，不仅科技巨头发力 AI 取得了技术与产品的突破，还有众多初创企业获得了风险资本的青睐，几乎每周都可以看到相关领域初创公司获得投资的报道。而最近的一次春雷毫无疑问是 Google 旗下 DeepMind 开发的人工智能 AlphaGo 与李世石的围棋之战，AlphaGo 大比分的获胜让人们对 AI 刮目相看的同时也引发了人们对 AI 将如何改变我们生活的思考。在专家系统之后，机器学习成为了人工智能的焦点。机器学习的目的是让机器具备自动学习的能力，通过算法使得机器从大量历史数据中学习规律并对新的样本作出判断识别或预测。在这一阶段，IBM 无疑是 AI 领域的领袖，1996 年，深蓝（基于穷举搜索树）战胜了国际象棋世界冠军卡斯帕罗夫，2011 年，Watson（基于规则）在电视问答节目中战胜了人类选手，后者涉及了目前仍然是难题的自然语言理解，成为机器理解人类语言的里程碑式的一步。Watson 是认知计算系统的杰出代表，同时也是一个技术平台。认知计算代表一种全新的计算模式，它包含信息分析、自然语言处理和机器学习领域的大量技术创新，能够助力决策者从大量非结构化数据中揭示非凡的洞察。

第六阶段的特点是深度学习的强势崛起，深度学习成为机器学习的第二次浪潮。2012 年 4 月，《麻省理工学院技术评论》杂志将深度学习列为 2012 年十大突破性技术之首。其实，深度学习并不是新生物，它是传统神经网络（Neural Network）的发展，两者之间有许多相同的地方，二者采用了相似的分层结构，而不一样的地方在于深度学习采用了不同的训练机制，具备强大的表达能力。传统神经网络曾经是机器学习领域很火的方向，后来由于参数难于调整和训练速度慢等问题而淡出了人们的视野。

但是有一位叫 Geoffrey Hinton 的多伦多大学老教授非常执著地坚持神经网络的研究，并和 Yoshua Bengio、Yann LeCun（发明了现在被运用的最广泛的深度学习模型——卷积神经网 CNN）一起提出了可行的 Deep Learning 方案。2012 年，Hinton 的学生在图片分类竞赛 ImageNet 上大大降低了错误率，打败了工业界的巨头 Google，让学术界和工业界哗然，这不仅学术意义重大，更是吸引了工业界对深度学习的大规模投入。2012 年，Google Brain 用包含 15 000 个 CPU 的计算平台训练包含 10 亿个神经元的深度网络，在无外界干涉下自动识别了“Cat”此后，Hinton 的 DNN 初创公司被 Google 收购，Hinton 本人也加入了 Google；而另一位大牛 LeCun 加盟 Facebook，出任 AI 实验室主任；百度成立深度学习研究所，由曾经领衔 Google Brain 的吴恩达全面负责。不仅科技巨头们加大了对 AI 的投入，一大批初创公司也乘着深度学习的风潮涌现，人工智能领域一时热闹非凡。

既然“人工智能”的发展如此吸引人，那么未来它的发展趋势会是怎么样的呢？作为产品经理不妨先看看以下具有潜力的领域。

18.2 与产品经理相关的人工智能有潜力的领域

1. 智能输入法

这里以搜狗输入法智能版为例。该输入法的最大亮点即情景感知功能，能根据用户正在浏览的网页推荐更加精准地输入备选项。例如，在用户浏览购物网站时，如果输入“qlz”，首选词为“情侣装”，但如果用户在浏览动漫网站时输入同样的拼音，首选词变化为“七龙珠”。这在极大程度上方便了用户的输入。除此之外，搜狗输入法还具有拼音纠错、长词联想等实用功能。搜狗桌面事业部高级经理杨磊在介绍这款产品时指出：“自搜狗输入法诞生以来，我们就一直在畅想输入法未来的诸多可能性，以及如何去还原人们由‘思维到表达’的真实过程。”其技术主管李贝指出：“输入法之所以能够实现智慧化，是因为技术人员已经通过搜索引擎技术分析提取 TB 级的资料，并对语料进行整理训练。”

2. 机器翻译

这里以基于统计的机器翻译为例。瓦伦韦弗在 1949 年发表《翻译备忘录》，提出了两个重要观点。其一，翻译的过程和破译密码的过程相似。他说：“当我要阅读一篇俄文文章，我会装作这篇文章本身是使用英语写作的，它只是用奇怪的符号进行了编码罢了。要读懂这篇文章，我需要做的只是解码。”其二，原文与译文在语义上相同，因此，语言 A 翻译至语言 B 的结果，与语言 A 翻译至通用语言 X，再翻译至语言 B 的结果相同。基于统计的翻译模型也可以看成一个噪音信道问题——一种语言 S 经过了一个噪音信道而发生畸变，在信道输出了另一种语言 T。翻译工作所做的内容就是根据语言 T 来恢复 S。由于一词可能对应很多解释，语义上也可能存有歧义，所恢复出的语言 S 并不唯一。计算机通过大规模计算可以得出多种翻译的可能性并概率计算，从而得出最合适的翻译。

3. 个人智能助理

2011 年 4 月，苹果公司发布智能语音助手 Siri。这一助手不仅能够即时识别并处理包括英文、中文在内的二十多种语言，提供短信、电话、邮件等基础服务，依靠联

网后的大规模网络数据，Siri 还可以精准地回答出人们所提出的各类问题。在 Siri 的推广视频中，就提到了开车时询问实时交通、做饭时询问计量单位等日常化的场景。除此之外，Siri 和 Wolfram|Alpha 达成协议形成了数据互通，此举更是为 Siri 增加了很多炫酷的使用方法。Wolfram|Alpha 是基于 Mathematica 开发的数据计算引擎，能够回答多种多样的数学问题，并将答案以清晰美观的图形化方式显示给用户。算式计算、概率计算等问题都可以得到快速解决。在 2015 年的苹果全球开发者大会上，苹果宣布 Siri 将开放给第三方开发者。相信更多实用的功能即将走进我们的生活。

4. 自动驾驶汽车

目前已知正在研发无人驾驶汽车的企业有谷歌、奔驰、丰田等，所应用的主要技术集自动控制、体系结构、人工智能、视觉计算等学科于一体。技术要点主要有：（1）使用照相机、雷达感应器和激光测距机来观察交通状况；（2）根据所获信息控制车辆的转向和速度；（3）使用详细地图来为前方的道路导航。在未来，自动驾驶汽车还将在安全驾驶方面有所提升，例如增加车与车之间的实时互通，这样能够共享感应数据并避免撞击。除此之外，自动驾驶汽车还将为乘客加入更多人性化的功能。例如，车窗玻璃可以实现与人的实时交互，提供查看地图、路况的功能，还可以连接手机进行通话、收发信息。自动驾驶汽车，连同沿途配套设施的自动化与智能化，将构成一个更加完整的智能交通体系。预计自动驾驶汽车将在 2019 年左右进入市场销售，2030 年左右得到各国政府的广泛支持和补贴，2050 年得到全面普及。

5. 智能课堂

“雨课堂”是清华大学在线教育办公室与学堂在线共同研发的教学工具，并免费向社会提供。教师能够利用此软件向学生推送语音课件，还能在课堂中进行实时答题、弹幕互动，既增加了课堂的趣味性，也给学生和教师带来了极大方便。对于学生而言，能够在期末十分便捷地回顾上课的错题，甚至能够在几年后翻阅学习过的课件；对于教师而言，能够知道学生对知识的掌握程度，甚至能够发现最积极的和最懈怠的学生。从黑板板书到幻灯片教学，这是计算机普及后课堂教学的突破性变化。而在智能设备得到普及和推广的今天，智能化、个性化教学将是未来的又一个突破性变化。

笔者认为，未来的智能课堂将从以下几个方面推进：（1）时间延展性。学习不再仅限于课堂，而是预习、温习都能够通过智能设备进行，从而变得更加有计划性和针对性。（2）互动性。教师讲、学生听不再是课堂的唯一模式，弹幕等模式的交流能够让教师和学生都及时发现问题。除学生和教师之间的互动之外，学生之间的互动也会变得更加紧密，甚至可以根据学生的注册信息、学习模式匹配性格相合的学习伙伴。

6. 智能厨房

今后的厨房将会更加智能化，当你做饭时，设定好你想要的菜谱，准备好所需的食材，烹调设备即可将饭菜制作得恰到好处。烹调设备会根据食材的新鲜程度，为食客推荐最适合的菜谱，并计算出其营养参考标准，并为食客推荐其他食物，使膳食营养均衡。当家中某样食材不足时，物流公司便会将时下最新鲜的食材送至家中。

7. 医疗保健

曾有人问过几十个风险投资家同一个问题，“在他们眼中最具应用潜力的人工智能是什么”，他们一致同意是医疗保健领域的人工智能。科技已经被用于逐步改善患者的医疗记录、保健服务、诊断准确性和药物开发，而人工智能可以协助人们在这些方面实现指数级的突破。当多伦多大学的 Geoffrey Hinton 团队在没有分子生物技术和药物开发经验的情况下，赢得了默克药物研发比赛（Merck Drug Discovery Competition）时，深度学习首次引起了媒体的关注。最近在斯坦福大学医学院，一个由病理学家、生物医学工程师、遗传学家，以及计算机科学家组成的多学科研究小组，开发出了一套诊断肺癌的深度学习算法，可以比人类病理学家的诊断更准确。医疗的终极理想就是完全根除疾病。这个理想有一天可能在人工智能的帮助下变成可能。

人工智能正不断变得强大，但是人工智能在未来的发展中，还面临着巨大的技术瓶颈，距离实现人类智能尚有一定的距离。总而言之，尽管人工智能的发展经历了曲折的螺旋式上升的过程，但它在自动推理、认知建模、机器学习、神经元网络、自然语言处理、专家系统、智能机器人等方面的理论和应用上都取得了称得上具有“智能”的成果。许多领域将知识和智能思想引入到自己的领域，使一些问题得以较好的解决。应该说，人工智能的成就是巨大的，影响是深远的。作为科技互联网的产品经理应该优先学习 AI。

18.3　产品经理的思维方式

作为一个乐观主义者，笔者对人工智能的未来充满信心，深信人工智能的发展会极大地增加社会财富。未来 10 年，我们要面对的人工智能系统和相应技术所带来的最重大的产品设计的挑战，应该就在用户的需求变革和整个产品设计满足需求的能力方面，这将极大地影响产品经理的思维方式。为了迎接人工智能的黄金时代，我们在设计科技网络产品的时候，应该更多地考虑如何去面对人工智能时代用户变化着的需求和不变的人性，才能真正让用户享受人工智能时代的璀璨成果。

在大多数人的印象中，人工智能非常聪明，聪明到可能会夺走人类的工作，甚至会控制人类，最终夺取这个星球。还有一种观点把人工智能视为人的奴隶。而笔者并不完全同意上面这些观点，笔者认为，人工智能是人类生活中工作流程不断自动化的一个延续。

当打开维基百科查看"人工智能"的定义会知道，人工智能就是 AI。其一般性的解释是：人工智能的本质是计算机的理论和系统，使得那些原本需要人类去完成的工作，包括像语音识别、视觉感知、决策和不同语言之间的翻译等，都将逐步被人工智能所取代。

人类与人工智能

但笔者认为，人工智能未来会导致人类完全失业的观点太过狭隘。至少人工智能很难导致产品经理这种人才的失业，当用户使用搜索引擎时，人工智能很快就能给出需要的答案和结论，而在短时间内阅读大量网站和图书的信息是任何一个人都做不到的。但这并不是说搜索引擎在完成这个工作的时候，就显得人类无能了。这只能说明人类与机器各有所长。

举个例子，以前在美国，数学计算和运算是由专业的人承担的，人们将这些人称作计算师。而现在，即便没有通过长期、精密的训练，而只需要花费极少的费用买一台计算机就能够完成过去需要很多计算师完成的工作。计算机及计算机系统在进行运算的时候要比人类快得多，难道会因此认为计算机更聪明？

18.3.1 深度学习让计算机更智能

如果对比人类学习和机器学习的过程，我们就会发现其中巨大的差别。例如，要教一台机器来识别猫，可能需要给这台机器提供超过 100 万张猫的图片，机器才能学会识别猫。但人类不一样，即便是一个 3 岁的小孩，只要告诉他“这是猫”，他可能马上就学会了。在过去几年里，机器学习取得了巨大进展，因为通过大数据的统计和分析，计算机学会寻找不同事物之间的相关性。正是因为机器与人类截然不同的学习模式，使得大众眼中的人工智能和现实社会中所应用的人工智能存在着极大的区别。人工智能不会像科幻作品想的一样，去跟人类夺权。

如果把“智能”这个词从更抽象的角度去理解，就会发现人类智能和机器智能（人工智能）的差别和联系。首先，我们没有一个非常严格、精确的定义去界定所谓的人类智能或者人类智商，所以很难准确定义人类与机器智能的差异。事实上，通常使用 IQ 测试得到的人类智商也绝对不是一组客观的数据。假如让机器做 IQ 测试，它可能只需要花上百万分之一秒的时间，就能取得比人类高得多的成绩。那么，你会认为这个机器很聪明吗？把人类和机器智慧进行对比，就好比我们让一匹马和一辆车来比谁跑得更快。当然，之所以存在这种类比是因为在过去几十年中，机器人的确在一些原来由人专属的行业取得了重大的突破和成果。比如在 1997 年的时候，IBM 深蓝计算机就打败了当时的国际象棋冠军；在 2016 年 3 月，谷歌的 AlphaGo 打败了韩国围棋冠军李世石。因此，很多人会担心机器人或者是人工智能会占领人类就业的“高地”。确实，这种情况在很多地方已经发生了，如证券交易所、农场等地方已经出现了大量的机器人。但这并不是因为它们很聪明，而是因为机器人成本更低、生产效率更高、生产的产品质量更好，而且不会犯错。

人工智能时代会对互联网产业带来巨大的变革。在未来几十年，人工智能至少会在以下两个方面对科技网络产生重要影响，第一个是劳动力市场，第二个就是对财富的再分配。很多人认为越来越多的机器人进入市场以后会夺取人的工作，这样的想法过于简单了。因为人工智能只是按照人类的设定、自动化的程序去“工作”，所以确切地说，越来越多的工作是由人类与人工智能一起配合共同完成的。那么什么样的工作会快速被机器人或者人工智能所取代呢？一些低技能的、单一的、重复的工种很快会被人工智能取代。但一些工作环境比较复杂，需要实时地提出解决方案，并快速地适应社会的变化的工作是安全的。比如银行柜员主要的四项基本工作：数钱、帮助客户存钱、核实现金数目、给客户开账户。前面两项比较简单的数钱和存钱工作，机器人是可以完成的。而后两项工作需要柜员和客户进行面对面的沟通，所以还是会由柜员来完成，因为柜员更有经验、更善于与人沟通。

技术一方面能够帮助我们降低劳动力总数，另一方面又能够提高劳动生产率，比如有些传统意义上需要很多人的工作，现在只需要几个工人就行了。

就整个社会层面而言，由于整个社会生产力的提高、社会生产成本的下降，整个社会的富裕程度也会不断提高，人们的需求会变得越来越多元化。当用户的需求变得越来越复杂、精细和高端化时，就会产生更多新的服务行业，从而产生更多新的工作岗位，雇用更多的劳动力。当然，我们不能只看到好处，技术性失业所产生的失业劳动力如果不能被很好地安置，也会引起严重的社会问题。随着人工智能技术的介入和科学技术的革新，可能会带来越来越多的新问题。各国政府不仅要完善整个教育体系，还需要为社会提供越来越多的基于职业技能型的培训，来安置这些失业人口和一些随着技术性发展而无法就业的人群。也许随着技术的发展和时间的推移，机器智慧在特定的应用领域会逐渐成熟，但这并不意味着普通通用性的机器智慧会有极大推进。或者说，人工智能会像一撮有魔力的金粉一样，撒在计算机上，让这些程序、技术越来越好用。所以产品经理不应焦虑人工智能对于工作的替代，而更应该洞察由人工智能发展而产生的新问题，对这些新问题进行展开就是产品经理入手的最佳需求点。所以在AI+时代产品经理与其焦虑不如训练迁移思维。

18.3.2 产品的驱动原力

作为一名先后担任PC、App、智能硬件产品经理超过十年的产品老兵，作者经历过B2B、B2B2C、C2C、B2C SOLOMO、O2O、C2M/F、P2P等各种商业模式或者事业模式。有的企业需要解决的是业务方向不稳定，有的企业需要解决的是技术薄弱，有的企业需要解决的是运营能力需要加强，等等问题。企业对产品经理的要求未必统一，但是从产品方法论上来讲，无论是人类社会先后经历过的PC时代、互联网时代、移动互联网时代，还是现在所处的智能硬件时代，技术发展和商业模式、创新之间始终是相辅相成的关系。每当科技发展的红利被商业模式（商业模式换个通俗的说法就是提供服务或者商品的赚钱模式）创新挖掘殆尽后，经济也随之步入寒冬。直到下一轮技术革命的出现，商业模式创新才能重新迸发生机，这方面典型的代表是美图秀秀。美图秀秀非常及时地赶上了大家从 PC 端到移动端的转移，并且成为大家手机里的必备软件。另外一个案例是微信，如果没有移动互联网软硬件技术的进步，尤其是智能手机的发展，就不会有微信今天的市场地位。

所以，产品经理的能力关键点除了参悟透人性需求，更关键的点是认知迁移，即将知识巧妙地迁移运用到产品中来。例如，辅助驾驶、图像识别、语音识别等过去被认为是非常困难的技术，如今已经被许多厉害的团队突破。产品经理应该做的是迁移，跳出固定思维，去想、去做别人没有想到、没有做到的甚至没有感知到的事情，并进行 AI+迁移。

这里简单介绍一下互联网的发展，Internet 的前身阿帕网起源于美苏冷战时期。19 世纪 80 年代阿帕网已经通过大学和研究所等机构渗透到了民间。1989 年，在欧洲量子物理实验中心工作的伯纳斯·李向实验中心正式提交了一份后来被称为“万维网蓝图”的报告。这份报告提出了万维网框架的运行机制和实施方案。1990 年 11 月，伯纳斯·李在 NeXT 工作站上制作了第一个万维网浏览器和第一个网络服务器，并在随后编写了执行万维网项目细节的网页，至此世界上第一个万维网网站诞生。

1993 年 1 月，美国伊利诺大学为浏览万维网网站开发的 UNIX 版本的 Mosaic 浏览器被放到该大学计算中心的免费 FTP 服务器上，不到两个月的时间就被下载了上万次。1993 年 12 月，《纽约时报》商业版头版介绍了 Mosaic，称其将创造一个全新的产业。Mosaic 的流行使得覆盖互联网的万维网成为新的连接世界的平台，也引发了以硅谷为中心的产业革命。1993 年 1 月 Mosaic 刚出现时，全世界只有 50 台万维网服务器，1993 年 10 月时服务量的数量达到 500 台，1994 年 6 月增加到 1400 台，之后万维网开始以指数增长。

在万维网流行了 5 年后的 1998 年，斯坦福 2 名研究生发现用解 n 元一次方程组的办法，可以把万维网的所有网页按照重要性进行排名，从而解决了网络用户面对以指数增长的网页信息进行有效搜索的难题，他们后来成立了谷歌公司。差不多在相同的时间，刚上线不久的亚马逊与明尼苏达大学的几位计算机专家合作，开始分析每个用户在其网站上购买的商品，并与其他用户购买的商品进行比较和关联，用得到的结果来对浏览网站的用户进行个性化的商品推荐。

与互联网不同的是，人工智能不再像谷歌、亚马逊的发展初期一样使用昂贵的超级计算机，而是使用大量联结在一起的廉价服务器甚至是个人计算机来取得相同甚至更好的效果。在知识来源上，网络人工智能往往依靠成千上万人的点滴贡献（Crowdsourcing），而不是专家智慧。比如谷歌在计算网页的排名时使用的是不同网页之间的超文本链接信息，而这些链接是用户在创建网页时提供的。亚马逊的数据来源则是每个用户购买的商品信息。这些在个人看来再简单不过的信息被整合到一起进行处理后发挥出巨大的潜力，也使得数据挖掘成为网络人工智能的流行用语和代名词。

人工智能给人类社会带来的不仅是日常生活的方便，它在很大程度上开始从各个方面影响社会的发展进程。谷歌的搜索结果可以决定一个人的言论被关注的程度，而亚马逊的推荐则可以把许多质量好但没能得到推广的商品推荐给大众，引出“长尾定律”。

18.3.3 大型互联网公司是如何训练识别和检测算法系统的

李飞飞团队曾经从互联网上下载了10亿多张图片，然后通过亚马逊“机械土耳其人”（Mechanical Turk）这一低成本的网络众包方式，雇佣来自157个国家的5万多人对这些图片进行了分类标注。截至2009年，该项目成功产生了一个包含21900个不同门类，共1400万张带图片标签的数据库。该数据库里的图片分类和标签质量超过以往任何数据库，其中仅猫这一门类就有61900张不同的图片，包含了所有种类的驯养猫和野生猫。建成这一数据库后，李飞飞及其团队利用深度学习方法，使得计算机通过监督学习方式识别包含各种物体的图像，而且能够用自然语言对每个图像中的物体关系进行简单的描述。有了这一成果，产品经理还建议图片创业公司再走一遍吗？

再来看一个AI产品的案例。笔者有一次跟VST的运营总监聊天，他谈到曾经装了很多新闻阅读软件，后来只留下一个今日头条，笔者问他原因，他说：“今日头条把我想看的都推荐给我了，非常懂我”。目前，技术人员已经完全可以通过“AI+迁移”迅速打造一个类似今日头条的产品，大致的框架如下。

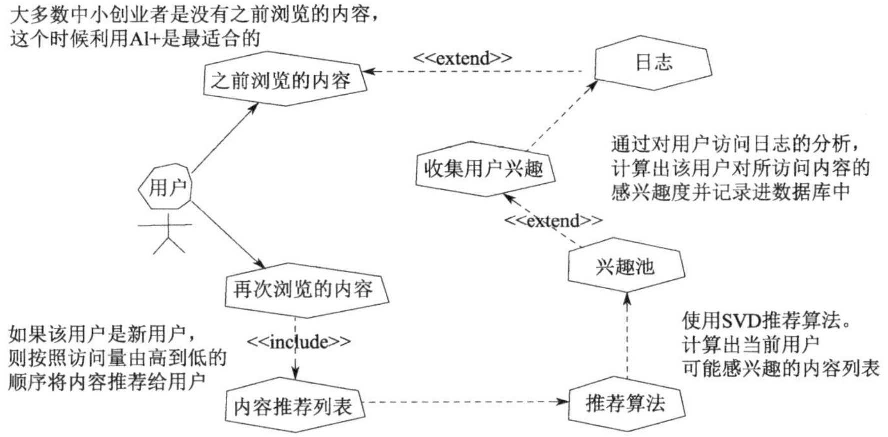

别人的 AI 概况

首先，新闻头条类创业者要自己解决数据源的问题，数据源可以是通过爬虫技术取得，也可以是从渠道分销取得，还可以自采。其次，了解自己的产品目标。最后，不要自己开发，只需要“AI+迁移”（把纯粹做 AI 底层理论算法迁移到应用）来训练自己的信息推荐模型，把这些统统交给 AI+，因为 AI+能帮助训练一个信息推荐模型，只需要收集用户的特征信息、内容特征信息、上下文特征信息，通过收集样本结果(是否点击)，让机器学习产生一定的联系。这样就制作出了一个推荐模型——比如用户在使用什么品牌的手机、在每天哪个时间段浏览、关注哪些关键字、有哪些购买行为，点击了哪条拥有哪些特征信息的新闻等特征。当给定了新的信息特征以后，模型会计算出所有候选信息的点击率，把预测点击率最高的信息推荐上去，这就是信息流推荐服务的机器学习模式。

一个产品经理运用“AI+迁移”做的产品一定比从零开始操作效率要高。

笔者在跟生日管家 COO 聊天时，他曾问笔者两个问题：（1）产品经理、运营人员在人工智能时代还有活干吗？（2）垂直电商的搜索推荐系统应该怎么搭建。笔者当时是从以下角度回答如上两个问题的。

1. AI+时代产品经理、运营人员需要做什么事

AI 时代，产品都不是原来的形态，系统也不是原来的架构，框架也是日新月异的，因此产品经理、运营人员都很焦虑。那么产品、运营、技术未来的工作机会点有哪些呢？笔者认为有以下几个场景。

场景一，非符号化领域。AI 在目前和将来一段时间都是以解决符号化领域的问题为主。而非符号化领域的问题，包括感知能力、创新能力、社交能力和身体灵活能力等，AI 在短时间内不会大幅增长，可以说 AI 将主要承担“无聊”的工作，技术只会替代人类的体力和部分认知能力。在产品规划、迭代规划、场景构造、新用户消费偏好分析、创意等方向，产品经理和运营人员均有机会。

场景二，共享运作领域。AI 技术发展解决的是资源短缺的问题。产品经理的关注点应从创造资源转移到分配资源。因此，产品经理要利用自己的艺术和技术天赋打造各种产品的亮点，设计有趣的模块。这才是产品经理感受劳动成果的重要意义。

场景三，按需协调工作。AI 对产品经理、运营人员的替代让整个产品项目可以减少用多种语言书写同一个逻辑的问题。因为通用 AI 技术将普遍运用到日常、标准化、可重复的工作中，企业可以在广泛运用 AI 的同时保持核心精干力量。精干力量往往是核心技术人员和有竞争力的产品创造者和维护者。没有一劳永逸的解决方案，只有拉锯式谈判和妥协，这些均需要产品人员、运营人员、技术人员高度协作。

所以，AI 时代的产品经理、运营人员、技术人员如果能结合自身的实际情况，积累知识和学习能力，未来一定会有新的机会。如技术型产品经理可以从算法层面熟悉能够切入的技术角度；运营型产品经理可以从应用场景层面了解技术会在哪些生活场景中首先发挥作用等。

2. 垂直电商搜索系统搭建

普通搜索引擎的构成要素如下图所示。

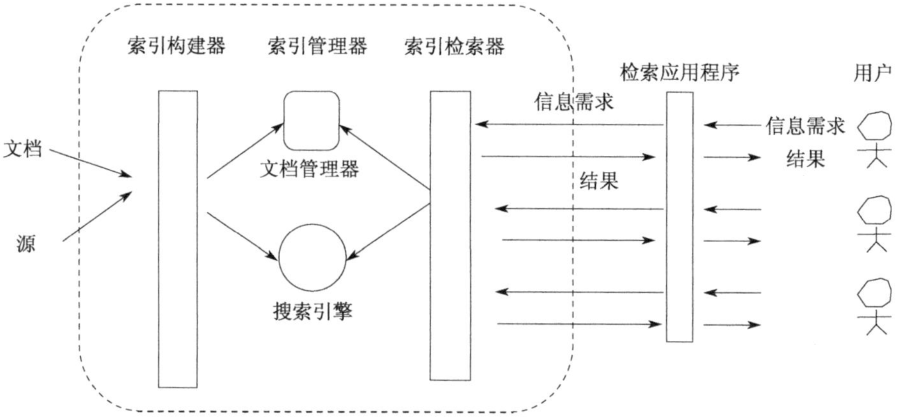

普通搜索引擎的构成要素图

而 AI 搜索推荐系统是利用深层神经网络，在大规模无标注范围上进行无监督学习。在形式上，把每个词表示成一个固定的五维向量，并把五维向量当成词的本身特征，在此特征的基础上进行架构设计，分词标注、分块命名、实体识别，训练网络基于一个角色标注单操作。以这样的方式进行自然语言处理，可以实现大数据的快速处理。如果使用多任务模式进行计算，还能进一步提升系统的计算和处理速度，所以推荐系统的话肯定是无标注。

AI 不仅有文字的智能索引，还有 AI 图像识别。AI 图像识别成为各个互联网产品逐渐开始关注的对象，其中两个核心问题是图像分类和固体检测。图像分类是对图像整体的内容进行类别判定，固体检测是定位图像中特定物体出现的区域，并对其进行深度判断，对图像进行分裂识别，固体检测更加关注图像的局部确定和特定的物体类别聚合，通常被视为更加复杂的图像识别问题。

百度、谷歌、亚马逊、微软就采用深度卷积神经网络作为模型，并在构建的记忆图片样本上进行端到端的学习。百度已经可以识别超过 5 万个标签，在某一次公开报道的同级别模型中，该模型性能远超公开的同级别模型的性能。除此之外，百度还在进行图像的自然语言描述方面的研究，利用百度的深度学习能力，结合卷积神经网络和递归神经网络技术，百度已经成功实现根据图像内容生成自然语言的描述性句子或段落。

所以产品经理千万别自己搭建搜索推荐系统了，AI+已经为你准备好了 API。产品经理应该做的是未雨绸缪，让自己尽早地进行知识和技能的储备以便能够平稳转型，这是 AI+时代对产品经理们的新要求。

18.3.4　总结

产品经理最现实的生存挑战是如何全力以赴、身兼重任并诚实地面对心中的产品梦想，探寻知识和真理应该是流淌在产品经理血液里的。产品经理不仅要努力让自己的产品可以到达全球，更应该努力成为一个随着经济社会发展理性判断需求的人。

AI+时代产品经理应该清楚人类社会里的需求不完全是符号化的，需求还包括许多所谓的“亚符号”。人有非常快速的直觉判断，例如，艺术鉴赏家能够一眼看出赝品，这不是通过一步步逻辑推理得到的。在知觉、模式辨认、导航和学习等许多方面，也都是如此。这些内隐的知识构成了产品经理的背景储备，再加上持续的学习，产品经理一定可以结合 AI+在未来的消费和服务领域里做出更好的产品。

不论是否嫌弃 AI+，它就在那里，错过它将错过一个时代。

18.4 AI+时代的产品智慧

本节以笔者对人工智能的理解为基础，结合笔者多年从事人工智能产品开发的经历，以及人工智能的发展，将对 AI+时代产品经理的转型进行一些较深入的探讨，以期帮助读者理解在人工智能时代中务实的产品思维策略应该是什么样的。

18.4.1 深度理解人工智能中“智”的概念

“智”指智能化、自动化、自学习、自组织、自适应化，即智商(Intelligence Quotient，IQ ）的表征。而我们在日常生活中，“智”后面通常跟着一个“慧”字，“慧”字下方有一心，指与人的心、脑密切相关，即人的灵性、悟性。人的创造力是情商（ Emotional intelligence Quotient，EQ ）或者说是情商（ EQ ）与变商（ CQ，Change Quotient ）的有机融合。计算机与各类计算方法、计算能力是智力最明显的体现，人工智能技术是智力的极致表现。

18.4.2 再看人工智能的发展趋势

英国著名学者阿兰·图灵（ Alan Turing ）以“纸上下棋机”率先探讨了下棋与机器智能的联系。1950 年，图灵来到曼彻斯特大学任教，就在这年 10 月，他的划时代论文《计算机与智能》发表，引起全球震惊。他成为举世公认的“人工智能之父”，也是“计算机之父”。

1956 年夏天，美国达特茅斯大学召开了一次影响深远的历史性会议。这次聚会本来属于朋友间沙龙式的学术研讨，与会者也仅仅 10 个人。主要发起人是该校青年助教麦卡锡（ J.McCarthy ），此外会议发起者还有哈佛大学的明斯基（ M.Minsky ）、贝尔实验室的香农（ E.Shannon ）、IBM 公司信息研究中心罗彻斯特（ N.Lochester ）、他们邀请了卡内基-梅隆大学的纽厄尔（ A.Newell ）和赫伯特·西蒙（ H.Simon ）、麻省理工学院的塞夫里奇（ O.Selfridge ）和所罗门夫（ R.Solomamff ），以及 IBM 公司的塞缪尔（ A.Samuel ）和莫尔（ T.More ）等人。这些青年学者的研究专业包括数学、心理学、神经生理学、信息论和电脑科学，并分别从不同的角度共同探讨人工智能的可能性。

达特茅斯会议历时长达两个多月，学者们在充分讨论的基础上，首次提出了“人工智能”（Artificial Intelligence）这一术语，标志着人工智能（AI）作为一门新兴学科正式诞生。

人工智能是研究理解和模拟人类智能、智能行为及其规律的一门学科，其主要任务是建立智能信息处理理论，进而设计出可以展现某些近似于人类智能行为的计算系统，包括互联网智能等新增内容。其内涵与外延已经从联结主义、符号主义、行为主义等学派理论发展为广义的智能科学。智能化已对生产、生活等领域的技术创新的关键环节产生深远的影响，人工智能可能成为下一波生产力飞跃的突破口。从技术应用和创新层面看，人工智能技术的发展，为未来 IT 等网络技术的发展指引了方向，各大互联网公司在深度学习领域不断积极探索。深度学习是机器学习研究中的一个重点关注领域，其研究侧重于建立、模拟人脑进行分析学习的“神经网络”。深度学习带动了机器学习的新浪潮，推动“大数据 + 深度模型 + 数据发现挖掘”时代的来临。深度学习为拥有强大计算能力和数据资源的互联网巨头公司带来了一次全面领跑的机会。例如，谷歌、百度的研发实验室在对深度学习、算法进行升级，让机器学习模仿人脑的智能活动，让机器像人脑一样识别图像、理解自然语言，对解析网络内容之间的关系做深度探索。百度语音和图像等相关网络产品应用的快速崛起，正是受益于机器学习等领域的技术突破。

深度学习是机器学习中一种基于对数据进行表征学习的方法。观测值（例如一幅图像）可以使用多种方式来表示，如每个像素强度值的向量，或者更抽象地表示成一系列、特定形状的区域等。而使用某些特定的表示方法更容易从实例中学习任务（例如，人脸识别或面部表情识别）。深度学习的好处是用非监督式或半监督式的特征学习和分层特征提取高效算法来替代手工获取特征。笔者的创业项目“AI+健康塑性”就是利用深度学习的 AI 来服务用户，用户在接受服务的时候并不知道后面是 AI 还是人，用户关心的问题得到解决，相比于人的服务，AI 的服务更客观、更理性。

未来的人工智能可能在计算机安全、经济、法律和哲学等领域影响社会，但是这种潜在性可能引发多方面的危机。例如，如果未来经济的某些部分变得自动化，工人的工资会受到很大影响。人工智能应该正视下列问题：致命的自动化武器是否符合人道主义？当人工智能系统从监控摄像头、电话线路和电子邮件中收集数据时，如何避免侵犯隐私权？知名科学家霍金想得更为长远，他在接受 BBC 采访时表示：“如果技术具有与人类类似的能力，它将脱离控制，并以加速度重新设计自己。更可怕的是，由于生物学意义上的限制，人类无法赶上技术的发展速度。”霍金对人类的未来表示担忧：“人类由于受到缓慢的生物进化的限制，无法与机器竞争，并会被取代，全人工智能的发展可能导致人类的终结。”

对人工智能发展走势有影响力的人物还有美国著名预言学家雷·库兹韦尔（Ray Kurzweil），以及牛津哲学家、知名人工智能思想家尼克·波斯特洛姆（Nick Bostrom）等，他们把人工智能定义为以下几种。

（1）弱（狭义）人工智能 Artificial Narrow Intelligence（ANI 或 NAI）。弱人工智能是擅长于单个方面的人工智能。比如能战胜象棋世界冠军的人工智能，但是它只会下象棋，你要问它怎样更好地在硬盘上储存数据，它就不知道怎么回答你了。笔者的“AI+健康”产品就是 ANI，垂直于人工智能+健康领域，利用深度学习训练机器人在健康领域的垂直应用。

（2）强（通用）人工智能 Artificial General Intelligence（AGI 或 GAI）。人类级别的人工智能。强人工智能是指在各方面都能和人类比肩的人工智能，人类能干的脑力活它都能干。创造强人工智能比创造弱人工智能难得多，我们现在还做不到。Linda Gottfredson 教授把智能定义为“一种宽泛的心理能力，能够进行思考、计划、解决问题、抽象思维、理解复杂理念、快速学习和从经验中学习等操作。”强人工智能在进行这些操作时应该和人类一样得心应手。强人工智能适合通用型产品。

（3）超人工智能 Artificial Super intelligence （ASI 或 SAI）。牛津哲学家、知名人工智能思想家尼克·波斯特洛姆（Nick Bostrom）把超级人工智能定义为“在几乎所有领域都比最聪明的人类大脑都聪明很多，包括科学创新、通识和社交技能。”超人工智能可以是各方面都比人类强一点，也可以是各方面都比人类强万亿倍。这也正是为什么人工智能这个话题这么火热的缘故。ASI 时代到来那天，产品经理的世界几乎是悲哀而又幸运的。悲哀的是 ASI 比所有的产品经理都擅长产品设计，幸运的是这个 ASI 就是产品经理。

现在，人类已经掌握了弱人工智能。弱人工智能无处不在，人工智能革命是从弱人工智能逐渐过渡到强人工智能，最终达到超人工智能的旅途。这段旅途无论如何，都将使世界变得完全不一样。

首先，产品经理对人工智能发展造成的可能的负面影响进行预警是有益的，但也不能杞人忧天、危言耸听，阻碍人工智能发展的创新步伐。而且对机器的智能化能力过分夸大也不合实情，至今最先进的机器人也无法模仿常人的感情，更不要说在复杂开放的环境中进行智慧人脑那样的科学决策与对人类有效对抗。

18.4.3　产品经理迈向超级人工智能的产品思维策略

1. 人工智能的务实应用

人工智能应用广泛，在某些程度上极大地方便了人类的正常生活与工作。人工智能种类较多，如机器视觉、指纹识别、人脸识别、视网膜识别、虹膜识别、专家系统、智能搜索等。目前这些人工智能都属于弱人工智能，暂时只能按指定程序对机器进行指挥，下达命令，并不具备人类的意识与行为。但随着科学技术的飞快发展。未来人工智能的水平将会走上一个新的高度。这一具体走向并不是人为所能控制的。笔者的“AI+健康”产品就是在各个社群、社区内智慧回答用户的健康问题，同时具有抓取问题进行深度学习的能力。

2. 互联网思维与安全

智慧产品及人工智能的健康、务实发展，必须牢记互联网思维与安全是最重要的产品思维。互联网最根本的问题是安全性，其最明显的优点是彻底的开放与自由、快速高效创新，特别是商业模式的创新。在移动互联网时代，以 iPhone 为例的 OTT 的吸引力显得淋漓尽致！进入万物移动互联时代，人工智能与高级芯片支持下的互联网应用服务的魅力将进一步突显，“互联网+”的融合大潮及“互联网思维”将进一步有效推进在新常态环境下的融合与创新浪潮，并掀起万众创新的高潮！对此，“互联网思维”的理念更值得深入研究与探讨，这对促进万众创新高潮及通信网与互联网深度融合，推动新常态环境下的经济可持续发展，使我们产品由大变强，实现平台梦有重要价值与战略作用。

互联网发展至今历经了艰苦曲折，一些卓越的创新企业及其领导精英可以说是大浪淘金的产物。所谓互联网思维，就是这些在互联网环境中奋斗成功的精英们的切身体会与经验总结。“互联网思维”至今尚未形成一个明确统一的定义，但关于“互联网思维”的本质要点的描述已经广为流传，甚至一些专家、学者就此专门著书立说，笔者在此不想深入介绍。“互联网思维”概念提出的第一人目前多认为是小米的掌门人雷军，他强调“我们这些企业家们今后要有互联网思维，可能你做的不是互联网，但你的思维方式要逐渐用互联网的方式去思考。”这是正确而有普遍价值的一种看法。这些互联网的成功经验大都规避了对“盈利”、“现金流”等判定成功的本质因素的回避，即“寄生（虚拟）运营”。

笔者认为互联思维的十大重要特征为：用户为王、体验至上、开放为先、颠覆创新、寄生运作、前台免费、简易为重、快速迭代、社区化推进、智慧服务。其中，有些特征并非互联网所独有，只是其发挥得较好而已。“寄生化”、“草根化”、“迭代化”、“平台化”、“颠覆化”及“社区化”可以被认为是互联网思维的精髓。但任何概念、思维、理念、规划、设计、实施必须有创意及可务实执行。

“互联网+”这一概念与理念在 2012 年由易观董事长于扬在第五届移动互联网博览会上首先提出，并认为“互联网+”是互联网对传统行业的渗透和改变。而后，腾讯掌门人马化腾在众安保险开业仪式上的发言也提到：“互联网+一个传统行业，意味着什么呢？其实是代表了一种能力，或者是一种外在资源和环境，对这个行业的一种提升。”众安保险的定位是护航互联网生态，其成立不到一年时，累计服务的客户就超过 2 亿人，其护航了 2013 年的双 11 活动，一天的保单就超过了 1.5 亿元，获得了空前成功。2014 年 3 月随着李克强总理在两会上将“互联网+”这一概念作为政府工作报告中的内容之一，互联网+这个概念成为大众焦点。通过以用户为中心打造全新的“互联网＋”战略已经成为未来时代发展的必然趋势。不管现今对“互联网+”有多少解读，但其最本质在于充分利用互联网这一有效工具，实施对各行各业发展的跨界融合创新，使老企业焕发新面貌、产生新价值，以取得有效的转型与成功。

互联网与电信（通信）网的关系是“毛”与“皮”的关系，“皮之不存，毛将焉附”。一种观点认为未来只有互联网与互联网企业，这种观点是不合理、不科学的。应该说，充分强调互联网思维创新前提下的两者有机融合的未来及其相应企业（运营、集成、内容、终端等）的同步发展才属科学合理。应正确思考与认识寄生运营与大规模管道投入运营对盈利与现金流的实质影响。对此，华为极力推进“华为腾讯 NFV 产业联合创新实验室”，并利用其“MBB 开放互联产业基地”把处在整个信息产业边缘角色的分组核心网以 CloudEdge 解决方案为平台，打造运营管道，持续提升用户体验，持续创新业务的全开放、全连接的转型。监管部门同样要积极创新，这对确保融合过程中网络安全（互联网为核心对象）、商业模式可持续发展、利益平衡等内容尤为重要。

应该科学分析与处理“收入”、“盈利”、“现金流”、“价值”、“虚拟经济与实体经济”之间的关系与平衡策略。明白对电信（通信、信息通信）网进行互联网思维战略转型时不是简单模仿，而是结合自身特点与优势，积极进行迭代式快速创新，探索共赢合作、可持续发展的商业模式。要用互联网思维改造整个“云、管、端”，尤其是改造好“管”与“云”协同，及相应的终端应用体验。

电信运营商与互联网企业不是对抗的关系，而是合作共赢、协同融合的关系。在商业模式创新、积极自主创新方面，互联网企业有很多经验值得运营商学习的地方，包括：用户为王、体验至上、开放为先、快速迭代、颠覆创新等。

在有效推进互联网思维时，确保网络与信息安全始终是首要的。产品经理都知道 Internet 由于 TCP/IP 协议的开放创新与安全失控的特性，互联网早期有三大弱点：安全失控、网管弱智及 QoS 无保障。历经几十年的网络演进、融合，后两个弱点在网络架构演进中已有较多改进，但安全失控改进仍未有本质进展。在网络架构方面，ICN 的 FN 演进途径看来有较好的前景，但即使有较好的架构来改造与替换 Internet 这张全球最大的公网，也必然需要漫长的过程，因此安全保障成为设计人工智能产品时首先需要考虑的要点。必须从多种途径下手，并始终牢记我国政府制定的互联网发展十六字方针“积极利用，科学发展，依法治理，确保安全”及中国互联网发展和治理的十二字基本原则“依法治网，依法办网，依法上网”。这是十分科学合理与明智务实的，必须坚决贯彻执行。

3．产品创始团队重视 AI

百度首席科学家吴恩达说过:“大脑能在一秒内完成的任何工作都会被 AI 取代”，人工智能已经变得相当聪明了。至少在特定任务方面，AI 已经击败了人类国际象棋、围棋和德州扑克的世界冠军，Facebook、Amazon、Netflix，以及 Google 都开始在生产环境应用深度学习，深度学习通过给信息输入/输出增加层来扩展传统的 ANN，更多的层数可以表示更多的数据以及数据之间的关联。这类似于人的思维——当人类处理输入时，人类输入的处理方式类似于 AI 的“层”。比方说，当人们在电视上观看橄榄球比赛时，人们会接受特定时刻所发生事情的基本信息，但同时也会吸收更多的东西：谁在场上（谁不在场）？谁正在跑位？这场比赛跟现有或历史数据相比如何？一支球队是不是经常击败另一支球队？四分卫是不是如往常一样推进了很多码？教练是怎么指挥比赛的？等等。在处理这些信息时人们动用了记忆、预测等认知能力。深度学习试图捕捉这些“层”。因此，无论是做电商推荐系统还是做视频推荐系统，还是做社交智能系统，产品经理应有的思维模式都是首先思考 AI 化。

产品经理及其团队在发掘、利用与优化配置各种重要资源时的应综合决策，这些资源包括需求定义，与用户密切相关的功能、界面等资源，支撑 ICT 新技术、新业务发展的频谱/轨道与码号/地址资源，支持无所不在、无所不能的云应用服务资源，以及有效创新的人力资源等，使物的高度智能化甚至“智慧化”，并让其与人的天才智慧有机地融合于一体。产品经理达到这种“知微知彰、知柔知刚”的境界就可以为用户钦佩与折服，成为一个有具有大智慧的领军型产品经理。

4．产品迈向超级人工智能的智慧务实发展策略

人工智能是对信息社会与产品进行网络化、智能化及智慧化。人工智能的作用是研究、理解和模拟人类智能、行为及其规律的一门学科。其主要任务是建立智能信息处理理论，进而设计出可以展现某些近似于人类智能行为的计算系统，包括互联网智能等新增内容。智能化已对生产、生活等领域技术创新的关键环节产生了深远的影响，人工智能可能成为下一波生产力飞跃的突破口。

从融合发展层面看，人工智能技术的发展促进了多种科学与网络技术的深度融合，是一门典型的前沿交叉学科，并且带动了多种信息科学领域的发展，如信息学、控制学、计算机学、仿生学等。从技术发展脉络层面看，人工智能的很多技术一直处于创新的前沿，未来仍会在很大程度上影响信息产业的发展方向。人工智能涉及多个研究领域，研究方向包括符号计算、语言识别、模式识别和计算机视觉、机器翻译与机器学习、智能信息检索、问题求解与专家系统、逻辑推理与逻辑证明、自然语言处理等。

从理论技术层面看，人工智能技术为基于互联网和万物移动互联等领域的创新应用提供理论基础。例如，自动定理推理为网络信息检索、问题求解、远程诊断等问题提供了自动求解方案；自然语言理解为人类语言理解提供理论和方法；数据挖掘为从数据库中挖掘提炼出具有必然性和蕴含本质规律的数据提供了规则、聚类等数据处理、建模、评估标准。

从技术应用和创新层面看，人工智能技术的发展，为未来 ICT 等网络技术的发展指引了方向。当前，以智能算法、深度学习、云计算为代表的大规模网络应用已经成为 ICT 产业的重要发展方向。

各大互联网公司在深度学习领域不断积极探索。深度学习是机器学习研究中的一个重点关注领域，其研究侧重于建立、模拟人脑进行分析学习的神经网络。

5．迈向超级人工智能的务实发展策略

智能与智慧确有区别，即便目前人工智能 2.0 正在向智能心理学、智能大脑学、智能行为学、智能情感学、智能社会学、智能经济学、智能仿生学等积极推进，然而最聪明的机器人也不能代替具有丰富感情的常人，更不能替代人的创新能力。

计算机可以变得越来越聪明，但是让它真正具备人类智能可能“永远做不到”。计算机技术进步让人愈加珍视人类独特之处，即使将来随着人工智能的创新发展制造出具有喜、怒、哀、乐等感情的机器人，那也只是人类的“孩子”，它的情感仍然是人类赋予的，人类完全不必过分担心机器会伤害或者毁灭人类。

对产品经理来说，关键在于制订好开发 AI+产品的计划。人工智能的未来发展是检验人类智慧与文明发展水平的试金石。对此，有智慧能力的人确实要有管控所设计的智能/智慧化机器的能力，尤其是管理有类人大脑的、有一定深度思维能力的机器人或无人驾驶设备的能力，并关注其在局部区域或特殊场合的操作。

人工智能技术对于人类的生活与工作有着重要的影响。产品经理在发展人工智能产品的过程中，应该对安全问题以及思维问题有所注意，提高人类本身的忧患意识。在未来的科技进程中，人工智能技术将不可避免，这一技术也将从边缘走向主流。可以说，人工智能是产品经理自身升级迭代中的必要技术，对这方面的技术要多加注意。

18.5　AI+时代产品经理的思维方式和案例

18.5.1　围绕“产品效率改变世界”进行思考

人类社会的基本价值矛盾是：公平与效率。而 AI+时代产品经理首先想到的肯定是效率。我们为什么要做 AI+产品呢？就是为了提高社会效率、降低成本、节约资源，让我们的世界变得更加高效率。例如淘宝，让做生意的公司效率大大提高、成本大大降低，微信、微博让更多人之间相互能够建立联系等。AI+时代的产品经理的思维方式更是提高效率。

18.5.2 以“产品有价值”为核心进行思考

产品源于生活中的思维，产品团队要对这一需求机会点有把握。不论是以往的 PC 时代、移动互联网时代，还是当下的 AI+时代，产品团队一定要记住下面 5 个要素。

（1）AI+产品市场一定要大。

（2）AI+要有硬需求。为什么 BAT 做得这么大，因为 BAT 解决的都是非常简单的需求，即人类自然的需求。微信解决的是什么？微信解决的是人类最简单的需求，无论男女老少都有一个炫耀的需求。你有了一点好事就想跟大家分享。当你不快乐的时候，你想让大家分担一下你的忧愁。每一个人都有这个需求，所以微信抓住了人类本性最自然的需求，可以一夜间做大。阿里巴巴解决了什么？阿里巴巴解决了人类经济生活中最简单的需求，就是交换的需求，阿里巴巴是让世界上没有难做的生意。

（3）另外一个，一定要有低成本扩张的能力。互联网最大的好处就是它扩张的边际成本几乎是零，所以我们做创业的时候一定要考虑到商业模式要有非常强的低成本扩张性。

（4）可持续性。互联网创业一定要注意它是否可以不断地去重复，所以一定要可持续性。

（5）社会科学知识。AI+是由厉害的算法构成的，而创造产品要分清时机，历史上几次 AI 为何没有起来都是因为时机不成熟。但当下不一样，例如，亚马逊的 Echo 智能设备截至本书完稿时的销售数量已经接近千万台。

18.5.3 AI+产品案例

1. AI+医疗

关于医疗人工智能，现在听到的最多的说法是“太早期”。这其实是一般人不愿投入到这类产品的一种含蓄说法。但如果换一个角度来看这个问题，也许现在不布局医疗人工智能领域，未来十年真的有可能错过成为下一个阿里巴巴的机会。

人工智能的出现很大程度上是对医疗服务的一种变革，这需要人类对原有行为进行改变，以及对新生事物进行接纳。从这一点上看，更容易实现 AI+医疗的是在新建的医疗机构当中，比如目前正在国内大范围出现的新型诊所。根据笔者实际接触到的诊所，像丁香园的丁香诊所、育学园的崔玉涛诊所等，除了在服务模式上的不同，这些诊所令人印象深刻的就是他们对新技术的大范围采纳、应用。按照一般诊所 3～5 年进入成熟期的规律，可以猜想 5 年之后，新的智能医疗硬件设备有可能会大范围应用。新型诊所的大范围成长、成熟将成为医疗人工智能产品广泛应用的基础，但这至少需要 5 年时间。

那么，培养人工智能医生的时间需要多长？这个没法判断。很多创业公司都谈到了一点，以现在深度学习的技术，训练机器的过程实际上与培养人类医生的过程大体接近。而即便不算实践操作，培养一个合格的医学生通常需要 8 年时间。机器虽然在数据传输和存储的能力上大大超过人类，但医学的决策过程非常复杂，很难判断机器究竟需要多长时间能够模仿人类的决策思考过程。

另外一个医疗领域最成熟的产业链是新药研发。通常新药研发需要 10 到 14 年的时间，经过新药发现、临床研究、上市审批等几个阶段。人工智能的研发过程与其非常类似，包括算法模型、数据训练、上市应用。实际上，临床研究的过程本身就是用数据证明药物的有效性。

这几个参照的案例也许都不够恰当，医疗机构的建设、医生的培养、药品的研发等应用在人体上的技术手段都需要相当长的“培育期”。对于同样将用于人类身体本身的人工智能技术，通过这些门槛所需要的时间恐怕也不会很短。

产品经理可以先看一下 IBM 的 Wason。Wason 这款产品已经被运用到超过 357 个国家的 17 个产业领域。而表现最出色的应用是在医疗上。在医疗保健方面，它可以作为一种线上工具协助医疗专家进行疾病的诊断。医生可以输入一系列的症状和病史，基于 Watson 的诊断反馈来做出最终的诊断并制定相关的治疗计划。对于零售商来说，他们可以利用 Watson 帮助消费者更高效地找到想要的商品。对于旅行者来说，Watson 可以通过这项技术制定最可行的度假计划或出行路线。

2. AI+教育

几个世纪以来，教育一直遵循着相同的道路，以老师为中心或者走流水线模式。不过，在 AI 的侵袭下，我们不禁要问，AI+教育是怎样一盘棋呢？鉴于教育是各行各业发展的必要基础，因此 AI 在该领域可能会释放自己最大的潜力。

教育市场的三大主要部分——K-12 教育（美国基础教育，从幼儿园到 12 年级）、高等教育和企业培训都在经历深刻的变革。在 K-12 阶段，全新的严格的学术标准正在改变教育的聚焦点，学校更加重视学生批判性思维和解决问题的能力的培养，这是21世纪学生在进入高校和社会之前的必备品质。在高等教育阶段，学生被各种学费压得喘不过气的情况正在得到缓解，这一切都要归功于 MOOC（大规模在线开放课程）和 SPOC（小规模限制性在线课程）的发展。在企业培训领域，虚拟培训已经成为企业必修课，人力资源部的主要任务已经变成了削减开支和提高员工生产力。

如今，教育产业主要有三种参与者，它们分别是内容、平台和教育质量评定者，而三者都在经历着一场转变。内容提供商正在经历一场印刷到数字的转变，它们必须抓住 MOOC 等课程兴起的巨大机遇。教育平台则在进行一场自我改革，它必须根据不同的人群来量体裁衣，找到用户最受用的教育方式。教育质量评定者也在应时而动，更加创新的试题形式未来将会替代单调乏味的选题。

AI 到底能起到什么作用？

要论技术的参与程度，教育行业依然处于“发展中”。不过，这也是其内生优势之一，因为它可以直接跨入智能时代，不需要再经历其他行业经历过的传统基础设施的建设过程。

要想推动上述趋势尽快落地，教育行业必须涌现更多技术创新。值得注意的是，技术创新也是教育预算缩减和课堂学生人数增多背景下提升教育系统效率和生产力的不二法门，而 AI 将在其中扮演重要角色。今后，AI 将在教育行业全面铺开，其应用如下。

① AI 为学生的作文打分。

② 聊天机器人回答学生的问题。

③ 虚拟助手成辅导老师。

④ 借助 VR 和计算机视觉，学生能足不出户接受手把手的实践性教学。

⑤ 教育的模拟化和游戏化，学习效果的分析更加精准。

举例来说，对学生学习情况的考核是教育中的重要一环。认知心理学认为最好的考核方式是给学生准备开放性的试题，让他们能用自己的语言对问题进行解答。不过，由于时间和成本问题，这种理想化的考核方式在现实中根本无法大规模铺开，整个教育行业还是固守着沿袭数百年的选择题测试模式。

开放性试题的评估是一个自然语言的处理过程，学生的回答有其固有的句法和语义结构，该结构与社交网站上的状态更新和产品评测类似。因此，只需稍加训练，AI 就能像人类一样对学生的回答进行评估，其成本要比靠人打分低得多。美国教育考试服务中心已经在 SAT 和 GRE 考试中用上了它,原本两位打分老师中的一位换成了 AI。聊天机器人在在线学习中也将成为“狠角色”，佐治亚理工大学教授已经成功将 AI 变成自己的教学助手，在课余回答学生的问题。不过，未来这一模式可能会更进一步，提问者变成 AI,而学生则负责回答问题,随后 AI 对学生的问答进行实时评估和反馈，这种方式能显著提高学生对概念的理解。AI 会让教育生态中的所有人受益。通过即时的反馈和引导，学生的学习效果能大幅提高；老师则能借助 AI 强大的分析能力得到学生学习情况的第一手资料，以便制定更有针对性的教学计划；家长能卸下一部分学费负担；学校能扩大高品质教育的覆盖范围；政府则能保证每个人都有学上。随着学校纷纷触网来降低成本和提升收益，AI 在教育行业的应用会越来越广泛。NMC/CoSN（新媒体教育联盟和学校联网联盟）发布的最新 K-12 教育报告指出，AI 和 VR 将成为未来四到五年内改变教育行业的两项最重要技术。市场研究公司 Technavio 则表示，未来四年内 AI 对教育界的“渗透”将不断加强，其年复合增长率将高达 39%。随着 AI 技术走向舞台中央，会话式教育将成为 AI 技术的一项重要应用，其影响力可能会超过会话式商务。

3．AI+金融

AI 在金融领域的影响是它可以帮助我们进行数据的整合、分析、预测，以及进行一些顾问方面的服务。当下人工智能+金融的主流玩法如下。

① 自动报告生成：投资银行，证券研究。

② 人工智能辅助：量化交易。

③ 金融搜索引擎：证券研究。

④ 智能投资顾问：财富管理。

另外，我们看到市场上一些交易的策略现在越来越有效了，这说明 AI 可以帮助改进市场的效率。因此，我们要非常了解怎样才可以更好地把这些机器人放在我们的控制之下，不能失控。我们需要把 AI 当做风险检测的工具，我们同时要很好地管理 AI 存在的风险，而且是高速管理和控制。随着 AI 的进步，怎样控制 AI 系统、怎样了解人们的价值以及 AI 的价值，怎样把两者的价值结合起来，将是我们金融产品经理未来要研究的很重要的议题。

4．AI+产品运营

在2009年，笔者经常听到网络公司说自己是做SEO、SEM的网络营销公司，其员工也觉得自己挺厉害的。到了 2012 年，笔者听到的更多的是精准营销，精准营销类创业公司也非常多。而如今,笔者认为只有AI+产品运营才是最有效率的产品运营。人工智能时代的到来让产品运营的生态格局发生了变化，大数据的积累对于产品运营来说，意味着有更多碎片化的信息涌现，大数据的积累和结构性分析为产品的商业模式创新增加动力，也为万物联网时代的创业者带来了新的机遇。

笔者认为大数据、人工智能主要有两个应用场景。第一是智能的分析对于海量用户的数据，以及最后用户在不同场景下价值的体验；第二是人机交互方式的改变，语音识别、AR、VR这些技术让人和媒体之间产生新的交互方式，新的交互方式打破了用户固有的一些习惯，使用户能够更好地获取信息，同时也潜在地改变着产品的运营手段。

不过，真正通过人工智能产生运营价值还是需要围绕产品用意和最终想要获得的结果来进行。是想找到更多潜在客户影响他们的决策，还是想和用户产生更多的互动?这里面不同的用意意味着不同的数据分析方式。然后才是通过机器学习，得到大数据分析产生的结果，并验证这个结果能否对决策起到帮助作用。不然人工智能就是很炫的概念，却很难落到产品运营的实处。

电商和社交媒体是比较有优势的平台，特别是电商平台，其有着非常清晰的结果验证方式。无论是最早使用的推荐引擎，还是现在更多的基于消费者行为分析，电商行业对消费者体验进行定制化营销的方式非常多。并且电商企业的数据比较全。不过，在利用人工智能等革新技术提升产品运营效率的过程中，产品仍会面临挑战。从主观层面来说，问题在于产品怎么利用数据做运营，以及核心用力是否足够清晰；从客观层面上来看，尽管用户信息已经在所使用的手机等智能终端中留下了蛛丝马迹，但目前这些信息垄断在几家企业手里，市面上的数据提供商的质量参差不齐，如何找到潜在的合作伙伴并把自己的用力付诸于数据的分析，这将会是这类产品经理思考AI+的价值点。

5. AI+智能家居

随着人工智能的成熟，2017 年是人工智能从前沿科技走进实用的重要一年，其中人工智能+智能家居是产品经理当下涉足较多的空间。智能家居经过前几年的高潮和低谷，2017 年或拉开人工智能结合新篇章。

在 CES 2016 上，李彦宏亲赴 CES 现场，为百度度秘推出的人工智能操作系统 DuerOS 站台，重点提及 DuerOS 在未来智能家居等方向的应用。此外，如谷歌的 Google Home、微软 Cortana、亚马逊 Alexa 等类似的语音智能产品也悉数登场。

人工智能+智能家居是产品的完成态，智能家居出现至今已有几十年时间，先后经历了两个阶段，第一个阶段是单品的智能化，即将所有家居连接到手机上，由 App 远程控制所有电器。第二阶段是智能互动，即是两个或 N 个电器智能化联动，比如智能窗帘打开后室内的灯就会随之自动关闭，或智能空调打开后浴室里的浴霸随之加热。

现阶段的发展中，以上智能家居的技术早已实现。市面上已有很多品牌，如我们熟知的小米智能家居套装、联想家庭安防套餐、Wulian 智能家居套餐、欧瑞博智能家居套餐等数十家产品。不过，第二阶段的产品都是弱智能，只是把开关移植在手机里，或弱联动的智能化。这种模式的弱点是智能化不足，与用户期待的真实效果存在偏离，随着类似产品的普及，并不贴心的体验使得部分用户的缺乏热情。

以人工智能为代表的第三阶段逐渐映入人的眼帘，完全人工智能化的智能家居将实现全自动、自学习、自感知的智能家居系统。也就是说摈弃手机，给智能家居装上更为智能的人工大脑，完全自动地控制家居，让所有家居拥有明白用户心思的能力。产品经理不妨想象一下：当用户结束劳累了一天后，回到家中，由人工智能调配洗澡间的热水、客厅的空调、照明灯……一切都无需控制便可以自动识别打开，人只作为享受的中心而不必为此操心。

这一切看似科幻的描述已经实现，由马克·扎克伯格组织研发的“贾维斯”的人工智能管家不仅可以调节室内环境、安排扎克伯格的会议行程、定时做早餐、自动洗衣服、辨别并招待访客，甚至可以照顾扎克伯格的女儿，教她说中文。如果说这是个超级大脑的话，只要将现有的智能家居产品与其连接，成为它的眼睛、耳朵、四肢，一个完成态的智能家居就横空出世。

智能家居类的产品经理知道标准混乱是目前智能家居最大的难题。在智能家居这个战场上，既有高通、英特尔、TI 等老牌科技企业，也有谷歌、苹果、微软这些互联网巨头，还有海尔、三星、LG 这些家电厂商，以及广电、中国移动这类运营商。整个行业由巨头牵头制定标准，中小玩家踊跃参与并逐渐发展壮大。由于利益划分问题，如今的智能家居呈现着标准不统一、协议不兼容的现象。比如英特尔与三星、戴尔、博通、Atmel 等公司联合成立了智能家居设备标准联盟 OIC，谷歌、苹果、微软这些互联网厂商加入了高通主导的 AllSeen 联盟。苹果自己提出来了 Homekit，谷歌收购了 Nest 以后力推 Thread。这对于实现第三阶段的智能家居是个不利的消息，我们知道以往 PC、智能手机等产业的飞速兴起，同整个行业硬件、操作系统的标准/协议的全球统一兼容有很大关系。作为一个新兴产业，智能家居过于复杂的硬件、系统格局，为智能家居破局带来诸多不利。

人工智能化的智能家居将是一个完整的系统，不是任何一家公司或联盟可以独立搞定的，它需要一个发号施令的人工智能中枢，还要有摄像头、电机、处理器、通讯芯片等硬件设施，以及神经网络、深度学习、计算机视觉、语言和图像理解、遗传编程等多领域的集成。以上每个环节都极其重要、缺一不可，随便一个挑出来都是庞大的科研项目。而想要实现第三阶段的智能家居，以上所有技术都要落地，还要保证稳定性、兼容性。

而当下每一个智能家居系统平台的入局者，似乎都想成为下一个 iOS、Android。在智能家居巨头林立的背景下，更多的新加入者让整个市场更为复杂。据说安卓创始人 Andy Rubin 计划使用人工智能打造一套技术生态系统，把从手机到智能家居产品到应用商城等内容全部包含。

智能家居作为与人类三分之一生活息息相关的场景，将是人工智能重点的发展方向，它将包含的不是哪几种技术，而是整个人工智能成果的集成。随着人工智能在多项领域的突破，这些成果将催动智能家居的裂变。虽然如今的智能家居与人工智能的结合尚在混战的初期，但随着市场看不见的手优胜劣汰，一个更智能的未来或将在不远的将来出现，更多体验良好的智能家居产品将被产品经理创造出来。

任何一个领域结合人工智能都拥有无限的想象空间，本章仅以 AI+医疗、教育、金融、营销、智能家居为例进行介绍。作为产品经理，我们会研究新需求和因为新需求而产生的新世界。明白 AI 能做什么以及如何整合到你的产品战略中只是这个进程的开始而不是结束。